Florian Wedlich

Einfluss der Persönlichkeit auf das Risikoverhalten von Anlegern in Finanzmärkten

Florian Wedlich

Einfluss der Persönlichkeit auf das Risikoverhalten von Anlegern in Finanzmärkten

Eine experimentelle und empirische Untersuchung zum Einfluss von Extraversion und Neurotizismus auf das Risikoverhalten von Anlegern und die Preisbildung in Finanzmärkten

Tectum Verlag

Florian Wedlich
Einfluss der Persönlichkeit auf das Risikoverhalten von Anlegern in Finanzmärkten
Eine experimentelle und empirische Untersuchung zum Einfluss von Extraversion und Neurotizismus auf das Risikoverhalten von Anlegern und die Preisbildung in Finanzmärkten

ISBN 978-3-8288-4033-1
eISBN 978-3-8288-6749-9
Zugleich: Dissertation an der Otto-Friedrich-Universität Bamberg, 2017

Umschlaggestaltung: Tectum Verlag, unter Verwendung des Bildes
135097268 von NicoElNino, www.fotolia.de

Druck und Bindung: CPI buchbücher.de, Birkach
Printed in Germany

Besuchen Sie uns im Internet
www.tectum-verlag.de

MIX
Papier aus verantwortungsvollen Quellen
FSC www.fsc.org FSC® C083411

Bibliografische Informationen der Deutschen Nationalbibliothek
Die Deutsche Nationalbibliothek verzeichnet diese Publikation in der Deutschen Nationalbibliografie; detaillierte bibliografische Angaben sind im Internet über http://dnb.ddb.de abrufbar.

Geleitwort

Innerhalb des Forschungszweiges der Finanzmärkte im Allgemeinen sowie des Bereichs der Behavioral Finance und des Entscheidungsverhaltens unter Risiko mit hoher Bedeutung für eine Volkswirtschaft (Eigen- und Fremdkapitalmärkte, Unternehmenskontrolle, Corporate Governance) im Besonderen wird bislang sehr wenig der Einfluss der Persönlichkeit der Finanzmarktakteure einerseits und das zugehörige Beziehungsgeflecht der Verhaltensweisen, Verhaltensmuster und Verhaltensänderungen im Kontext der Preisbildung andererseits analysiert. Man gewinnt den Eindruck, dass in der Literatur immer noch eher das modellhafte, wenig realitätsnahe und kaum empiriegeleitete Paradigma des Rationalverhaltens eines Homo oeconomicus dominiert, auch wenn in den letzten Dekaden verstärkt empirische und insbesondere experimentelle Finanzmarktforschung an Bedeutung gewinnt. Die vorliegende Arbeit geht den nicht einfachen Weg, diesen Mangel zu beheben, indem nicht nur statistisch-ökonometrische, sondern insbesondere auch ökonomische Aspekte des Risikoverhaltens analysiert werden und hierbei auch interdisziplinär Ansätze aus den Verhaltenswissenschaften umfassend berücksichtigt und gewürdigt werden. Hervorzuheben ist die nicht nur theoretische, sondern ebenso die fundierte empirische und insbesondere die experimentelle Analyse.

Die Dissertation von Herrn Wedlich unterscheidet sich dabei in den forschungsleitenden Fragestellungen in einigen für die wissenschaftliche, aber genauso auch für die praktische Arbeit wesentlichen Aspekten von verwandten Arbeiten. Herr Wedlich formuliert mit der genannten Zielsetzung seiner Arbeit drei Kernfragen als besonders relevant:

- Beeinflussen die Persönlichkeitsfaktoren Extraversion und Neurotizismus die Risikoeinstellung, die Risikowahrnehmung sowie die Renditeerwartung von Anlegern in Finanzmärkten?

- Haben unterschiedliche Ausprägungen in Extraversion und Neurotizismus bei Anlegern Auswirkungen auf die Zusammensetzung ihrer Portfolios?
- Beeinflusst der Grad an Extraversion und Neurotizismus von Anlegern ihr Handelsverhalten?

Herr Wedlich fokussiert dabei zudem auf die realisierten Marktergebnisse und ergänzt die drei Fragestellungen um eine weitere:

- Haben unterschiedliche Ausprägungen in Extraversion und Neurotizismus bei Anlegern Auswirkungen auf das Finanzmarktergebnis?

Im Unterschied zu bisherigen Arbeiten in diesem Themenfeld legt Herr Wedlich den gut begründeten Fokus auf die direkte Verknüpfung der Forschung zu Persönlichkeitsfaktoren einerseits und Finanzmarktuntersuchungen andererseits.

Die vorliegende Arbeit ist damit im Forschungsgebiet der theoretischen und empirischen finanzwirtschaftlichen Forschung angesiedelt. Sie legt ihren Schwerpunkt auf die direkte Verknüpfung der Forschung zu Persönlichkeitsfaktoren einerseits und Finanzmarktuntersuchungen sowie Risikoverhalten andererseits.

Die empirisch-experimentelle Arbeit zeigt je nach ausführlicher Herleitung und Begründung des gewählten Designs und der Datenbasis thesengeleitet die wesentlichen Ergebnisse zu den empirischen forschungsleitenden Fragen auf. Die empirische Arbeit besticht nicht nur durch ihre präzise Anlage in Design und Auswertung, sondern auch durch die kritische Einschätzung der Ergebnisse. Die empirischen und experimentellen Ergebnisse werden in hervorragender Weise untereinander und mit den theoretischen Überlegungen amalgamiert. Es entsteht damit ein sehr ausgewogenes Gesamtwerk der theoretischen und empirischen Forschungsergebnisse.

Der Dissertation gelingt nach ausführlicher und sorgfältig eingebrachter Grundlegung ein herausragender Beitrag zum Entscheidungsverhalten unter Risiko im Kontext von Finanzmärkten und dessen empirische, insbesondere experimenteller Analyse der Charakteristika und Einflussfaktoren. Damit ist ein wesentlicher Beitrag zur betriebswirtschaftlich, insbesondere finanzwirtschaftlich ausgerichteten theoretischen und empirischen Forschung zu Finanzmärkten und zum Risikoverhalten zu konstatieren.

Bamberg im Juli 2017 Univ.-Prof. Dr. Andreas Oehler

Vorwort

Die vorliegende Arbeit entstand während meiner Zeit als wissenschaftlicher Mitarbeiter am Lehrstuhl für Betriebswirtschaftslehre, insbes. Finanzwirtschaft, der Otto-Friedrich-Universität Bamberg und wurde im Wintersemester 2016/2017 an der Sozial- und Wirtschaftswissenschaftlichen Fakultät als Dissertation angenommen. Die Entstehung der Arbeit wäre ohne die Unterstützung zahlreicher Personen nicht möglich gewesen, denen ich hiermit herzlich danken möchte.

Mein besonderer Dank gilt Herrn Univ.-Prof. Dr. Andreas Oehler, meinem Doktorvater, für die umfassende Betreuung meines Promotionsvorhabens. Herrn Univ.-Prof. Dr. Thomas Egner danke ich für die Übernahme des Zweitgutachtens. Herrn Univ.-Prof. Dr. Tim Weitzel danke ich dafür, dass er als dritter Prüfer für meine Disputation zur Verfügung stand.

All meinen Kollegen am Lehrstuhl möchte ich für das angenehme und freundschaftliche Arbeitsklima am Lehrstuhl und die gemeinsame Zeit in Bamberg Danke sagen. Herrn Dr. Tim Herberger und Herrn Matthias Horn danke ich insbesondere für die fruchtbare Zusammenarbeit an weiteren Forschungsprojekten sowie die gemeinsame Teilnahme an Konferenzaufenthalten im In- und Ausland. Darüber hinaus danke ich Herrn Prof. Dr. Wendt für die zahlreichen Diskussionen und kritischen Anmerkungen zur Arbeit. Zudem möchte ich mich herzlich bei Herrn Matthias Horn, Frau Kerstin Schneyer und Frau Karolina Smietana für das kritische Korrekturlesen bedanken, das maßgeblich zum Gelingen der Arbeit beigetragen hat. Danken möchte ich auch Herrn Robert Stein für die technische Unterstützung bei der Implementierung der Computerbörsen in den Räumen des Rechenzentrums der Otto-Friedrich-Universität Bamberg.

Mein größter Dank gilt meinen Eltern, Geschwistern sowie meiner Lebensgefährtin, die mich stets unterstützt und motiviert haben. Besonderen Dank verdienen auch meine Großeltern, die meinen beruflichen und privaten Lebensweg maßgeblich geprägt haben, die Fertigstellung der Arbeit aber leider nicht mehr miterleben konnten. Ihnen möchte ich diese Arbeit widmen.

Florian Wedlich

Inhaltsübersicht

Inhaltsverzeichnis

Abbildungsverzeichnis

Tabellenverzeichnis

Symbolverzeichnis

$\bar{A}_i$	durchschnittliche Anzahl der gehaltenen Aktien von Individuum *i* bereinigt um die Anzahl an insgesamt zur Verfügung stehenden Aktien
$A_{i,t}$	Anzahl der im Depot befindlichen Aktien von Individuum *i* zum Ende der Handelsrunde *t*
AGE_i	Alter von Individuum *i* in Jahren
α	Risikokoeffizient nach Tversky/Kahneman (1992)
β_i	standardisierter Pfadregressionskoeffizient *i* zwischen einer exogenen und endogenen Variable (Strukturgleichungsmodell) beziehungsweise Regressionskoeffizient *i* einer unabhängigen Variable (Regressionsmodell)
δ_i	Fehlerterm *i* einer manifesten (beobachtbaren) Variable x_i
E	Residuum der Regressionsgleichungen
ε_i	Fehlerterm *i* einer manifesten (beobachtbaren) Variable y_i
η_i	endogene (unbeobachtete) latente Variable *i*
$EXTLOC_i$	Grad der externalen Kontrollüberzeugung von Individuum *i (External Locus of Control)*
$EXTRAVERT_i$	Wert in Extraversion von Individuum *i*

γ_i	standardisierter Pfadregressionskoeffizient *i* zwischen einer exogenen und endogenen Variable
$GENDER_i$	Dummy-Variable für das Geschlecht von Individuum *i*
i, j, m,	Index für die *i-te*, *j-te*, *m-te* Ausprägung einer Variablen
I_t	Gesamtzahl an Transaktionen in Handelsrunde *t*
$INTLOC_i$	Grad der internalen Kontrollüberzeugung von Individuum *i* (*Internal Locus of Control*)
ξ_i	exogene (unbeobachtete) latente Variable *i*
$L3_{buy}$	Mittelwert der ersten drei Kauflimits je Aktienmarkt
$L3_{sell}$	Mittelwert der ersten drei Verkaufslimits je Aktienmarkt
$L3_{all}$	Mittelwert der ersten drei Limits (Kauf und Verkauf) je Aktienmarkt
λ_i	Faktorladung *i*
$max_{t,m}$	Maximum von Zeitpunkt *t* bis Zeitpunkt *m*
$mean_{Neurot}$	Mittelwert in Neurotizismus der Teilnehmer je Aktienmarkt
$mean_{Extravert}$	Mittelwert in Extraversion der Teilnehmer je Aktienmarkt
med_{Neurot}	Medianwert in Neurotizismus der Teilnehmer je Aktienmarkt
$med_{Extravert}$	Medianwert in Extraversion der Teilnehmer je Aktienmarkt
μ	(erwartete) Rendite eines Finanztitels

$NEGAFFECT_i$	negative Affekte von Individuum *i* (*Negative Affect*)
$NEUROT_i$	Wert in Neurotizismus von Individuum *i*
$PAYMENT_i$	Dummy-Variable zur Vergütung von Individuum *i*
Φ_i	Kovarianz zwischen zwei exogenen (unbeobachteten) latenten Variablen
$P3$	Mittelwert der ersten drei Handelspreise je Aktienmarkt
$p_{i,j}$ (0.05)	Schätzung für die untere Grenze (in Euro) von Individuum *i* für Aktie *j* in einem Jahr
$p_{i,j}$ (0.5)	wahrscheinlichste Schätzung von Individuum *i* für Aktie *j* in einem Jahr
$p_{i,j}$ (0.95)	Schätzung für die obere Grenze von Individuum *i* für Aktie *j* in einem Jahr
$POSAFFECT_i$	positive Affekte von Individuum *i* (*Positive Affect*)
P_{i_t}	Preis von Transaktion *i* in Handelsrunde *t*
$\bar{P}^q_{i_{AdjV}}$	durchschnittlich gezahlte Kaufpreise von Individuum *i* bereinigt um den Erwartungswert der zukünftigen Zahlungsströme (Dividendenzahlungen)
$\bar{P}^q_{i_{AdjP}}$	durchschnittlich gezahlte Kaufpreise von Individuum *i* bereinigt um die durchschnittlichen Handelspreise
$P^q_{i,t,n}$	gezahlter Preis von Individuum *i* für Kauf *n* in Handelsrunde *t*
$\bar{P}^s_{i_{AdjV}}$	durchschnittlich erhaltene Verkaufspreise von Individuum *i* bereinigt um den Erwartungswert der zukünftigen Zahlungsströme (Dividendenzahlungen)

$\bar{P}^{s}_{i_{AdjP}}$	durchschnittlich erhaltene Verkaufspreise von Individuum *i* bereinigt um die durchschnittlichen Handelspreise
$P^{s}_{i,t,n}$	erhaltener Preis von Individuum *i* für Verkauf *n* in Handelsrunde *t*
$\bar{P}_t$	durchschnittlicher Handelspreis in Handelsrunde *t*
$\tilde{P}_t$	Median der Handelspreise je Aktienmarkt in Handelsrunde *t*
Q_i	absolute Anzahl der Käufe von Individuum *i* in sämtlichen Handelsrunden (T=15)
$q_{i,t}$	Anzahl der Käufe von Individuum *i* in Handelsrunde *t*
q_s	Gesamtzahl an Transaktionen in sämtlichen Handelsrunden je Aktienmarkt
$Q^{Prem}_{i_{AdjV}}$	Anzahl an Käufen von Individuum *i* zu Preisen, die über dem Erwartungswert der zukünftigen Zahlungsströme (Dividendenzahlungen) liegen
$Q^{Prem}_{i_{AdjP}}$	Anzahl an Käufen von Individuum *i* zu Preisen, die über dem durchschnittlichen Handelspreis liegen
%	Prozent
$RETURNEXP_i$	Mittelwert der Renditeerwartungen (in Prozent) von Individuum *i* für die drei Aktien (*j*=1, 2, 3) in einem Jahr
$RETURNEXP_{i,j}$	Renditeerwartung (in Prozent) von Individuum *i* für Aktie *j*
$RETURNEXP_{down}$	Renditeerwartung (in Prozent) von Individuum *i* für die Aktie mit einem Abwärtstrend

$RETURNEXP_{Const}$	Renditeerwartung (in Prozent) von Individuum *i* für die Aktie mit einem Seitwärtstrend
$RETURNEXP_{up}$	Renditeerwartung (in Prozent) von Individuum *i* für die Aktie mit einem Aufwärtstrend
$r_{i,j}(0{,}05)$	Renditeschätzung von Individuum *i* für Aktie *j* in einem Jahr auf Basis der Schätzung für die untere Grenze
$r_{i,j}(0{,}5)$	Renditeschätzung von Individuum *i* für Aktie *j* in einem Jahr auf Basis der wahrscheinlichsten Schätzung
$r_{i,j}(0{,}95)$	Renditeschätzung von Individuum *i* für Aktie *j* in einem Jahr auf Basis der Schätzung für die obere Grenze
$RISKATT_i^{SÄ}$	Risikoeinstellung von Individuum *i* die mit der Sicherheitsäquivalenzmethode bestimmt wurde
$RISKATT_i^{Fin}$	Risikoeinstellung von Individuum *i* die per Selbsteinschätzung gemessen wurde
$RISKPERC_i$	Medianwert der Risikowahrnehmung von Individuum *i* für die drei Aktien (*j*=1, 2, 3)
$RISKPERC_{down}$	Risikowahrnehmung von Individuum *i* für die Aktie mit einem Abwärtstrend
$RISKPERC_{Const}$	Risikowahrnehmung von Individuum *i* für die Aktie mit einem Seitwärtstrend
$RISKPERC_{up}$	Risikowahrnehmung von Individuum *i* für die Aktie mit einem Aufwärtstrend
S_i	absolute Anzahl der Käufe von Individuum *i* in sämtlichen Handelsrunden (T=15)
$s_{i,t}$	Anzahl der Verkäufe von Individuum *i* in Handelsrunde *t*

$SÄ$	Sicherheitsäquivalent
σ	(erwartetes) Risiko eines Finanztitels
$S_{i_{AdjV}}^{Disc}$	Anzahl an Verkäufen von Individuum *i* zu Preisen, die unter dem Erwartungswert der zukünftigen Zahlungsströme (Dividendenzahlungen) liegen
$S_{i_{AdjP}}^{Disc}$	Anzahl an Verkäufen von Individuum *i* zu Preisen, die unter dem durchschnittlichen Handelspreis liegen
t	Handelsrunde
T	Gesamtzahl der Handelsrunden (T=15)
$\bar{V}$	durchschnittlicher Erwartungswert der zukünftigen Zahlungsströme (Dividendenzahlungen)
V_t	Erwartungswert der zukünftigen Zahlungsströme (Dividendenzahlungen), der näherungsweise dem Fundamentalwert der Aktien zu Beginn von Handelsperiode *t* entspricht
$\mathrm{V}_{\mathrm{t}}^{\max}$	Maximum der möglichen Zahlungsströme (Dividendenzahlungen)
$Value_j$	letzter berichteter Kursstand von Aktie *j* (in Euro)
$w_{Extravert}$	Anteil an extravertierten Teilnehmern je Aktienmarkt (Clustervariablen: Extraversion und Neurotizismus) wobei $w_{Extravert} = 1 - w_{Neurot}$
$w_{Extravert}^{BF}$	Anteil an extravertierten Teilnehmern je Aktienmarkt (Clustervariablen: Extraversion, Neurotizismus, Gewissenhaftigkeit, Offenheit für Erfahrungen, Verträglichkeit) wobei $w_{Extravert}^{BF} = 1 - w_{Neurot}^{BF}$

w_{Neurot}	Anteil an neurotischen Teilnehmern je Aktienmarkt (Clustervariablen: Extraversion und Neurotizismus)
w_{Neurot}^{BF}	Anteil an neurotischen Teilnehmern je Aktienmarkt (Clustervariablen: Extraversion, Neurotizismus, Gewissenhaftigkeit, Offenheit für Erfahrungen, Verträglichkeit)
x_i	Manifeste (beobachtbare) Variable *i* einer exogenen Variable
y_i	manifeste (beobachtbare) Variable *i* einer endogenen Variable
ζ_i	Residualterm *i* einer endogenen (unbeobachteten) latenten Variable

Abkürzungsverzeichnis

AGFI	Adjusted-Goodness-of-Fit-Index
AIM	Affect Infusion Model
APT	Arbitrage Pricing Theory
BFI	Big-Five-Inventory
CAPM	Capital Asset Pricing Model
CMIN/DF	Chi-Quadrat-Wert des formulierten Modells im Verhältnis zur Anzahl der Freiheitsgrade
C.R.	Critical Ratio
et al.	et alii
f.	folgende
ff.	folgende(n)
FFM	Fünf-Faktoren-Modell
Hrsg.	Herausgeber
IE-4	Internale-Externale-Kontrollüberzeugung-4
LR	Likelihood Ratio
Max	Maximum
Min	Minimum
MiFID	Markets in Financial Instruments Directive
MMH	Mood Maintenance Hypothesis
NEO-PI-R	NEO Personality Inventory-Revised
NEO-FFI	NEO Five-Factor Inventory
NIÖ	neue Institutionenökonomik
OLS	Ordinary Least Squares

PANAS	Positive and Negative Affect Schedule
RD	Relative Abweichung (Relative Deviation)
RMSEA	Root-Mean-Square-Error of Approximation
S.	Seite
sic	sic erat scriptum
S.E.	Standardfehler (Standard Error)
SMC	Squared Multiple Correlations
SPT	State Preference Theory
Std	Standardabweichung
SGM	Strukturgleichungsmodell
u.a.	und andere
Vgl.	Vergleiche
VIF	Varianzinflationsfaktor

I Einleitung

1 Motivation und Zielsetzung

Das Forschungsfeld der Behavioral Finance[1] untersucht das reale Entscheidungsverhalten von Marktteilnehmern in Finanzmärkten und versucht dieses zu erklären. Die verhaltenswissenschaftliche Finanzmarktforschung, die etwa in den 1960er und 1970er Jahren ihren Ursprung hat, ist dabei als ein interdisziplinäres Forschungsfeld aufzufassen, das sich schwerpunktmäßig auf (kognitions-) psychologische, verhaltenswissenschaftliche und soziologische Erklärungsansätze stützt, um Abweichungen vom rationalen Verhalten der Marktakteure zu erklären.[2] Neben dem Einbezug von neurowissenschaftlichen und genetischen Befunden[3] wird dabei auch auf die Persönlichkeit der Marktteilnehmer als Erklärungsfaktor zurückgegriffen.[4] Dabei wird

1 Für einen grundlegenden Überblick zur Behavioral Finance beziehungsweise *Behavioral Economics* vgl. Oehler (1992, 1995, 1998a, 2000a, b, 2002, 2005c), Olsen (1998), Ricciardi (2006), Thaler (2016). Im Deutschen hat sich für Behavioral Finance dabei der Begriff *verhaltenswissenschaftliche Finanzmarktforschung* eingebürgert. Die beiden Begriffe werden fortan als Synonym verwendet.

2 Vgl. Olsen (1998), S. 10, Ricciardi (2006), S. 6f. und 11f. Wesentliche grundlegende Arbeiten zur Behavioral Finance, zum Beispiel von Tversky/Kahneman (1973, 1974), insbesondere die Urteilsheuristiken und den daraus resultierenden „*Biases*“ betreffend, lassen sich ebenso wie das Konzept der *Bounded Rationality* von Simon (1955, 1956, 1957, 1990) größtenteils der Kognitionspsychologie zuordnen, vgl. Fuller (1996), Mullainathan/Thaler (2001). Diese Forschungsrichtung beschäftigt sich mit den mentalen Prozessen des *Wahrnehmens*, *Denkens*, *Erinnerns*, *Verstehens* und *Problemlösens*, vgl. Hayes (1995), S. 12-40.

3 Vgl. zum Beispiel Peterson (2007), Coates/Herbert (2008), Barnea/Cronqvist/Siegel (2010).

4 Vgl. zum Beispiel Almlund et al. (2011), Borghans et al. (2008).

überwiegend das Fünf-Faktoren-Modell (FFM) der Persönlichkeit[5] verwendet, das die Persönlichkeit in fünf übergeordnete Persönlichkeitsfaktoren unterteilt: *Extraversion, Neurotizismus, Offenheit für Erfahrungen, Verträglichkeit und Gewissenhaftigkeit*.[6]

Im Gegensatz zu relativ gut gesicherten und zahlreich vorhandenen Forschungsergebnissen zum Beispiel in Bezug auf den Einfluss des Geschlechts[7], des Alters[8] oder der Emotionen[9] auf das Risikoverhalten von Anlegern bei finanziellen Entscheidungen, sind die Ergebnisse von Studien, die den Einfluss der Persönlichkeit auf das Risikoverhalten adressieren, weitaus spärlicher vorhanden, heterogener und zum Teil widersprüchlich.[10] Zudem fokussieren bisherige Forschungsarbeiten weitestgehend darauf, den Einfluss der Persönlichkeit auf das Risikoverhalten mittels Befragungen, bei denen unter anderem hypothetische finanzielle Entscheidungssituationen konstruiert werden, zu untersuchen.[11] Experimentelle Untersuchungen im Labor, bei denen das reale Finanzmarktgeschehen zum Beispiel in Form eines computerbasierten Aktienmarkts simuliert wird, und somit das Risikoverhalten von Anlegern direkt beobachtbar und messbar ist, fehlen gänzlich.

Die vorliegende Arbeit widmet sich daher der Fragestellung, wie die Persönlichkeit das Risikoverhalten von Anlegern in Finanzmärkten beeinflusst. Unter Risikoverhalten werden im Fortlauf der Arbeit alle beobachtbaren und messbaren Aktivitäten von Menschen verstanden, die in Entscheidungssituationen unter Unsicherheit (Risikosituation) auftreten.[12] Im Gegensatz zum Großteil der bisherigen Forschung soll dabei der Fokus der Analyse auf die beiden Persönlichkeitsfakto-

---

5 Goldberg (1981, 1993) verwendete für die fünf Faktoren dabei erstmalig den Begriff *Big Five*.

6 Vgl. für einen Überblick Laux (2008), S. 174ff.

7 Vgl. zum Beispiel Jianakoplos/Bernasek (1998), Hariharan/Chapman/Domian (2000), Mayfield/Perdue/Wooten (2008).

8 Vgl. zum Beispiel Barber/Odean (2001), Dorn/Huberman (2005).

9 Vgl. zum Beispiel Isen/Patrick (1983), Forgas (1995), Grable/Roszkowski (2008).

10 Vgl. zum Beispiel die widersprüchlichen Ergebnisse von Durand (2013a, b) zum Einfluss von Extraversion auf die Handelsaktivität an Finanzmärkten.

11 Vgl. exemplarisch dazu Durand/Newby/Sanghani (2008) oder Pan/Statman (2013).

12 Vgl. Unser (1999), S. 3. Risikoverhalten wird im Rahmen der Arbeit auch als Entscheidungsverhalten unter Risiko aufgefasst.

ren Extraversion und Neurotizismus gelegt werden, da aufbauend auf vorherigen Studien vermutet wird, dass diese beiden Faktoren maßgeblich das Risiko- und Entscheidungsverhalten von Anlegern beeinflussen.[13] Die Arbeit hat insbesondere für private wie auch institutionelle Anleger dahingehend Relevanz, da ihre Persönlichkeit (insbesondere die Faktoren Extraversion und Neurotizismus) ihr Anlageverhalten und somit letztlich auch ihren (Anlage-) Erfolg in Finanzmärkten beeinflussen kann. Zudem sind die Ergebnisse der Arbeit für Finanzdienstleistungsberater und Forscher relevant, um das Risikoverhalten von Anlegern in Finanzmärkten besser nachvollziehen zu können.

Die Arbeit verfolgt drei wesentliche Ziele. Zum einen soll untersucht werden, wie Extraversion und Neurotizismus auf die Determinanten des Risikoverhaltens von Anlegern wirken. Als maßgebliche Determinanten des Risikoverhaltens gelten die Risikoeinstellung, die Risikowahrnehmung sowie die Renditeerwartung.[14] Die bisherige Forschung auf diesem Gebiet untersucht überwiegend entweder direkt den Einfluss der Persönlichkeitsfaktoren auf das Risikoverhalten oder den Einfluss auf die Risikoeinstellung.[15] Als forschungsleitende Frage für die Arbeit ergibt sich daraus:

1. Beeinflussen die Persönlichkeitsfaktoren Extraversion und Neurotizismus die Risikoeinstellung, die Risikowahrnehmung sowie die Renditeerwartung von Anlegern in Finanzmärkten?

Zum anderen soll analysiert werden, wie die beiden Persönlichkeitsfaktoren jeweils auf das individuelle Risikoverhalten, konkret im Hinblick auf die Zusammenstellung ihrer Portfolios und das Handelsverhalten, wirken. Diesbezüglich ergeben sich folgende Forschungsleitfragen für die Arbeit:

---

13 Vgl. zum Beispiel Nicholson et al. (2005), Brown/Taylor (2011), Becker et al. (2012), Pan/Statman (2013).

14 Vgl. Nosić/Weber (2010). Vgl. hierzu auch Sarin/Weber (1993), Weber/Milliman (1997), Jia/Dyer/Butler (1999), Weber/Weber/Nosić (2013).

15 Vgl. Durand/Newby/Sanghani (2008), Mayfield/Perdue/Wooten (2008), Becker et al. (2012).

2. Haben unterschiedliche Ausprägungen in Extraversion und Neurotizismus bei Anlegern Auswirkungen auf die Zusammensetzung ihrer Portfolios?

3. Beeinflusst der Grad an Extraversion und Neurotizismus von Anlegern ihr Handelsverhalten?

Weiterhin ist es ein Ziel der Arbeit, zu untersuchen, ob Unterschiede in Bezug auf das Marktergebnis zwischen Finanzmärkten bestehen, die sich im Hinblick auf die Ausprägung der Persönlichkeitsfaktoren Extraversion und Neurotizismus der Marktteilnehmer unterscheiden. Die Arbeit verfolgt daher als vierte und letzte Forschungsleitfrage:

4. Haben unterschiedliche Ausprägungen in Extraversion und Neurotizismus bei Anlegern Auswirkungen auf das Finanzmarktergebnis?

Die Forschungsleitfragen werden mit empirischen Methoden untersucht. Das Fundament der empirischen Analysen bildet dabei ein Methodenmix, bestehend aus einer schriftlichen Befragung und einer experimentellen Studie, bei der ein computerbasierter Aktienmarkt das Kernelement darstellt.[16] Die Ergebnisse der schriftlichen Befragung von 342 Studierenden der Universität Bamberg aus dem Wintersemester 2015/2016 dienen zur Beantwortung der Forschungsleitfrage 1. Zur Beantwortung der Forschungsleitfragen 2 bis 4 werden die Ergebnisse einer experimentellen Studie mit 364 Studierenden der Universität Bamberg aus dem Wintersemester 2014/2015 genutzt. Insgesamt

16 Der computerbasierte Aktienmarkt steht stellvertretend für Finanzmärkte und deren handelbare Finanztitel (zum Beispiel Anleihen und Rohstoffe). Die Kennzeichnung als Aktienmarkt und der Finanztitel als Aktie innerhalb des Experiments wird aus Gründen der Verständlichkeit und Einfachheit gewählt, da angenommen wird, dass dieser Markt den Studierenden wohl am geläufigsten sein dürfte. Private Haushalte in Deutschland investieren dabei durchaus einen nennenswerten Anteil ihres Vermögens direkt oder indirekt (über Fonds) am Aktienmarkt. Der Anteil der Investitionen liegt dabei zum Beispiel deutlich höher als Investitionen in Anleihen oder Währungen, vgl. Deutsche Bundesbank (2015, 2016).

bilden somit 706 Studierende die Grundlage für die empirischen Auswertungen. In Bezug auf die Größe der Stichprobe, den Fokus der Arbeit sowie das Design der schriftlichen Befragung und des computerbasierten Aktienmarkts gibt es aktuell keine vergleichbaren Studien.

2 Gang der Untersuchung

Die Arbeit untergliedert sich in fünf Teile. An Teil I, *Einleitung*, schließt sich Teil II, *Theoretische Grundlagen*, an. Zusammen mit Teil III, *Konzeptioneller Bezugsrahmen der Arbeit*, bilden diese das theoretische Gerüst der Arbeit. In Teil IV, *Empirische Analysen zur Messung des Einflusses der Persönlichkeit auf das Risikoverhalten von Anlegern in Finanzmärkten*, erfolgt die empirische Untersuchung. Teil V, *Schlussbetrachtungen*, bildet den Schlusspunkt der Arbeit.

Auf Teil I, in dem in Kapitel 1 die Motivation und die Zielsetzung der Arbeit anhand der Forschungsleitfragen sowie in Kapitel 2 der Gang der Untersuchung dargelegt werden, folgt Teil II, der die theoretischen Grundlagen für die weitere Arbeit erörtert. In Kapitel 3 werden anfangs die für die Arbeit relevanten finanzierungstheoretischen Grundlagen erläutert. Zunächst wird dabei die *neoklassische Finanzmarkttheorie* mit ihren restriktiven Annahmen dargestellt. Daran anschließend werden die neue *Institutionenökonomik*, die *Marktmikrostrukturtheorie*, die *Theorie der Finanzintermediation* und das Forschungsfeld der *Behavioral* und *Experimental Finance* dargestellt, die im Vergleich zur neoklassische Finanzmarkttheorie einen stärkeren Realitätsbezug aufweisen. Kapitel 4 gibt einen Überblick über Einflussfaktoren des Risikoverhaltens von Anlegern in Finanzmärkten. Dabei wird eine Unterscheidung zwischen situativen und personenspezifischen Faktoren vorgenommen. In Kapitel 5 wird der Begriff der Persönlichkeit näher erläutert sowie das für die Arbeit maßgeblich relevante Fünf-Faktoren-Modell der Persönlichkeit dargestellt. Daneben wird eine Abgrenzung zu weiteren, in der Persönlichkeitspsychologie existierenden Ansätzen vorgenommen.Teil III definiert den konzeptionellen Bezugsrahmen der Arbeit. An Kapitel 6, in dem die finanzierungstheoretische Einordnung der Arbeit vorgenommen wird, schließt sich Kapitel 7 an, das sich mit der Frage des Untersuchungsdesigns und der Datenbasis der Arbeit auseinandersetzt. Innerhalb des Kapitels wird dabei die Methodik der Befragung sowie des Experiments genauer erläutert und beschrieben. Zudem erfolgt eine literaturgestützte Diskussion und Analyse in Bezug auf die Auswahl der Probanden sowie die Frage nach ihrer Vergütung. Beide Komponenten sind dabei für die empirischen Untersuchungen von essentieller Bedeutung. In Kapitel 8 werden die Untersuchungshypothesen der Arbeit hergeleitet.

Die Ausführungen zu den empirischen Auswertungen erfolgen in Teil IV. Kapitel 9 untersucht den Einfluss von Extraversion und Neurotizismus auf die Determinanten des Risikoverhaltens und widmet sich somit der eingangs dargestellten Forschungsleitfrage 1. Zunächst werden der Ablauf der Befragung sowie die empirische Methodik erläutert. Im Anschluss daran werden die Ergebnisse vorgestellt. Das Kapitel schließt mit einer kurzen Diskussion und Zusammenfassung der Ergebnisse. Kapitel 10 beschäftigt sich mit der Frage, welchen Einfluss Extraversion und Neurotizismus auf das Risikoverhalten haben, und ist Gegenstand von der Forschungsleitfragen 2 und 3. Als Einführung wird der Ablauf des Experiments erläutert und eine Beschreibung der empirischen Auswertungsmethodik gegeben. Analog zu Kapitel 9 werden darauffolgend die Ergebnisse dargestellt und es erfolgt eine Diskussion und Zusammenfassung dieser. Kapitel 11 fokussiert auf die Analyse des Einflusses von Extraversion und Neurotizismus auf die Preisbildung und adressiert Forschungsleitfrage 4. Dabei werden zunächst die empirische Methodik sowie die Ergebnisse dargestellt, bevor eine Diskussion und Zusammenfassung der Ergebnisse erfolgt. Die Arbeit findet ihren Abschluss in Teil V. Kapitel 12 gibt zunächst einen Überblick und eine Zusammenfassung der wesentlichen Ergebnisse der Arbeit, bevor die Ergebnisse im Anschluss in Kapitel 13 kritisch diskutiert werden. Kapitel 14 zeigt schließlich mögliche Implikationen für diverse Stakeholder aus Forschung und Praxis auf.

II Theoretische Grundlagen

3 Finanzierungstheoretische Grundlagen

3.1 Neoklassische Finanzmarkttheorie

Die zentrale Aufgabe von (Finanz-) Märkten[17] im Sinne der neoklassischen Finanzierungstheorie[18], die aus der mikroökonomischen Theorie abgeleitet ist, stellt die effiziente Verteilung der knappen Ressourcen dar. Die zur Verfügung stehenden Mittel sollen optimal eingesetzt werden. Die Zuteilung der Ressourcen erfolgt dabei ausschließlich über den Preis als Koordinationsinstrument.[19] Die neoklassische Finanzierungstheorie geht dabei von der Existenz eines vollkommenen und vollständigen Finanzmarkts aus. Per Definition liegt ein solcher Markt vor, falls die folgenden Prämissen erfüllt sind:[20] Alle Marktteil-

---

17 Unter *Markt* wird der ökonomische Ort verstanden, wo Anbieter und Nachfrager von Gütern zusammentreffen und diese handeln. Am Finanzmarkt werden als Güter Finanzkontrakte erstmals geschlossen (Primärmarkt) sowie Finanztitel gehandelt (Sekundärmarkt). Ein Finanzkontrakt 1. Ordnung (zum Beispiel Aktien oder Darlehen) regelt dabei vertraglich den Austausch von Zahlungsmitteln oder Ansprüchen auf diese. Ein Finanzkontrakt 2. oder höherer Ordnung (zum Beispiel Termingeschäft) bezieht sich dabei auf Finanztitel 1. Ordnung, vgl. Oehler/Unser (2002), S. 17, Oehler (2004), S. 5, Oehler (2005a), S. 216, Wendt (2011), S. 11f. In der Literatur wird als Synonym für *Finanzmarkt* weitestgehend auch der Begriff *Kapitalmarkt* verwendet, vgl. Wendt (2011), S. 12.

18 In der einschlägigen Literatur wie auch im weiteren Verlauf wird für die neoklassische Finanzierungstheorie als Synonym *Neoklassik* verwendet.

19 Vgl. Cezanne/Mayer (1998), S. 1345, Schmidt/Terberger (1999), S. 388, Erlei/Leschke/Sauerland (1999), S. 45, Hummel (1999), S. 209.

20 Vgl. Schmidt/Terberger (1999), S. 57, Oehler (2000b), S. 979, Oehler/Unser (2002), S. 3, Oehler (2005b), S. 29, Oehler (2006a), S. 298f., Oehler (2006c), S. 76f., 49ff., Franke/Hax (2009), S. 154f., Perridon/Steiner/Rathgeber (2012), S. 81f.

nehmer agieren als Mengenanpasser und haben keine Möglichkeit, den Preis zu beeinflussen. Die Marktteilnehmer haben keine räumlichen, sachlichen sowie persönliche Präferenzen und befinden sich in vollkommenem Wettbewerb zueinander. Es werden nur homogene Güter gehandelt wobei keine Transaktionskosten und Steuern existieren sowie sämtliche Informationen unter den Marktteilnehmern symmetrisch verteilt sind. Die vorhandenen Informationen können von den Marktteilnehmern richtig verarbeitet werden und stehen diesen kostenlos und ohne zeitliche Verzögerung zur Verfügung. Die Vollständigkeit eines Finanzmarkts kennzeichnet sich dadurch, dass die Marktteilnehmer jederzeit in der Lage sind, vollständige Verträge zu entwerfen, zu kontrollieren und durchzusetzen. Jeder beliebige Zahlungsstrom kann daher unabhängig von der Höhe und seiner zeitlichen Dimension gehandelt werden. Alle Marktteilnehmer verhalten sich als *homo oeconomicus* und maximieren ihren Nutzen gemäß der Erwartungsnutzentheorie.[21] Der homo oeconomicus stellt dabei in der neoklassischen Finanzmarkttheorie das Leitbild im Rahmen der normativen Entscheidungstheorie dar,[22] der im Sinne einer subjektiven

---

21 Vgl. Oehler (2000b), S. 981, Oehler (2002), S. 249, Oehler (2004), S. 2, Oehler (2005b), S. 35. Vgl. ausführlich Kirchgässner (2008), S. 12 ff. zum Konstrukt des homo oeconomicus.

22 Aus der normativen Entscheidungstheorie lassen sich Handlungsempfehlungen für rationales Entscheiden ableiten. Im Gegensatz dazu erläutert die deskriptive Entscheidungstheorie wie und warum Entscheidungen von Individuen in der Realität zu Stande kommen, vgl. dazu Bitz (1981), S. 5f., Bamberg/Coenenberg/Krapp (2012), S. 3–11, Laux/Gillenkirch/Schenk-Mathes (2012), S. 3f. Im Rahmen der normativen Entscheidungstheorie fokussiert die Erwartungsnutzentheorie auf Entscheidungen unter Risiko beziehungsweise Ungewissheit und vernachlässigt Entscheidungssituationen unter Sicherheit weitgehend, vgl. Rehkugler/Schindel (1989), S. 154, Schneeweiß (1991), S. 95. In der Literatur liegen bezüglich der Begriffe *Risiko* und *Ungewissheit* unterschiedliche Meinungen vor. Eine Risikosituation ist durch das Vorliegen objektiver Wahrscheinlichkeiten oder zumindest subjektiver, die auf Basis subjektiver Erfahrungen und Überlegungen gebildet werden, gekennzeichnet. Bei Ungewissheit liegen hingegen weder objektive noch subjektive Wahrscheinlichkeiten über das Eintreten von Umweltzuständen vor, vgl. Bamberg/Coenenberg/Krapp (2012), S. 67ff. und S. 109, Perridon/Steiner/Rathgeber (2012), S. 110. Zudem existiert die Auffassung, dass eine Risikosituation durch das Vorliegen von subjektiven Wahrscheinlichkeiten für Umweltzustände gekennzeichnet ist, die auf Basis von Wahrscheinlichkeiten, bekannten

Formalrationalität rational handelt und die Maximierung seiner individuellen Zielfunktion anstrebt.[23] Die Annahme rationalen Verhaltens der Marktteilnehmer wird dabei auf Marktebene unterstellt. Das heißt, dass individuell irrationales Verhalten durch Arbitragegeschäfte eliminiert wird und somit auf Marktebene verschwindet.[24] Ein Finanzmarkt, der sich im Gleichgewicht befindet, bietet somit den Marktteilnehmern keine Möglichkeit, eine Überrendite zu erzielen.[25] Die effiziente Allokation der knappen Ressourcen geschieht dabei ausschließlich über den Preismechanismus und es bedarf keiner weiteren internen oder externen Eingriffe.[26] Staatliche Eingriffe sind somit überflüssig und beim modellhaften vollkommenen Finanzmarkt nicht vorgesehen.[27] Da alle Transaktionen kostenlos abgewickelt werden können, ist auch die Existenz von Finanzintermediären überflüssig.[28] Diese würden nur zusätzliche Kosten verursachen ohne einen entspre-

---

stochastischen Prozessen oder Überzeugungen gebildet werden, wohingegen objektive Wahrscheinlichkeiten unberücksichtigt bleiben; in einer Ungewissheitssituation werden subjektive Wahrscheinlichkeiten dagegen in einem Umfeld hohen Informationsmangels gebildet, vgl. Unser (1999), S. 48. Der Vollständigkeit halber sei noch die Situation der Entscheidung unter Sicherheit erwähnt, bei der den Handlungsalternativen determinierte Ergebnisse zugeordnet werden, vgl Oehler/Unser (2002), S. 10.

23 Eine formale Rationalität des Entscheiders herrscht vor, falls der Entscheider nach einer Lösung für das entsprechende Problem sucht, über ein Zielsystem ohne Widersprüche und eindeutige Präferenzen verfügt, eine optimale Informationsmenge besorgt und unverzerrt seine Erwartungen bilden kann. Eine Entscheidung gilt als subjektiv rational, wenn sie mit den individuellen Bewertungs- und Wahrnehmungsprozessen sowie den subjektiv wahrgenommenen Informationen des Entscheiders in Einklang steht, vgl. Eisenführ/Weber (1999), S. 4ff., Bamberg/Coenenberg/Krapp (2012), S. 3–5.

24 Vgl. Oehler (1991), S. 601f., Oehler (1992), S. 98, Oehler (1995), S. 24, Oehler (2000b), S. 979.

25 Vgl. Bank (1998), S. 4, Oehler (2000b), S. 979. Der Prozess der Arbitrage steht dabei für die risikolose Gewinnerzielung durch die Marktakteure.

26 Vgl. Richter (1991), S. 399.

27 Vgl. Oehler (2005b), S. 28ff., Oehler/Kohlert (2008), S. 67.

28 Vgl. Fama (1980b), S. 46., Oehler (2005b), S. 29. Die Aufgabe von Finanzintermediären, die in nicht vollkommenen Kapitalmärkten auftreten, besteht grundsätzlich darin, Angebot und Nachfrage nach Finanzmitteln zusammenzuführen, vgl. dazu grundsätzlich Oehler (2004), S. 6., Oehler (2005a), S. 212f., Oehler (2006c), S. 78f., und die Ausführungen in Kapitel 3.4.

chenden Nutzen zu stiften.[29] Die Annahme der Handelbarkeit von Finanztiteln in beliebiger Höhe impliziert die uneingeschränkte Aufnahme von Finanzmitteln und stellt somit jegliche Refinanzierung von Investitionen sicher. Die Wahl der Finanzierungsmöglichkeiten und damit die Kapitalstruktur ist völlig unerheblich, da je nach Wahl lediglich die Aufteilung der Einzahlungsüberschüsse einer Investition variiert, jedoch nicht die Höhe dieser.[30]

Das wesentliche Kernelement der neoklassischen Finanzmarkttheorie stellt die Effizienzmarkthypothese von Fama (1970, 1991) dar.[31] Ein Finanzmarkt wird als allokationseffizient bezeichnet, wenn die optimale Allokation von Kapital mittels Preismechanismus erreicht wird. Damit ein Finanzmarkt im Sinne der Allokation als effizient betrachtet werden kann, müssen sowohl die operative Effizienz wie auch die Informations- und Bewertungseffizienz erfüllt sein.[32] Die Überprüfung der Informations- und Bewertungseffizienz steht dabei im Fokus der Forschung zur Finanzmarkteffizienz.[33] Diesbezüglich unterscheidet Fama (1970, 1991) je nach Menge an Informationen, die sich in den Preisen widerspiegeln, zwischen drei Tests zur Überprüfung der Effizienzmarkthypothese:[34]

- *Tests for Return Predictability:* Diese Form von Markteffizienztests überprüft, ob zukünftige Aktienkurse mit Hilfe vergangener Aktienkursrenditen und weiteren vergangenen Informationen (zum Beispiel Dividendenrenditen oder Zinssätzen) vorhergesagt werden können. Auf

29 Vgl. Spicher (1997), S. 1.

30 Vgl. Modigliani/Miller (1958), Franke/Hax (2009), S. 160, 340ff., Schmidt/Terberger (1999), S. 62f.

31 Die Effizienzmarkthypothese zählt neben der *Random-Walk-Hypothese* und des *Fair-Game-Modells* zu den Preisbildungsmodellen im engeren Sinne, vgl. Kasperzak (1997), S. 31ff.

32 Vgl. dazu Bienert (1996), S. 32, Oehler (2005a), S. 216, Rummer (2006), S. 17f.

33 Vgl. Wendt (2011), S. 15f. Unter Informationseffizienz ist in Bezug auf den Aktienmarkt zu verstehen, dass sich zu jeder Zeit alle verfügbaren Informationen in den Aktienkursen widerspiegeln, vgl. Fama (1965), S. 35ff., Fama (1970), S. 383ff. Bewertungseffizienz liegt vor, falls Aktienpreise den Fundamentalwerten entsprechen, vgl. Merton (1987), S. 93f.

34 Vgl. Oehler (1994), S. 939f., Oehler (1995), S. 277f.

einem in diesem Sinne effizienten Markt, können die Marktakteure keine Überrendite erzielen.[35]

- *Event Studies*[36]*:* Mit Hilfe von Event Studies soll beurteilt werden, wie schnell sich in den Aktienkursen Preisanpassungen vollständig widerspiegeln, die durch öffentlich zugängliche Informationen (zum Beispiel Aktienkurssplitting, Jahresabschlüsse, Emission neuer Aktien) hervorgerufen werden.
- *Tests for Private Information*[37]*:* Falls der Markt gemäß dieser Untersuchungen Effizienz aufweist, sind in den Preisen neben den öffentlich zugänglichen Informationen auch alle nicht öffentlichen Informationen (zum Beispiel Insiderwissen) vollständig eingepreist.

Die Effizienzmarkthypothese findet ihren Ursprung in der *Random Walk-Hypothese*. Letztgenannte Hypothese postuliert, dass die Kursverläufe von Aktienkurse nur durch Zufallsprozesse bestimmt werden. Der Preis einer Aktie in der Zukunft setzt sich somit aus dem aktuellen Preis und einer Zufallsvariable zusammen.[38] Die strenge Prämisse der Random Walk-Hypothese, die für zukünftige Aktienkurse einen stochastischen Prozess mit unabhängigen Kursverläufen unterstellt, erscheint jedoch nicht haltbar.[39]

---

35 Die ursprünglichen *Weak-form Tests* von Fama (1970) beschränken sich lediglich auf die Prognose zukünftiger Aktienkursrenditen mittels vergangener Renditen, vgl. auch Fama (1991), S. 1576. Vgl. zur Problematik bezüglich der Bezeichnung Oehler (1994), S. 939, Oehler (1995), S. 277f. Falls eine erzielte Rendite systematisch über der Marktrendite liegt, wird dabei von Überrendite gesprochen, vgl. Wendt (2011), S. 14.

36 Fama (1970) verwendet für den Begriff *Event Studies* ursprünglich die Bezeichnung *Semistrong-form Tests*.

37 In Fama (1970) wurde diese Kategorie mit *Strong-form Tests* bezeichnet.

38 Vgl. Kasperzak (1997), S. 31ff.

39 Vgl. dazu auch die Ergebnisse von Fama (1970), S. 389ff. Eine allgemeinere und weniger restriktive Variante des Random Walk-Modells stellt dabei das Fair-Game-Modell dar, welches in Erwartungswerten formuliert wird. Bei einer gegebenen Informationsstruktur entspricht die erwartete Rendite einer Periode der tatsächlichen Rendite am Periodenende, vgl. Sapusek (1998), S. 20ff.

Zur Überprüfung der verschiedenen Finanzmarkteffizienzformen wird den Marktmodellen, die auf der neoklassischen Finanzierungstheorie aufbauen, Gültigkeit unterstellt. Voraussetzung der Effizienzmarkthypothese ist, dass den Marktakteuren die relevanten Informationen kostenlos zur Verfügung stehen und diese sich vollständig und unverzüglich in den Preisen widerspiegeln.[40] Die empirische Überprüfung der verschiedenen Effizienzstufen in der Realität kommt dabei zu folgenden zentralen Aussagen:[41]

Empirische Studien kommen zum Ergebnis, dass Aktienkurse zum Teil vorhersagbar sind. Diese Überlegung ergibt sich zum einen daraus, dass bei Aktienkursrenditen im Zeitablauf eine Autokorrelation besteht. Zudem ist es möglich mit Hilfe bestimmter Kennzahlen wie etwa der Dividendenrendite oder des Kurs-Gewinn-Verhältnisses Aktienkurse und somit Renditen vorherzusagen.[42] Mit Event Studies wird gezeigt, dass sich in Folge neuer (Unternehmens-) Informationen (zum Beispiel zu Veränderungen der Höhe von Dividenden oder der Kapitalstruktur) die Preise entsprechend anpassen.[43] Empirische Tests zur Prüfung der strengen Form von Informationseffizienz deuten an, dass sich private Informationen nicht vollständig in den Preisen widerspiegeln und grundsätzlich zur Erzielung abnormaler Renditen verwendet werden können.[44]

Fama (1991) merkt in Hinblick auf die Überprüfung von Markteffizienz kritisch an, dass diese explizit nicht überprüfbar sei. Dieser Umstand resultiert daraus, dass die Effizienzmarkthypothese als eine verbundene Hypothese anzusehen ist, da das unterstellte Marktmodell als gültig angesehen wird. Falls demzufolge Anomalien von Aktien-

---

40 Vgl. Fama (1965), S. 56, Fama (1970), S. 383ff., Fama (1991), S. 1575. Vgl. auch Oehler (1995), S. 277f., Wendt (2011), S. 17.

41 Vgl. Fama (1991, 1998).

42 Die nachgewiesene Autokorrelation der Aktienkursrenditen führt in der Praxis zur erfolgreichen Anwendung von antizyklischen und prozyklischen Handelsstrategien, vgl. dazu auch Oehler (1994), S. 940ff, Oehler (1995), S. 279ff., Oehler (2000a), S. 719ff., Oehler (2000b), S. 981ff., Oehler (2002), S. 851ff.

43 Es liegen jedoch nur wenige Hinweise vor, dass dies in vollem Umfang direkt nach dem Eintreffen der neuen Informationen geschieht, vgl. auch Wendt (2011), S. 20.

44 Vgl. Fama (1991), S. 1575. Vgl. beispielsweise auch die Arbeiten von Jaffe (1974), Seyhun (1986), Ippolito (1989).

kursrenditen auftreten, kann nicht unterschieden werden, ob diese aufgrund fehlender Markteffizienz vorliegen oder auf ein „falsches“ Marktmodell zurückzuführen sind.[45]

Die Portfoliotheorie von Markowitz und das *Capital Asset Pricing Model* (*CAPM-Modell*) von Sharpe/Lintner/Mossin bauen auf den Überlegungen zum vollkommenen, vollständigen und somit effizienten Finanzmarkt auf und unterstützen Anleger bei der effizienten Verteilung ihres Vermögens auf risikobehaftete Finanzanlagen.[46] Die effiziente Aufteilung von Vermögen auf Finanzanlagen erfolgt im Rahmen der Portfoliotheorie dabei nach dem Rendite-Risiko (μ-σ)-Prinzip. Ein Portfolio gilt als effizient, falls es kein anderes Portfolio gibt, das

- bei gleichem Risiko eine höhere Rendite oder
- bei gleicher Rendite ein niedrigeres Risiko oder
- eine höhere Rendite und niedrigeres Risiko

aufweist. Das CAPM-Modell erweitert die Portfoliotheorie um die Komponente einer risikolosen Anlagemöglichkeit und dient als ein Erklärungsmodell für die Preisbildung am Finanzmarkt. Es wird angenommen dass alle Anleger homogene Erwartungen bezüglich erwarteter Rendite und des Risikos (Varianz, Kovarianz) haben. Im Marktgleichgewicht halten alle Anleger deshalb das Marktportfolio.[47] Unabhängig von der Risikoeinstellung der Anleger erfolgt die Aufteilung des Vermögens auf das risikobehaftete Marktportfolio und die sichere risikolose Anlage.[48] Die Risikoeinstellung der Anleger spiegelt

45 Vgl. Fama (1991) S. 1575f.

46 Das CAPM-Modell zählt neben der *Arbitrage Pricing Theory* (APT) von Ross (1976) und der *State Preference Theory* (SPT) von Arrow (1964) und Debreu (1959, 1976) zu den Preisbildungsmodellen im weiteren Sinne. Die folgenden Ausführungen beziehen sich jeweils auf die Originalquellen. Vgl. Markowitz (1952, 1959) zur Portfoliotheorie und Sharpe (1964), Lintner (1965) und Mossin (1966) zum CAPM-Modell. Vgl. auch die Ausführungen von Franke/Hax (2009) zur Portfoliotheorie ab S. 317ff. und zum CAPM-Modell ab S. 354ff. Vgl. hierzu auch Fama/French (2004).

47 Das Marktportfolio umfasst dabei alle existierenden risikobehafteten Wertpapiere.

48 Dieser Sachverhalt wird als *Tobin-Separation* bezeichnet, vgl. Tobin (1958a). Entsprechend der individuellen Risikoeinstellung sind natürlich auch eine

sich erst in einer entsprechenden Gewichtung der beiden Anlagemöglichkeiten wider. Die erwartete Rendite effizienter Portfolios kann dabei mittels der Kapitalmarktlinie dargestellt und berechnet werden. Alle effizienten Portfolios liegen dabei zwingend auf dieser Geraden. Durch die Wertpapiermarktlinie wird der Zusammenhang zwischen der erwarteten Rendite eines Wertpapiers und dessen systematischen Risikos (Betafaktor) beschrieben. Die zentrale Aussage der Wertpapiermarktlinie ist, dass im Marktgleichgewicht mit steigendem systematischem Risiko eines Wertpapiers auch dementsprechend die Rendite steigen muss. Das unsystematische Risiko eines Wertpapiers wird dabei durch Diversifikationseffekte ausgeschaltet. Die strengen Prämissen des CAPM, insbesondere die homogenen Erwartungen der Anleger, werden dabei von Kritikern bemängelt.[49]

Zusammengefasst weisen die rigiden Prämissen der neoklassischen Finanzmarkttheorie einen deutlichen fehlenden Realitätsbezug auf. Insbesondere die Annahme bezüglich nicht vorhandener Transaktionskosten und das Fehlen von Kosten für die Informationsbeschaffung und -verarbeitung, symmetrischer Informationsverteilung, der vollkommenen Rationalität der Marktteilnehmer sowie der Nicht-Existenz von Finanzintermediären sind kaum mit der Realität vereinbar.[50] Die nachfolgend dargestellten Ansätze der neuen Institutionenökonomik, der Marktmikrostrukturtheorie, der Finanzintermediation sowie der Behavioral und Experimental Finance lösen sich dabei von den rigiden Prämissen der neoklassischen Finanzmarkttheorie und

---

Verschuldung zum risikofreien Zins und eine entsprechende Investition ins Marktportfolio möglich.

49 Vgl. beispielsweise Figlewski (1982), S. 87, Franke (1983), S. 250. Roll (1977) bemängelt zudem, dass das CAPM-Modell nur schwer überprüfbar sei, da das angesprochene Marktportfolio in der Realität nicht im Sinne des CAPM abgebildet werden kann und nur Approximationen (in Form von repräsentativen Aktienindizes) erfolgen. Aufbauend auf diesen Kritikpunkten wurde die APT und SPT entwickelt. Vgl. zur weiteren Erklärung zur APT zum Beispiel Franke/Hax (2009), S. 397ff., Perridon/Steiner/Rathgeber (2012), S. 288. Vgl. zur SPT die ausführliche Beschreibung in Franke/Hax (2009), S. 394–396.

50 Vgl. Oehler (2000b), S. 979f., Oehler (2005a), S. 217f., Oehler (2005d), S. 28f., Oehler/Kohlert (2008), S. 67–69.

erlauben eine einzelwirtschaftliche und informationsökonomische Betrachtung.[51]

3.2 Neue Institutionenökonomik

Die neue Institutionenökonomik (NIÖ)[52] ist kein eigenständiger theoretischer Ansatz, sondern dient lediglich als übergeordneter Begriff, unter dem verschiedene theoretische Forschungsrichtungen subsumiert werden.[53] Unter der NIÖ werden demnach die *Theorie der Verfügungsrechte,* die *Transaktionskostentheorie,* die *Informationsökonomik* sowie die *Prinzipal-Agenten-Theorie* zusammengefasst.[54] Die neue NIÖ entstand aus der Unvereinbarkeit der neoklassischen Prämissen mit der Realität und ist unter anderem auf Coase (1937) und Williamson (1975) zurückzuführen. Insbesondere die Annahmen vollkommener Informationen, deren symmetrische Verteilung sowie das Rationalverhalten der Marktakteure wird von der NIÖ in Frage gestellt.[55] Wohingegen die Neoklassik nur den unmittelbaren und unendlich schnellen Tauschprozess zwischen den verschiedenen Vertragspartnern und Marktakteuren betrachtet, stehen im Mittelpunkt der neueren institutionenökonomischen Ansätze die dahinterstehenden Einigungs- und Kooperationsprozesse der Marktakteure. In der Realität ergeben sich aufgrund bestehender Informationsasymmetrien zwischen den Marktakteuren sowie ihrer eingeschränkten Rationalität[56]

---

51 Vgl. Oehler (2006c), S. 77, Oehler/Kohlert (2008), S. 67, 69, Oehler/Reisch (2008), S. 5f. Die genannten Ansätze lassen sich grundsätzlich unter der neueren Finanzierungstheorie subsumieren, vgl. Oehler (2000b), S. 979f., Oehler (2002), S. 846–848, Wendt (2011), S. 21, Herberger (2013), S. 41, Schalkowski (2013), S. 8.

52 Vgl. Martiensen (2000), S. 75–98, Richter/Furubotn (2003), S. 45ff. für einen Überblick über den älteren Institutionalismus.

53 Vgl. Opper (2001), Picot/Dietl/Franck (2008), S. 45f.

54 Vgl. Picot/Dietl/Franck (2008), S. 46ff., Wendt (2011), S. 24.

55 Die restriktiven Annahmen der Neoklassik und ihr Realitätsgehalt sind auch deshalb kritisch anzusehen, da diese empirische nicht getestet werden können, vgl. Oehler (2000b), S. 979, Oehler (2002), S. 845ff., Oehler (2004), S. 2ff., Oehler (2005b), S. 29, Oehler (2006a), S. 298f., Oehler (2006c), S. 76f.

56 Das Konzept der begrenzten Rationalität (Bounded Rationality) ist dabei auf Simon (1955) zurückzuführen, vgl. auch Simon (1956, 1957, 1990). Markt-

zahlreiche Kooperationsprobleme für den Tauschakt, die die NIÖ durch den Einbezug von Institutionen zu lösen versucht.[57] Unter *Institution* werden dabei Banken, Märkte aber auch Gesetze, Rechtsvorschriften oder Normen verstanden, mit deren Hilfe versucht wird, die oben beschriebenen Marktunvollkommenheiten zu vermindern.[58] Institutionen erfüllen dabei den Zweck, die Zusammenarbeit zwischen den Marktakteuern zu erleichtern und ihnen bei der Entscheidungsfindung zu helfen. Aus wohlfahrtsökonomischer Sicht betrachtet sollen somit die wirtschaftlichen Koordinationskosten der Marktteilnehmer reduziert werden.[59] Im Folgenden werden die oben genannten Ansätze kurz erläutert.

Theorie der Verfügungsrechte

Im Zentrum der Theorie steht die optimale Verteilung sowie Ausgestaltung von Verfügungsrechten. Ein Gut lässt sich demnach als ein Bündel an Verfügungsrechten definieren.[60] Diese Verfügungsrechte lassen sich in Teilverfügungsrechte untergliedern, die das Recht des

---

teilnehmern wird dabei unterstellt, dass diese sich nicht entsprechend der normativen Entscheidungstheorie verhalten. In ihrem Bestreben nach rationalem Verhalten unterliegen sie vielmehr Beschränkungen hinsichtlich ihrer kognitiven Kapazitäten (Informationsaufnahme und -verarbeitung) sowie Einschränkungen im emotionalen sowie motivationalen Bereich (*Internal Limitations of the Mind*), vgl. Bitz/Oehler (1993), S. 249, Oehler (2000b), S. 980, Oehler (2006b), S. 297. Unter Inkaufnahme dieser Beschränkungen wird von den Marktakteuren ein individuell rationales Verhalten angestrebt, wobei auch die externen Umweltbedingungen (*Physical or Social Environment*), innerhalb dessen der Entscheider agiert, miteinzubeziehen sind (*Structure of the External Environments*), vgl. Oehler (2004), S. 3, Oehler (2005a), S. 218, Oehler (2005b), S. 35f., Oehler (2006b), S. 297, Oehler/Kohlert (2008), S. 71.

57 Vgl. Terberger (1994), S. 21ff., Oehler (2000b), S. 979f., Oehler (2002), S. 845ff., Oehler (2005b), S. 35f.

58 Vgl. Erlei/Leschke/Sauerland (1999), S. 23ff.

59 Vgl. Richter/Furubotn (2003), S. 8.

60 Vgl. Coase (1960), S. 43f., Alchian/Demsetz (1973), S. 17, Schmidt/Terberger (1999), S. 397, Picot/Dietl/Franck (2008), S. 46–56. Als Synonym für Verfügungsrecht wird oftmals der Begriff *Eigentumsrecht* verwendet. Jedoch umfassen Verfügungsrechte im institutionenökonomischen Sinne sowohl absolute (gegenüber jedermann) als auch relative (gegenüber bestimmten Personen) Rechte, vgl. Martiensen (2000), S. 113.

Gebrauchs (*Usus*), das Recht der Veränderung (*Abusus*), das Recht der Übertragung sowie das Recht, die Gewinne aus der Nutzung einzubehalten beziehungsweise das Tragen der Verluste zu übernehmen (*Usus fructus*), gewähren.[61] Durch entsprechende Verträge wird die Übertragbarkeit von Verfügungsrechten festgelegt. Ziel ist dabei die Festlegung von Rechten und Pflichten der Vertragspartner.[62] Sind die Verfügungsrechte vollständig spezifiziert, sind Nutzen und Kosten vollständig dem Inhaber zuzuordnen. Für andere Marktteilnehmer entstehen deshalb keine Externalitäten in Form von Kosten, die aus der Nutzung eines Verfügungsrechts eines anderen Marktakteurs resultieren. In der Realität mangelt es jedoch an einer vollständigen Spezifizierung von Verfügungsrechten, woraus oben genannte Externalitäten entstehen, die das Erreichen des gesamtwirtschaftlichen Wohlfahrtsoptimums gefährden. Um dieses Optimum dennoch zu erreichen, sind Transaktionen zwischen den interagierenden Wirtschaftssubjekten notwendig, die Transaktionskosten verursachen.[63]

Transaktionskostentheorie

Wie beschrieben wird sich im Rahmen der NIÖ von den restriktiven Annahmen der Neoklassik, unter anderem der Existenz einer transaktionskostenfreien Welt, distanziert. Die Transaktionskostentheorie findet ihren Ursprung in der Arbeit von Coase (1937), der der Frage nachgeht, warum Unternehmen in einer Marktwirtschaft existieren.[64] Demnach stellen Unternehmen eine Alternative zum Allokationsmechanismus des Markts dar. Im Hinblick auf eine Minimierung der Transaktionskosten fällt eine Entscheidung darüber, ob der Markt oder ein Unternehmen zur Erstellung eines Gutes verwendet wird.[65] Die

---

61 Vgl. Demsetz (1964), S. 18, Cezanne/Mayer (1998), S. 1346.

62 Vgl. Schmidt/Terberger (1999), S. 397.

63 Vgl. Cezanne/Mayer (1998), S. 1346ff.

64 Vgl. dazu auch die Ausführungen von Picot/Dietl/Franck (2008), S. 56–71.

65 Vgl. Cezanne/Mayer (1998), S. 1348. Unter *Transaktionskosten* verstehen Richter/Furubotn (2003), S. 54 *„[...] jene Ressourcen, die für Schaffung, Erhaltung, Benützung [sic!], Veränderung usw. von Institutionen oder Organisationen aufzuwenden sind“*. Im Falle von Verfügungsrechten fallen Transaktionskosten für die Definition und Messung wirtschaftlicher Ressourcen oder

Transaktionskostentheorie zielt darauf ab, die Kosten, die im Zusammenhang mit der Übertragung der Verfügungsrechte entstehen, zu minimieren.[66]

Informationsökonomik

Der Ansatz der Informationsökonomik baut auf der Annahme unvollständig und asymmetrisch verteilter Informationen der Marktsubjekte auf. Die Informationsökonomik untersucht die asymmetrische Informationsverteilung im Hinblick auf die daraus resultierenden Kosten für die Marktsubjekte und leistet einen Beitrag zum Abbau dieser Marktunvollkommenheiten.[67] Informationsprobleme ergeben sich dabei im Hinblick auf Menge, Preis und Qualität des Tauschguts sowie relevanter Informationen über den Vertragspartner. Zur Beseitigung dieser Asymmetrien und der daraus resultierenden Folgen bieten sich insbesondere Maßnahmen wie *Screening* und *Signalling* an.[68] Beim Screening setzt ein aktiver Suchprozess nach Informationen auf Seiten der schlechter informierten Marktseite ein, um damit die Nachteile aus den bestehenden Informationsasymmetrien zu verringern.[69] Dahingehend kann die Marktseite mit einem Informationsvorsprung durch die glaubwürdige Aussendung von Informationen versuchen,

---

Rechtstitel an, sowie für die Information, Verhandlung und Rechtsdurchsetzung dieser, vgl. Richter/Furubotn (2003), S. 54. Für eine detaillierte Einteilung der Kosten im Vertragsanbahnungsprozess vgl. unter anderem Coase (1988), S. 6, Richter (1990), S. 576.

66 Vgl. Wendt (2011), S. 26. Vgl. dazu auch grundlegend die Ausführungen von Williamson (1992).

67 Vgl. Wendt (2011), S. 27. Neben der beschriebenen Informationsökonomik im engeren Sinne befasst sich die Informationsökonomik im weiteren Sinne mit den Folgen der beschriebenen Asymmetrien auf die Funktionsweise von Märkten, vgl. dazu auch Macho-Stadler/Pérez-Castrillo (2001), S. 3f., Schiefer (2008), S. 23, Schalkowski (2013), S. 10.

68 Vgl. Oehler (2005b), S. 33f., Oehler (2006b), S. 297, Oehler/Kohlert (2008), S. 69f. Neben den beiden genannten Maßnahmen existieren noch die Möglichkeiten der Gestaltung anreizkompatibler Verträge sowie die Implementierung präventiver Maßnahmen, vgl. Oehler (2006b), S. 297, Oehler/Kohler (2008), S. 70.

69 Vgl. im Original Stiglitz (1975) sowie Rothschild/Stiglitz (1976).

die Informationsnachteile der möglichen Vertragspartei zu vermindern (Signalling).[70]

Prinzipal-Agenten-Theorie[71]

Die Prinzipal-Agenten-Theorie analysiert das vertragliche Beziehungsgeflecht zwischen Auftraggeber (Prinzipal) und Auftragnehmer (Agent). Bei der Durchführung einer Tätigkeit, bei der der Prinzipal einen Agenten beauftragt, können Interessens- und Zielkonflikte auftreten. In der Regel besitzt der Agent, auch aufgrund mangelnder Kontroll- und Überwachungsmöglichkeiten des Prinzipals, einen Informationsvorsprung gegenüber diesem.[72] Ein klassisches Beispiel ist die Beziehung zwischen Eigenkapitalgebern und Managern eines Unternehmens. Der Agent kann diesen Informationsvorsprung auf unterschiedliche Weise zur Maximierung seines eigenen Nutzens ausbeuten und so den Prinzipal in seiner Zielerreichung behindern.[73] Anhand einer exemplarischen Vertragsbeziehung lassen sich mögliche Fälle verdeutlichen, welchen Informationsnachteilen der Prinzipal unterliegt:[74]

- *Ex ante Phase vor Vertragsabschluss:* Der Prinzipal kann aufgrund mangelnder Informationen hinsichtlich der Geeignetheit des Agenten beziehungsweise bezüglich der Qualität eines Guts nur eine unzureichende Einschätzung vornehmen (*Hidden Characteristics/Hidden Information*). Es herrscht ein Zustand erheblicher Qualitätsunsicherheit.[75]

---

70 Vgl. grundlegend dazu Spence (1973, 1974), Riley (1975).

71 Vgl. Jensen/Meckling (1976), Fama (1980a), Fama/Jensen (1983).

72 Vgl. Oehler/Voit (1999), S. 969f., Oehler/Unser (2002), S. 197, Richter/Furubotn (2003), S. 173ff. und auch die dort aufgeführten Beispiele eines Prinzipal-Agenten-Konflikts.

73 Vgl. Jensen/Meckling (1976), S. 308.

74 Vgl. Oehler/Unser (2002), S. 198f., Oehler (2004), S. 2f., Oehler (2005b), S. 30ff.

75 Durch dieses Informationsrisiko kann es zum Phänomen der *adversen Selektion* kommen. Hierbei bricht der Markt für qualitativ hochwertige Güter zusammen, da Käufer (Prinzipale) aufgrund einer mangelnden Qualitätsbeurtei-

- *Ex interim während der Vertragsphase:* Es besteht die Gefahr, dass die Handlungen (*Hidden Actions*) und Absichten (*Hidden Intention*) des Agenten für den Prinzipal unsichtbar bleiben, woraus sich für den Prinzipal ein Gestaltungsrisiko ergibt (*Moral Hazard* und *Hold Up*). Die Handlungen und/oder Absichten des Agenten können demzufolge die Nutzenmaximierung des Prinzipals beeinträchtigen.[76]

- *Ex post Phase nach Vertragsende beziehungsweise Vertragsabbruch:* Der Prinzipal hat durch seine eingeschränkten Kontroll- und Überwachungsmöglichkeiten auch in dieser Phase ein Informationsrisiko. Es besteht zudem für den Prinzipal das Risiko einer negativen (vor allem monetären) Ergebnisauswirkung. Das Risiko des Prinzipals variiert dabei je nach Ausmaß der Haftung des Agenten für verursachte vertragliche Pflichtverletzungen seinerseits.

Der Prinzipal kann durch Schaffung von Anreizen, etwa in Form von Prämienzahlungen an den Agenten und der Einrichtung eines Überwachungssystems (*Monitoring*) versuchen, ein zielkonformes Verhalten des Agenten zu erreichen. Es ist ihm jedoch tatsächlich nicht möglich, ein solches Verhalten des Agenten effektiv durchzusetzen. Die daraus resultierenden Kosten werden als *Agency-Kosten* bezeichnet und bestehen aus den Überwachungskosten des Prinzipals (*Monitoring Costs*), den Garantie- und Signalisierungskosten auf Seiten des Agenten (*Bonding Costs*) sowie den Kosten, die aus dem Vermögensverlust des Prinzipals aufgrund eines abweichenden Verhaltens des Agenten entstehen (*Residual Loss*).[77]

---

lung nur bereit sind, niedrigere Preise zu zahlen, da sie davon ausgehen, dass die Verkäufer (Agenten) nur minderwertige Güter anbieten und sie somit tatsächlich auch nur qualitativ minderwertigere Güter angeboten bekommen, vgl. Akerlof (1970), S. 489f., Richter/Furubotn (2003), S. 258ff.

76 Vgl. Oehler (2005b), S. 31f., Oehler (2006a), S. 299.

77 Vgl. Jensen/Meckling (1976), S. 308f.

3.3 Marktmikrostrukturtheorie

Ähnlich der neuen Institutionenökonomik geht die Marktmikrostrukturtheorie von der Unvollständigkeit des Markts im Hinblick auf die Informationsverteilung, die auf Nachfrage- und Angebotsseite besteht, aus. Die Theorie der Marktmikrostruktur implementiert als Folge dieser Unvollständigkeit mit dem Markt einen institutionellen Rahmen und untersucht, welche Ausgestaltung für zulässige und durchführbare Transaktionen notwendig ist.[78] Die Theorie fokussiert maßgeblich auf Wertpapierbörsen. Die Gestaltung einer Wertpapierbörse kann dabei hinsichtlich der folgenden Parameter vorgenommen werden:[79]

- Handelsplatz (zum Beispiel Handel an einem zentralen Handelsplatz oder dezentral an mehreren Handelsplätzen)
- Handelsobjekt (zum Beispiel Derivate, Aktien, Anleihen, Rohstoffe, Währungen)
- Regularien und Marktzutrittsregeln (die zum Handel am jeweiligen Handelsplatz berechtigen)
- Handelsregeln unterteilt in:[80]
    - Marktform (zum Beispiel Market-Maker oder Auktionsprinzip)
    - Preisfeststellungsverfahren (Einheitskursermittlung oder Einzelkurse)
    - Markttransparenz (offenes oder geschlossenes Orderbuch)
    - Handelsverfahren (Präsenzhandel oder Computerhandel)

---

78 Vgl. Oehler (2000a), S. 718, Oehler (2000b), S. 980, Oehler (2002), S. 847, Oehler (2005c), S. 197f., Wendt (2011), S. 35. Vgl. auch grundsätzlich zur Marktmikrostrukturtheorie und Wertpapierbörsen O'Hara (1996), Hirth (2000), Oehler (2000c).

79 Vgl. Unser/Oehler (1997), Unser/Oehler (1998), S. 464f., Oehler (2000c, 2001), Schmidt (2004), S. 35, Werner (2009), S. 31, Wendt (2011), S. 36.

80 Vgl. Heilmann/Läger/Oehler (2000), S. 362.

- Abwicklungsregeln und Abwicklungstechnik

Eine Kombination der oben genannten Parameter soll zur Erreichung einer optimalen Gestaltung einer Wertpapierbörse und somit zur effizientesten Transaktionsabwicklung führen. Die Qualität von Wertpapierbörsen wird dabei anhand der Kriterien *Effizienz, Transparenz, Liquidität* und *Transaktionskosten* überprüft.[81] Als methodisches Instrument wird insbesondere aus Gründen der Komplexitätsreduktion des realen Marktgeschehens auf Finanzmarktexperimente („Börse im Labor") zurückgegriffen.[82]

3.4 Theorie der Finanzintermediation

Die Theorie der Finanzintermediation fokussiert auf die Betrachtung von Finanzintermediären, die in einer arbeitsteiligen Wirtschaft als Bindeglied zwischen den verschiedenen Marktteilnehmern an Finanzmärkten agieren und deren primäre Aufgabe es ist, einen Austausch zwischen dem Finanzbedarf der Finanzmittelnehmern und dem Anlagebedarf der Finanzmittelgeber herzustellen.[83] Die Existenz von Finanzintermediären leitet sich aus den vorliegenden Marktunvollkommenheiten, zum Beispiel insbesondere hinsichtlich der existierenden Informationsasymmetrien und der begrenzten Rationalität der Marktteilnehmer sowie den bestehenden Transaktionskosten, ab.[84] Der konkrete Nutzen von Finanzintermediären besteht in der Erbringung von Transformationsleistungen, die sich in *Fristentransformation, Betragstransformation* (*Losgrößentransformation*), *Informationsbedarfstransformation* und *Risikotransformation* untergliedern lassen.[85]

---

81 Vgl. im Detail zu den Kriterien Theissen (1998), S. 45ff., Unser/Oehler (1998), S. 464, Oehler (2001), S. 889, Schmidt (2004), S. 35f.

82 Vgl. Oehler (2000b), S. 980. Vgl. dazu auch die Ausführungen in Kapitel 3.5.1.

83 Vgl. Oehler (2004), S. 6, Oehler (2005a), S. 212, Oehler (2006c), S. 78, Herberger (2013), S. 52, Hartmann-Wendels/Pfingsten/Weber (2015), S. 2f.

84 Vgl. Oehler (2005a), S. 218., Wendt (2011), S. 39.

85 Vgl. Oehler (2004), S. 7, Oehler (2005a), S. 212, Oehler (2006c), S. 78, Bitz/Stark (2015), S. 2f., 7ff., Hartmann-Wendels/Pfingsten/Weber (2015), S. 4ff.

Finanzintermediäre können dabei grundsätzlich nach ihrer Rolle im Transaktionsprozess eingeordnet werden. Finanzintermediären im weiteren Sinne, wie zum Beispiel Finanz- oder Versicherungsmakler und Kreditvermittler, sind dabei lediglich im Prozess der Vermittlung zwischen Finanzmittelgeber und -nehmer integriert, ohne selbst als Vertragspartner zu agieren. Im Gegensatz dazu treten Finanzintermediäre im engeren Sinne, wie zum Beispiel ein Kreditinstitut, eine Kapitalanlagegesellschaft oder eine Kapitalbeteiligungsgesellschaft, auch selbst als Vertragspartner auf.[86] Ein Finanzsystem besteht dabei aus einer Vielzahl an Finanzintermediären, die unterschiedliche Teile der Transformationsleistungen übernehmen. Die Finanzintermediäre interagieren dabei sowohl mit den originären Finanzmittelnehmern und -gebern als auch mit anderen Finanzintermediären.[87]

86 Vgl. Oehler (2004), S. 6ff., Oehler (2005a), S. 212f., Oehler (2006c), S. 79f., Bitz/Stark (2015), S. 4ff., Hartmann-Wendels/Pfingsten/Weber (2015), S. 2f. Zudem können Finanzintermediäre auch nach den Adressaten und der Art der erbrachten Transformationsleistungen untergliedert werden, Oehler (2004), S. 8, Oehler (2006c), S. 79.

87 Vgl. Oehler (2004), S. 8, Oehler (2005b), S. 213ff., Oehler (2006c), S. 79f., Bitz/Stark (2015), S. 5ff., Wendt (2011), S. 40, Schalkowski (2013), S. 21.

3.5 Behavioral und Experimental Finance

3.5.1 Überblick

Die Behavioral Finance beziehungsweise *Behavioral Economics*[88] richtet den Fokus auf die modellhafte und empirische Untersuchung des realen Entscheidungsverhaltens von Marktteilnehmern und trägt dazu bei, dieses zu erklären. Die Denkprozesse der Marktteilnehmer, die während des Entscheidungsprozesses (Informationsaufnahme und -verarbeitung sowie Erwartungsbildung) ablaufen, sollen offengelegt und analysiert werden.[89] Im Vergleich zur Neoklassik geht die Behavioral Finance von grundlegend verschiedenen Prämissen aus. Entgegen der Neoklassik wird den Individuen kein rationales Verhalten entsprechend der Erwartungsnutzentheorie unterstellt, sondern eine begrenzte Rationalität angenommen. Die Marktteilnehmer treffen dabei ihre Entscheidungen in einem Umfeld unvollkommener Informationen.[90] Im Unterschied zur Neoklassik wird angenommen, dass sich die „Irrationalitäten" auf aggregierter Marktebene zeigen und Verstärkungen beziehungsweise Übertragungen auf andere Marktteilnehmer und Märkte möglich sind. Wohingegen im Konzept der Neoklassik durch risikolose Arbitrage „Irrationalitäten" auf Marktebene ausgenutzt werden und folglich verschwinden, können die Marktteilnehmer durch die beschriebenen Einschränkungen die Arbitragemöglichkeiten nur bedingt ausnutzen.[91]

Eine besondere Herausforderung stellt die Offenlegung der Denkprozesse der Marktteilnehmer dar. In der Realität ist dies zum Teil unmöglich, da zum Beispiel das Informationsumfeld und die verfüg-

---

88 Für einen grundlegenden Überblick vgl. Oehler (1992, 1995, 1998a, 2000a, 2000b, 2002, 2005c), Ricciardi (2006), Baker/Nofsinger (2010), Thaler (2016). Im Kontext der Verbraucherpolitik und -forschung vgl. insbesondere auch Oehler (2006b, 2011a), Oehler/Reisch (2008), Reisch/Oehler (2009). Vgl. Oehler/Kohlert (2008), Kohlert/Oehler (2009), Oehler/Kohlert/Jungermann (2009) zur Rolle der Behavioral Economics in Bezug auf den Prozess der Anlageberatung.

89 Vgl. Oehler (2000a), S. 718, Oehler (2000b), S. 980, Oehler (2002), S. 846ff.

90 Damit sind unvollständige, fehlerbehaftete, kostenpflichtige und zeitverzögerte Informationen gemeint. Zudem liegen an Märkten Informationsasymmetrien und -diffusionsprobleme vor, vgl. Oehler (2000b), S. 981.

91 Vgl. Oehler (2000b), S. 981, Oehler (2002), S. 849.

baren Informationen, die der Marktteilnehmer für eine Entscheidung nutzt, unbekannt sind. Der Forschungszweig der *Experimental Finance* (experimentelle Finanzmarktforschung) beziehungsweise *Experimental Economics* bietet (methodische) Lösungsmöglichkeiten.[92] Asparouhova/Bossaerts (2015) sehen das Ziel des Forschungszweigs darin, *„to understand human and market behavior in settings relevant to finance"*. Insbesondere mit Hilfe von (Labor-) Experimenten wird versucht, die Informationsverarbeitung sowie das komplexe menschliche Entscheidungs- und Anlageverhalten an Finanzmärkten durch vereinfachte und realitätsreduzierende Entscheidungssituationen („Börse im Labor") darzustellen.[93] Das in dieser Arbeit durchgeführte Experiment ist dieser Kategorie zuzuordnen.[94]

Experimente werden dabei als die effektivste Methodik angesehen, um Hypothesen zu überprüfen und hieraus konkrete kausale Zusammenhänge abzuleiten und ökonomische Theorien zu testen.[95] (Labor-) Experimente werden dabei von Feldexperimenten unterschieden. Untersuchungen, die in der realen Umgebung unter natürlichen Bedingungen der Versuchsteilnehmer stattfinden (nicht-kontrolliertes

---

92 Vgl. Roth (1995), Bloomfield/Anderson (2010) für einen für einen grundlegenden Überblick.

93 Vgl. dazu Heilmann/Läger/Oehler (2000), S. 362. Mit der „Börse im Labor" soll gezielt die Effizienz der Informationsverarbeitung analysiert werden. (Labor-) Experimente spielen forschungsübergreifend innerhalb der Ökonomie mittlerweile eine bedeutende Rolle, deren Einsatz stetig zunimmt, Friedman/Cassar (2003), S. 17, Falk/Fehr (2003), S. 404f., Schram (2005), S. 225. Vermehrt wird dabei auch auf Methoden aus dem neueren Forschungsfeld der *Neurofinance* beziehungsweise *Neuroeconomic* (Neuroökonomie) zurückgegriffen, vgl. Smith (2009), S. 15f. Dabei werden Methoden der Neurowissenschaft, Psychologie, Ökonomie und der Informatik kombiniert, um das Verhalten und die Entscheidungen von Individuen sowie die daraus resultierenden ökonomischen Ergebnisse zu erklären beziehungsweise besser verstehen zu können, vgl. Fehr/Rangel (2011), S. 3f. Vgl. für einen Überblick zur Neuroökonomie zum Beispiel Kenning/Plassmann (2005), Glimcher et al. (2009), Fehr/Rangel (2011), Roth (2013).

94 Wenn im weiteren Verlauf von Experiment die Rede ist, ist dieses als (Labor-) Experiment aufzufassen.

95 Vgl. Guala (1999), S. 555f.

Umfeld), werden als Feldexperimente bezeichnet.[96] Finden Experimente hingegen in einer abstrakten Umgebung statt, bei der die Realität vereinfacht dargestellt wird und somit gezielt relevante Einflussvariablen auf das Verhalten der Teilnehmer erfasst werden können (kontrolliertes Umfeld), spricht man von Laborexperimenten.[97] Durch die gezielte Kontrolle der Einflussfaktoren werden somit Zufallseinflüsse ausgeschlossen und grundsätzlich die Replizierbarkeit des Experiments ermöglicht. Die Vorteilhaftigkeit von Laborexperimenten liegt dabei in der gezielten Kontrolle des Umfelds durch den jeweiligen Versuchsleiter.[98]

Experimente dienen im Rahmen der Behavioral Finance grundsätzlich – unabhängig vom Forschungsschwerpunkt – dazu, das Verhalten von Marktteilnehmer an Finanzmärkten zu erklären. Standen am Anfang der Behavioral Finance noch einzelne Phänomene wie zum Beispiel *Excess Volatility*, das *Equity Premium Puzzle* oder *Predictability* im Vordergrund, verlagerte sich das Forschungsinteresse zunehmend auf Themengebiete, die den ökonomischen Erfolg von Handelsstrategien (*Momentum* und *Contrarian-Strategien*)[99] und andere Phänomene wie die *asymmetrische Referenzpunktorientierung* und die *Besitztumsorientierung* in Märkten, das *Herdenverhalten*[100] und *Home Bias*[101] betreffen.[102] An diese Systematisierung angelehnt identifizieren De Bondt et al. (2008) drei wesentliche Forschungsbereiche:[103]

---

96 Diese Art von Experimenten ist hingegen kaum geeignet, um die Denkprozesse der Anleger offenzulegen, da zum Beispiel keine Kontrolle des Informationsumfeldes stattfindet.

97 Vgl. auch die Erläuterungen zu Feldexperimenten und die Differenzierung zu Laborexperimenten in Petersen (2002), insbesondere S. 59–66.

98 Vgl. Falk/Fehr (2003), S. 399f. Vgl. zur Kritik an Experimenten die Ausführungen in den Kapiteln 7.2.2, 7.3 und 7.4.

99 Bei einer Momentum-Strategie erfolgt ein Handeln mit dem vorherrschenden Trend, wohingegen die Contrarian-Strategie einen antizyklischen Handelsansatz darstellt, vgl. dazu grundsätzlich Oehler (2000a, b, 2002), Oehler et al. (2003).

100 Vgl. dazu Oehler (1998b), Oehler/Chao (2000), Oehler/Wendt (2008, 2009).

101 Vgl. Oehler et al. (2007), Oehler/Rummer/Wendt (2008), Oehler/Wendt/Horn (2017).

102 Vgl. Oehler (2000a), S. 719, Oehler (2000b), S. 981, Oehler (2002), S. 850.

103 Vgl. De Bondt et al. (2008), S. 9.

- Zum einen werden schwerpunktmäßig die psychologischen und kognitiven Mechanismen untersucht und analysiert, wie Menschen sich verhalten und finanzielle Entscheidungen treffen und warum diese zum Teil fehlerbehaftet sind. Ziel ist unter anderem, das Zustandekommen von Biases wie beispielsweise *Overconfidence* und *Wishful Thinking* zu erklären.
- Zum anderen erfolgt eine Fokussierung auf das Verhalten von naiven Anlegern (*Noise Traders*) und die damit einhergehenden Möglichkeiten der Ausnutzung dieser im ökonomischen Sinne sowie die daraus resultierenden Auswirkungen auf die Preise von Kapitalgütern an den globalen Finanzmärkten.[104] Insbesondere fallen hierunter Untersuchungen zu Blasenbildungen an Finanzmärkten und *Investor Sentiment*.[105]
- Die dritte Kategorie umfasst Forschungsarbeiten, die sich mit Entscheidungsprozessen und den daraus resultierenden Auswirkungen auf die Entscheidungsfindung von Individuen befassen. Als Beispiel sei an dieser Stelle der *Status quo Bias* genannt, wonach Individuuen ihre Entscheidungen an den Status quo anpassen.[106]

Das entscheidungstheoretische Grundlagemodell der Behavioral Finance stellt die *(Cumulative) Prospect Theory*[107] dar, welche die bekannteste und am meisten diskutierte Alternative zur Erwartungsnutzentheorie ist.[108] Kahneman/Tversky unterteilen den Entschei-

---

104 Den Noise Tradern stehen beispielsweise die besser informierten und rationaleren *Nice Trader* und *Liquidity Trader* gegenüber, vgl. Rummer (2006), S. 24f. sowie die dort zitierte Literatur.

105 Vgl. De Bondt (2002), Baker/Wurgler (2007). Vgl. die Metaanalyse von Palan (2013a) zur Blasenbildung in experimentellen Finanzmärkten.

106 Vgl. dazu die Erklärungen in Tabelle 1.

107 Vgl. Kahneman/Tversky (1979) und Tversky/Kahneman (1992). Vgl. dazu auch die Ausführungen in Oehler (1995), S. 40ff., Unser (1999), S. 35ff., Laux/Gillenkirch/Schenk-Mathes (2012), S. 163ff. auf die sich die folgenden Ausführungen beziehen.

108 Vgl. Oehler (1995), S. 40, De Bondt et al. (2008), S. 11. Die Cumulative Prospect Theory von Tversky/Kahneman (1992) stellt dabei eine Erweiterung

dungsprozess dabei in zwei Phasen: eine vorgelagerte Bearbeitungsphase (*Editing*), in der die zur Auswahl stehenden Alternativen präsentiert werden und eine darauf folgende Phase, in der eine Bewertung und Auswahl erfolgt (*Evaluation*). Die Bewertung von Alternativen erfolgt dabei unter anderem anhand einer subjektiven Wertfunktion. Gewinne und Verluste werden anhand eines Referenzpunktes, der bei der Wertfunktion dem Null-Punkt entspricht, unterschiedlich bewertet. Im Gewinnbereich ist die Wertfunktion konkav (Risikoscheu), wohingegen im Verlustbereich ein kovexer (steilerer) Verlauf (Risikofreude) vorliegt. Abbildung 1 stellt den Verlauf der Wertfunktion grafisch dar.

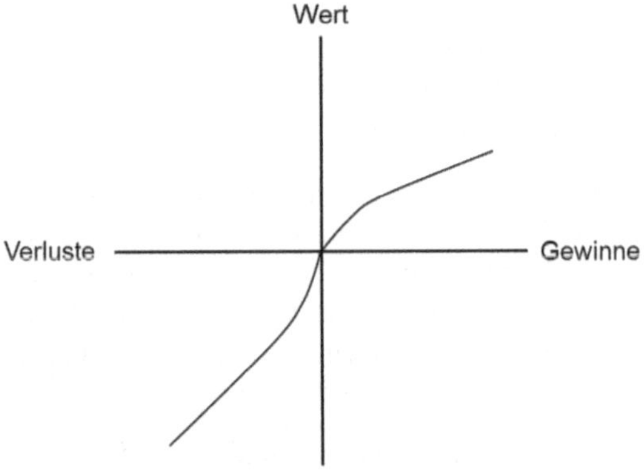

Abbildung 1: Wertfunktion der Prospect Theory[109]

Daneben beeinflusst eine Entscheidungsgewichtungsfunktion (Weighting Function) die Bewertung einer Alternative. Jeder Eintrittswahrscheinlichkeit wird dabei ein entsprechendes Entscheidungsgewicht zugeordnet. Die Gewichtungsfunktion unterscheidet sich je nachdem, ob es sich um Gewinne oder Verluste handelt.[110] Niedrigere

der ursprünglichen Prospect Theory von Kahneman/Tversky (1979) dar. Neben der Prospect Theory gibt es noch die weniger bekannten *Disappointment* und *Regret Theory* und die *rangplatzabhängigen Nutzentheorien*, vgl. Unser (1999), S. 39ff. für einen Überblick.

109 In Anlehnung an Kahneman/Tversky (1979), S. 279.

110 Die unterschiedlichen Funktionen für Gewinne und Verluste stellen im Vergleich zur ursprünglichen Prospect Theory eine Erweiterung dar, bei der kei-

Wahrscheinlichkeiten werden dabei überbewertet, wohingegen höhere Wahrscheinlichkeiten unterbewertet werden.

Wie verdeutlich bestehen zwischen Behavioral Finance und Neoklassik gravierende Unterschiede. Statman (1999) konstatiert diesbezüglich, dass *„[s]tandard finance people are modeled as "rational," whereas behavioral finance people are modeled as "normal."*[111] Trotz dieser Unterschiede herrscht in der Forschung mittlerweile ein Umdenken, weg von der separaten Gegenüberstellung der Neoklassik mit der Behavioral Finance hin zu einem komplementären Ansatz, bei dem beide Forschungsrichtungen unter der Annahme der Bounded Rationality der Marktteilnehmer miteinander interagieren.[112] Ebenfalls liegen zur Marktmikrostrukturtheorie Verknüpfungen dahingehend vor, dass Regelungen der Marktmikrostruktur das Verhalten der Wirtschaftssubjekte steuern und bestimmte Verhaltensweisen dieser wie zum Beispiel Insidertrading zu neuen Regeln führen.[113]

3.5.2 Überblick über „Anomalien", „Biases" und Heuristiken der Behavioral Finance

Die Hinweise auf eine Reihe von Abweichungen vom Rationalverhalten des homo oeconomicus sind in einer Vielzahl empirischer Arbeiten der Behavioral Finance dokumentiert. Die Abweichungen vom rationalen Verhalten sind dabei im Rahmen der normativen Entscheidungstheorie weniger relevant, da hierbei explizit rationales Verhalten der Marktteilnehmer, zumindest auf aggregierter Marktebene, unterstellt wird. Für die deskriptive Theorie haben die nachfolgend in der Literatur dokumentierten systematischen Abweichungen der Marktteilnehmer an realen Finanzmärkten einen wesentlich höheren Stellenwert, da der Fokus dieses Ansatzes auf der Erklärung und Prognose des Verhaltens der Anleger und Investoren liegt.[114] Tabelle 1 gibt

---

ne Unterscheidung nach Gewinnen und Verlusten getroffen wird, vgl. Kahneman/Tversky (1979), S. 282f.

111 Statman (1999), S. 20.

112 Vgl. Oehler (2000a), S. 723, Oehler (2000b), S. 988, Oehler (2002), S. 867. Vgl. dazu auch Thaler (1999a), S. 16, der vom „Ende" der Behavioral Finance im Sinne einer eigenen Forschungsrichtung, die getrennt neben der Neoklassik steht, spricht.

113 Vgl. Oehler (2000a), S. 718, Oehler (2000b), S. 980, Oehler (2002), S. 848.

114 Vgl. Oehler (1995), S. 23f., Oehler/Reisch (2008), S. 16f.

einen Überblick über „Anomalien“, „Biases“ und Heuristiken, die das Risikoverhalten von Anlegern in Finanzmärkten betreffen.[115] Dabei sollen insbesondere wesentliche „Anomalien“, „Biases“ und Heuristiken von Anlegern dargestellt und die Interdependenzen zwischen diesen hervorgehoben werden.

115 Vgl. auch die Auflistung in Oehler (1992), S. 100–109, Oehler (1995), S. 26–38, Oehler/Reisch (2008), S. 17–24. Vgl. dazu auch Kahneman (2011).

Tabelle 1: Ausgewählte „Anomalien", „Biases" und Heuristiken der Behavioral Finance

Anomalien, Biases	Potenzielle Ursachen	Erklärung der Zusammenhänge	Quellen
Disposition Effect	*Mental Accounting, Pride Seeking, Loss Aversion, Regret Avoidance*	Unter dem *Disposition Effect* wird das Verhalten von Anlegern „sell winners too early and ride losers too long" (Shefrin/Statman 1985, S. 778) verstanden.[116] Als Ursache gelten das Verbuchen von Gewinnen und Verlusten auf getrennten geistigen Konten (*Mental Accounting*)[117], das emotionale Verlangen Stolz bei der Gewinnrealisierung zu fühlen (*Pride Seeking*), Enttäuschung über Verluste zu vermeiden (*Regret Avoidance*) sowie die stärkere Bewertung und Wahrnehmung von Verlusten gegenüber gleich hohen Gewinnen (*Loss Aversion*).	Shefrin/Statman (1985), Oehler (2000b, 2002)
Differenz von Verkaufs- und Kaufpreisen (Willingness to accept und Willingness to pay)	*Endowment-Effekt*	Die Differenz von Kaufs- und Verkaufspreisen bezeichnet eine unterschiedliche Wahrnehmung bezüglich der Bepreisung von Gütern, je nachdem ob sich das Gut im eigenen Besitz befindet oder nicht. Menschen verlangen für den Verkauf eines Gutes meist sehr viel mehr Geld, als sie für den Kauf eines gleichen Gutes ausgeben würden. Als Erklärung für dieses Verhalten dient insbesondere der sognannte *Endowment-Effekt*.	Samuelson/ Zeckhauser (1988), Kahneman/ Knetsch/Thaler (1990), Oehler (2002)
Endowment-Effekt	*Loss Aversion*	Der Endowment-Effekt – oder auch *Besitztumseffekt* genannt – beschreibt das Verhalten von Menschen, die versuchen, zu in ihrem Besitz befindlichen Gütern eine emotionale Verbundenheit aufzubauen und diese Güter nur ungern verkaufen zu wollen. Dies äußert sich dann in der beschriebenen Disparität zwischen Kaufs- und Verkaufspreisen. Als primär ursächlich für den Endowment-Effekt gilt die bereits beschriebene Verlustaversion. Der Verlust eines verkauften Gutes überwiegt den Zugewinn des (monetären) Tauschgutes.	Thaler (1980), Kahneman/ Knetsch/Thaler (1990, 1991)

116 Vgl. beispielsweise die empirischen Befunde in Odean (1998a), Weber/Camerer (1998), Barber/Odean (1999), Oehler et al. (2003), Locke/Mann (2005), Frazzini (2006), Chen et al. (2007), Glaser/Schmitz (2007), Kumar (2009).

117 Vgl. Thaler (1999b).

Fortsetzung Tabelle 1

Home Bias	*Endowment-Effekt*	Home Bias kennzeichnet das Verhalten von Investoren, einheimische Finanztitel gegenüber Ausländischen bei ihren Anlageentscheidungen zu bevorzugen und in ihren Depots überzugewichten.[118] Als Ursache gilt dabei die emotionale Bindung, die Anlegern diesen Titeln entgegenbringen und die zu einem Zögern der Anleger führt, den jeweiligen Finanztitel zu verkaufen (Endowment-Effekt). Zudem nehmen Anleger an, für heimische Titel meist bessere und genauere Prognosen über die Kursentwicklung abgeben zu können, als für Ausländische.	Oehler (2000b, 2002)
Selektive Wahrnehmung	*Kognitive Dissonanz*	*Selektive Wahrnehmung* bezeichnet die gezielte Informationswahrnehmung und -verarbeitung von Anlegern, die ihren eigenen Vorstellungen und Meinungen entsprechen. Unpassende Informationen, die „nicht ins Bild" passen, werden ausgeblendet. Als Ursache dieses Verhaltens gilt die kognitive Dissonanz.[119] Demnach strebt der Mensch Konsistenz in seinen Werten, Einstellungen und Ansichten an. Um diesen Status zu erreichen, werden nur selektiv die passenden Informationen wahrgenommen.	Samuelson/ Zeckhauser (1988)
Versunkene Kosten	*Loss Aversion, Kognitive Dissonanz*	Entgegen der Erwartungsnutzentheorie von von Neumann/Morgenstern (1947) berücksichtigen Anleger in ihren Entscheidungen *versunkene Kosten*, das heisst solche Kosten, die etwa beim Verkauf einer Aktie, die an Wert verloren hat, anfallen würden und unwiederbringlich verloren wären. Loss Aversion und die Theorie der kognitiven Dissonanz dienen als Erklärung für dieses Verhalten und stehen in engem Zusammenhang dazu.	Arkes/Blumer (1985)

118 Vgl. hierzu auch die empirische Evidenz in Oehler et al. (2007) und Oehler/Rummer/Wendt (2008). Vgl. zum Home Bias auch die Ergebnisse und die Diskussion in Oehler/Wendt/Horn (2017), ob ein Home Bias von Anlegern bei der Investition in ausschließlich einheimische Unternehmen (zum Beispiel Dax-Unternehmen) aufgrund deren Internationalität überhaupt vorliegt. Vgl. auch den sogenannten Familiarity Bias, der die Angewohnheit von Anlegern umfasst, in für sie bekannte Finanztitel zu investieren, vgl. Foad (2010).

119 Vgl. Festinger (1978), insbesondere S. 253–258. Vgl. dazu auch Raab/Unger/Unger (2010), S. 42ff.

Fortsetzung Tabelle 1

Gambler's Fallacy	*Repräsentativitätsheuristik*	Die sognannte *Gambler's Fallacy* verdankt ihren Namen dem Verhalten von Menschen beim Roulettespiel, zum Beispiel nach einer Serie der Farbe Rot, auf Schwarz zu setzen, da die subjektive Wahrscheinlichkeitsbeurteilung in Richtung dieser Farbe verzerrt ist und fälschlicherweise höher eingeschätzt wird. Der Grund liegt in der Anwendung der *Repräsentativitätsheuristik*, wonach die lange Reihenfolge einer Farbe als nicht repräsentativ für die Grundgesamtheit eingeschätzt wird. Dieses Phänomen äußert sich auch an Finanzmärkten. Die Aussage „what goes up, must come down" (De Bondt 1993, S. 368), die typisch für die Denkweise von Anlegern ist, verdeutlicht dies.[120]	Tversky/ Kahneman (1974)
House Money Effekt	*Mental Acounting*	Der *House Money Effekt* beschreibt das Verhalten, mit gewonnenem Geld weniger risikoavers umzugehen als etwa mit „hart verdientem" Geld. Beispielsweise wird mit bereits im Casino gewonnenem Geld weniger risikoavers gespielt als mit dem Einsatz, den man sich unter Konsumverzicht angespart hat und nun „auf s Spiel setzt". Verluste des eigenen Einsatzes wiegen stärker als der Verlust des vorher gewonnenen Geldes. Maßgeblich wird dieses Verhalten durch Mental Accounting hervorgerufen. Je nach Herkunft des Geldes werden eigene mentale Konten gebildet. Bereits gewonnenes Geld wird auf einem separaten geistigen Konto verbucht, mit dem dann weniger risikoavers agiert wird.	Thaler/Johnson (1990)
Conjunction Fallacy	*Repräsentativitätsheuristik, Verfügbarkeitsheuristik*	In einem ähnlichen Zusammenhang zur Gambler's Fallacy steht die *Conjunction Fallacy*. Darunter wird verstanden, dass die Eintrittswahrscheinlichkeit für zwei verknüpfte Ereignisse als höher eingeschätzt wird als die jeweiligen Wahrscheinlichkeiten für die einzelnen Ereignisse. Die Ursache liegt zum einen darin, dass beide Ereignisse zusammen als repräsentativer als die Einzelereignisse eingeschätzt werden. Zum anderen können sich Menschen das verknüpfte Ereignis besser vorstellen und es ist kognitiv besser verfügbar und abrufbar. Die *Verfügbarkeitsheuristik* beschreibt demnach das Verhalten, neuere und einprägsamere Informationen im Gedächtnis leichter abzurufen und die Eintrittswahrscheinlichkeiten für diese höher einzuschätzen.	Tversky/ Kahneman (1983)

120 Vgl. auch Oehler (1991), S. 600f. Vgl. auch Kahneman/Tversky (1972) oder Taffler (2010) zur Repräsentativitätsheuristik.

Fortsetzung Tabelle 1

Overconfidence	*Selektive Wahrnehmung, Verankerungsheuristik, Repräsentativitätsheuristik, Verfügbarkeitsheuristik, Hindsight Bias*	Overconfidence bezeichnet das Verhalten von Anlegern, an Finanzmärkten zu überhöhter Selbstsicherheit und Optimismus zu neigen.[121] In der Literatur werden unter dieser Verhaltensweise überwiegend drei Ausprägungen subsumiert, die Angewohnheit sich besser als Vergleichspersonen einzuschätzen (*Better than average-Effekt*), die generelle Überschätzung des eigenen Wissens und der eigenen Fähigkeiten (*Overestimation*) sowie überhöhte Sicherheit und Vertrauen in die Genauigkeit der eigenen Aussagen und Antworten (*Overprecision*).[122] Koriat/Lichtenstein/Fischhoff (1980) benennen unter anderem als Ursache die selektive Wahrnehmung von Informationen.[123] Griffin/Tversky (1992) und Russo/Schoemaker (1992) weisen einen Zusammenhang zur *Verankerungsheuristik* nach. Bei der Anwendung der Verankerungsheuristik wird vom Entscheider für Prognosen oder Schätzungen ein Ankerwert gesetzt, von dem oft nur unzureichende Anpassungen vorgenommen werden und die Schätzungen in Richtung des Ankers verzerrt werden.[124]	Koriat/ Lichtenstein/ Fischhoff (1980), Griffin/Tversky (1992), Russo/Schoemaker (1992), Russo/Schoemaker (1992)

121 Vgl. beispielsweise die Befunde in Odean (1998b, 1999), Barber/Odean (2000, 2001) oder Glaser/Weber (2007). Der Effekt der Selbstüberschätzung findet sich dabei auch in alltäglichen Situationen wieder, wie beispielsweise bei der Beurteilung der eigenen Fähigkeiten beim Autofahren, vgl. Svenson (1981).

122 Vgl. Moore/Healy (2008), S. 502. *Unrealistic Optimism*, wie von Weinstein (1980) beschrieben, ist insbesondere im Rahmen des Better than average-Effekts und des *Self-Serving Bias* bedeutend, vgl. Skala (2008), S. 40. In der Literatur wird zudem Illusion of Control (Kontrollillusion) als ein Bestandteil von Overconfidence angesehen, vgl. zum Beispiel Deaves/Lüders/Luo (2009), Frühwirth (2013). Babcock/Loewenstein (1997) sehen den Better than average-Effekt als eine Ausprägung des Self-Serving Bias an. Darunter wird die Angewohnheit von Anlegern verstanden, Erfolge an den Finanzmärkten ihren Fähigkeiten und ihrem Wissen zuzuschreiben, wohingegen Misserfolge auf äußere Umstände zurückgeführt werden.

123 Russo/Schoemaker (1992) führen als Ursache für Overconfidence den *Confirmation Bias* an. Hierbei suchen Anleger gezielt Informationen, die die eigene Meinung bestätigen. Es besteht somit eine hohe Ähnlichkeit zum Prozess der selektiven Wahrnehmung. Obwohl die Existenz des Overconfidence-Effekts in einer Vielzahl von Studien nachgewiesen wird, herrscht in der Literatur zum Teil Unstimmigkeiten über die Ursachen, vgl. Allen/Evans (2005), S. 110.

124 Vgl. dazu auch Russo/Schoemaker (1992), S. 11f., Skala (2008), S. 36.

Fortsetzung Tabelle 1

		Zudem hat die Repräsentativität von Ereignissen einen Einfluss auf Overconfidence.[125] Die Verfügbarkeitsheuristik ist dahingehend für Overconfidence bedeutend, da angenommen wird, dass die kognitiv besser verfügbaren und vorstellbaren Ereignisse in der Zukunft mit höherer Genauigkeit vorhergesagt werden können, als schlechter verfügbare Ereignisse. Der Hindsight Bias ruft Overconfidence in Form von Overestimation und einer Illusion des Wissens dahingehend hervor, dass Menschen nach tatsächlichen Ereignissen der Illusion unterliegen, diese bereits vorher prognostiziert zu haben.	
Hindsight Bias/Knew-It-All-Along-Bias	*Verankerungsheuristik, Repräsentativitätsheuristik, Verfügbarkeitsheuristik*	Nach getroffenen Entscheidungen neigen Anleger dazu, das Ergebnis schon vor der Entscheidung gewusst zu haben und zeigen sich über den Eintritt nicht überrascht. Die a-priori abgegebenen Eintrittswahrscheinlichkeiten werden a-posteriori in Bezug auf das auftretende Ereignis angepasst. Als mögliche Erklärung dient *Anchoring*, da bei Eintritt des Ereignisses als Ankerwert 100% angenommen wird und an diesen Wert nur eine unzureichende Anpassung vorgenommen wird. Zum anderen spielt es eine Rolle, ob das Ereignis als repräsentativ für die jeweilige Situation angenommen wird, was den Bias verstärkt. Weiterhin wird der Bias durch die kognitive Verfügbarkeit des eingetretenen Ereignisses hervorgerufen. Je auffallender und einprägsamer etwa das Ereignis ist, desto höher wird die Wahrscheinlichkeit auch im Nachhinein eingeschätzt.	Fischhoff (1975), Wood (1978), Agans/Shaffer (1994)
Status quo Bias	*Loss Aversion, Regret Avoidance, kognitive Dissonanz, versunkene Kosten, Endowment-Effekt, Verankerungsheuristik, Illusion of Control*	Anleger tendieren dazu, sich in Entscheidungssituationen passiv zu verhalten und am Status quo festzuhalten, selbst wenn neue Informationen eintreffen, die ein Handeln erforderlich machen. Beispielsweise wird am Status quo festgehalten, eine Aktie mit Buchverlusten im Depot zu lassen, da der Anleger einer Verlustaversion unterliegt und das Gefühl des Bedauerns bei der Realisierung vermeiden möchte. Im Zusammenhang dazu stehen die versunkenen Kosten, in diesem Fall der Verlust der Aktie, der beim Verkauf entstehen würde, die der Anleger vermeiden möchte. Zudem soll kognitive Dissonanz vermieden werden, da ein Verkauf mit dem Eingestehen von Fehlern im Hinblick auf den Kauf der Aktie eingestanden werden müssten. Die emotionale Verbundenheit zu der jeweiligen Aktie verstärkt weiterhin die Ansicht, die Aktie zu halten.	Thaler (1980), Samuelson/Zeckhauser (1988), Kahneman/Knetsch/Thaler (1991), Samuelson/Zeckhauser (1988)

125 Vgl. Griffin/Tversky (1992).

Fortsetzung Tabelle 1

		Der Status quo wird oftmals im Rahmen der Verankerungsheuristik auch als Ankerwert benutzt. Unzureichende Anpassungen (*adjustments*) an diesem Anker führen dazu, dass der Status quo beibehalten wird. Als weitere Ursache gilt das Konzept der Illusion of Control. Dabei unterliegt der Anleger der illusionären Vorstellung, eine Situation zu kontrollieren und deren Ausgang zu beeinflussen.[126] In Bezug auf den Status quo Bias ist die illusionäre Kontrolle dahingehend zu interpretieren, dass bei der vorher getroffenen Entscheidung für die Aktie, illusionäre Kontrolle dahingehend vorlag, dass der Entscheider durch seine Wahl die unsichere Situation des Marktgeschehens kontrollieren könne. Für den Verkauf der Aktie verlangt der Anleger deshalb einen höheren Preis und wird deshalb auf einen möglichen Anstieg warten.	
Framing	*Mental Acounting*	Die Darstellung sowie die Reihenfolge (*Primacy*- und *Recency*-Effekt)[127] der verarbeiteten Informationen beeinflusst die Entscheidungsfindung des Anlegers. Die Darstellung von Gewinnen oder Verlusten auf unterschiedlichen geistigen Konten (Mental Accounting) oder auf einem geistigen Konto zusammen, kann den Anleger bei seiner Entscheidung maßgeblich beeinflussen. Betrachtet beispielsweise der Anleger sein Portfolio dahingehend, dass er für jede einzelne Aktie ein geistiges Konto führt, ist es möglich, dass er tendenziell die Gewinneraktien verkaufen und die Verliereraktien halten wird. Falls er jedoch das Portfolio als Ganzes betrachtet und nur ein mentales Konto führt, wird er, falls die Gesamtrendite dafür negativ ist, keine Verkäufe tätigen.	Thaler (1980, 1985)

126 Vgl. Langer (1975).

127 Unter Primacy-Effekt wird verstanden, dass bei Menschen die zuerst aufgenommenen Informationen am längsten und besten kognitiv verfügbar bleiben, wohingegen der Recency-Effekt betont, dass die zuletzt präsentierten Informationen am besten verfügbar sind. Vgl. dazu beispielsweise die Studien von Glanzer/Cunitz (1966), Rundus/Atkinson (1970), oder Craik (1970).

4 Einflussfaktoren auf das Risikoverhalten von Anlegern in Finanzmärkten

4.1 Interaktion zwischen Situation und Person

Der Entscheidungsprozess[128] sowie das daraus resultierende Risikoverhalten von Anlegern in Finanzmärkten werden maßgeblich von situativen Merkmalen der Entscheidungssituation sowie personenspezifischen Faktoren des Anlegers beeinflusst.[129] In der Psychologie ist die Interaktion zwischen Person und Situation dabei als *Interaktionismus* bekannt, da davon ausgegangen wird, dass Eigenschaften der Person (*Personalismus*) und situative Bedingungen miteinander interagieren und demzufolge das Verhalten nur durch die gemeinsame Berücksichtigung der Faktoren bestimmt und erklärt werden kann.[130] Endler/Magnusson (1976) sehen das menschliche Verhalten dabei als einen kontinuierlichen und zweiseitigen Interaktionsprozess zwischen Person und Situation, wobei die Intentionen des Individuums in den Prozess maßgeblich miteinfließen. Auf Seiten der Person sind dabei grundsätzlich kognitive, aber auch motivationale und emotionale Faktoren für die Verhaltenssteuerung bedeutend. Weiterhin ist für das

---

128 Ein Entscheidungsprozess lässt sich idealtypisch grundsätzlich in die Phasen *Problemdefinition/Zielformulierung, Informationsprozess zur Definition* und *Bewertung der Alternativen* sowie *Auswahl* untergliedern. Zwischen den Phasen bestehen dabei enge Interdependenzen, die eine Abgrenzung, besonders für über Routineprozesse hinausgehende Entscheidungsprozesse, erschweren, vgl., Kirsch (1977), S. 72–75, Kuß (1987), S. 38ff., Schmidt (2004), S. 77f., Laux/Gillenkirch/Schenk-Mathes (2012), S. 12, 15. Im Zentrum des Entscheidungsprozesses steht dabei der Informationsprozess, der sich grundlegend aus der Informationsaufnahme, -verarbeitung und -speicherung zusammensetzt, vgl. Schmidt (2004), S. 78. Vgl. hierzu auch Unser (1999), S. 147–160, Werner (2009), S. 51–56 zur detaillierten Beschreibung der einzelnen Prozessstufen.

129 Vgl. Oehler (1995), S. 68ff., Raab/Unger/Unger (2010), S. 150.

130 Vgl. Endler/Magnusson (1976), Amelang/Bartussek (2001), S. 41–44, 644ff. Vgl. hierzu auch Mischel (1968), Mischel/Shoda (1995).

Verhalten einer Person die Relevanz, die diese einer bestimmten Situation beimisst, ausschlaggebend.[131] Zudem hängt der situative Einfluss auf das Risikoverhalten von Anlegern von der Art der Entscheidung ab.

Im Folgenden werden bedeutende situative und personenspezifische Einflussfaktoren des Entscheidungsprozesses spezifiziert.[132] Situative Faktoren lassen sich grundsätzlich nach der Komplexität sowie der Präsentation der Situation unterscheiden, während personenspezifische Einflussfaktoren entweder der persönlichen Disposition oder der persönlichen Situation zuzuordnen sind.[133]

4.2 Situative Faktoren

Die Stärke des situativen Einflusses auf das Risikoverhalten von Anlegern hängt zum einen von der Komplexität der zu treffenden Entscheidung ab. Die Komplexität wird unter anderem von der Anzahl der Wahlmöglichkeiten, die im Rahmen der Situation zur Verfügung stehen, sowie vom Zeitrahmen der Entscheidung definiert, die sich je nach Art der Entscheidungssituation unterscheiden können.[134] Bezüglich der Anzahl der zur Verfügung stehenden Alternativen konnte gezeigt werden, dass mit einer steigenden Anzahl an Alternativen die aufgenommene Informationsmenge relativ gesehen abnimmt.[135] Anleger treffen Entscheidungen dabei oftmals unter Zeitdruck auf Grundlage sich schnell verbreitender, neuer Informationen, die von unabhängigen Quellen veröffentlicht werden, wobei die Entscheidungen unter Umständen bedeutende finanzielle Konsequenzen für Anleger

---

131 Vgl. Endler/Magnusson (1976), S. 968–970. Vgl. dazu auch Rothkopf (2003), S. 60f. Vgl. Schmidt-Atzert/Peper/Stemmler (2014), S. 27ff. für eine Beschreibung der Zusammenhänge zwischen Kognitionen, Emotionen und Motivation.

132 Vgl. hierzu grundlegend Oehler (1995), S. 62–116.

133 Vgl. Oehler (1995), S. 68f., Schmidt (2004), S. 96, Werner (2009), S. 56.

134 Vgl. Oehler (1995), S. 46, 62ff., Jungermann/Pfister/Fischer (2010), S. 280f. Vgl. auch Bronner (1993), S. 716ff., Unser (1999), S. 214–249 für einen grundlegenden Überblick zu den situativen Einflussfaktoren.

135 Vgl. Hofacker (1985), S. 207, 229ff.

haben.[136] Der Zeitdruck bei Entscheidungen kann unter anderem dazu führen, dass weniger Zeit für die Aufnahme von Informationen aufgewendet wird und sich die aufgenommene Informationsmenge somit stark reduziert.[137] Je nachdem, um welche Art der Entscheidung es sich handelt, wird der Einfluss der Situation auf den Anleger unterschiedlich hoch sein. So ist zu vermuten, dass der Einfluss der Situation bei erstmaligen oder selteneren Entscheidungen höher ist als zum Beispiel bei Routineentscheidungen, die mit einer deutlich höheren Frequenz auftreten und mit denen der Anleger entsprechend vertraut sein dürfte.[138]

Wie angedeutet wirken sowohl die Anzahl an Alternativen sowie der zeitliche Rahmen der Entscheidung maßgeblich auf den Informationsumfang und den damit zusammenhängenden Informationsprozess. Die Informationsaufnahme, -verarbeitung und -speicherung von Menschen ist dabei durch eine begrenzte Kapazität gekennzeichnet.[139] Miller (1956) zeigt, dass nicht mehr als sieben Informationseinheiten gleichzeitig aufgenommen und verarbeitet werden können.[140] Bei einer Vielzahl an Informationen können nicht alle Aspekte gleichzei-

---

136 Vgl. Oehler (1995), S. 46. Vgl. Oehler (1995), S. 70–76 für einen Überblick über die Ausgestaltung des Informationsumfeldes von Anlegern.

137 Vgl. Pieters/Warlop (1999).

138 Vgl. Bronner (1993), S. 721f., Unser (1999), S. 146. Eine Anlageentscheidung kann dabei als ein zweistufiger Prozess definiert werden, bei der zunächst eine Entscheidung über die Anlageform selbst getroffen wird (zum Beispiel Anlage finanzieller Mittel in Aktien oder Anleihen) und im Anschluss daran je nach Anlageform verschiedene Unterarten gewählt werden (zum Beispiel Anlage in Aktien von Daimler oder Siemens). In der Literatur wird dabei im Wesentlichen zwischen primären, sekundären und tertiären Anlageentscheidungen unterschieden, vgl. hierzu Oehler (1995), S. 62–66.

139 Ausgangspunkt des Prozesses ist die Aufnahme von Informationen. Der Mensch wird dabei von Aspekten wie *Subjektivität*, *Selektivität* und *Aktivität* beeinflusst. Menschen nehmen dabei ihre Umwelt und die darin befindlichen Informationen subjektiv wahr, gehen aber davon aus, dass diese objektiv betrachtet tatsächlich so sind. Weiterhin werden nicht alle verfügbaren Informationen aufgenommen und verarbeitet. Durch eine Selektion werden nur bestimmte Informationen wahrgenommen. Die selektierten Informationen und Reize werden dann von Menschen aktiv aufgenommen und verarbeitet. Vgl. Kroeber-Riel/Gröppel-Klein (2013), S. 363ff. Vgl. dazu auch die Ausführungen in Kapitel 4.3.

140 Vgl. Miller (1956), S. 90f.

tig adäquat aufgenommen und verarbeitet werden. Mehrere einfache Prozesse können hingegen problemlos gleichzeitig bearbeitet werden, wohingegen bei komplexeren Prozessen und Entscheidungen die zur Verfügung stehenden kognitiven Ressourcen aufgrund der höheren Beanspruchung nur für eine Entscheidung verwendet werden können.[141] Der situationsbedingte Entscheidungsrahmen führt in Verbindung mit den begrenzten zur Verfügung stehenden menschlichen Ressourcen im Rahmen der Informationsaufnahme dazu, dass Menschen sich bestimmter Strategien bedienen, die auf gestaltspsychologischen Prozessen und Prinzipien beruhen:[142]

- *Figur-Grund-Prinzip*: Neu aufgenommene Informationen werden durch die bereits gebildete Perspektive beeinflusst und in Richtung dieser verzerrt, sodass das Gesamtbild erhalten und verfestigt wird. Der bereits gebildeten Meinung zu wider laufende Informationen werden ausgeblendet.[143]

- *Ähnlichkeit und Gleichheit*: Neue Informationen werden entsprechend in Gruppen einsortiert, die eine Konsistenz zu bereits vorliegenden Informationen aufweisen. Ähnlich zum Figur-Grund-Prinzip werden neue Informationen an bereits vorliegende angepasst.

- *Vollständigkeit*: In einem Umfeld unvollständiger Informationen ergänzt und erweitert der Entscheider die Informationen dahingehend, dass ein für ihn stimmiges und vollständiges Bild entsteht.[144] Das aus den Erfahrungen und dem Wissen des Anlegers geformte Bild muss dann

141 Vgl. Kahneman (1973), S. 7ff., S. 178ff.

142 Vgl. Maas/Weibler (1990), S. 74–81, Oehler (1992), S. 117f., Oehler (1995), S. 47, Raab/Unger/Unger (2010), S. 173–175. Vgl. auch Oehler (2005c), S. 199.

143 Der Anleger strebt dabei die Vermeidung von kognitiver Dissonanz an. Vgl. Festinger (1978) zur Theorie der kognitiven Dissonanz.

144 Da Anleger in Finanzmärkten eine Vielzahl von Entscheidungen treffen müssen, werden in der Arbeit die Begriffe *Anleger* und *Entscheider* als Synonym verwendet.

nicht mehr unbedingt der tatsächlichen Marktsituation entsprechen.[145]

Die Komplexität der Entscheidung sowie die erwähnten Beschränkungen kognitiver Fähigkeiten führen analog zum Informationsaufnahmeprozess dazu, dass auch im Rahmen der Informationsverarbeitung Strategien angewendet werden, die die Verarbeitung vereinfachen und somit die Verwendung kognitiver Ressourcen schonen sollen. Typischerweise werden hierfür sogenannte Heuristiken (*Rules of thumb*) angewendet.[146] Heuristiken finden besonders in einem Umfeld schwieriger Bedingungen (hohe Informationsdichte, komplexe Entscheidungssituation, Zeitdruck) Anwendung und helfen dabei, vereinfachte Einschätzungen, Vorhersagen oder Entscheidungen zu treffen, die zur Komplexitätsreduzierung beitragen.[147] Obwohl die Nützlichkeit solcher „Faustregeln" unbestreitbar ist, führt die Anwendung von Heuristiken oftmals zu fehlerhaften Entscheidungen und „Irrationalitäten", insbesondere in der Beurteilung und den Schätzungen von Wahrscheinlichkeiten.[148] Der Einsatz von Heuristiken im Verarbeitungsprozess hängt dabei maßgeblich von der Komplexität der Umweltbedingungen und dem Entscheidungstypus ab. Bei komplexen Entscheidungen erfolgt die Verarbeitung auf einem höheren kognitiven Niveau als beispielsweise bei Routineentscheidungen.[149]

Zum anderen wird das Verhalten einer Person in einer Risikosituation davon beeinflusst, wie eine Entscheidung präsentiert und dargestellt wird (*Framing*).[150] Personen verhalten sich in Risikosituationen je nach Darstellung der Entscheidung, ob zum Beispiel Ergebnisse von Entscheidungen als Gewinne oder Verluste dargestellt werden, unterschiedlich.[151] So finden sich zum Beispiel Hinweise darauf, dass

---

145 Vgl. Oehler (1995), S. 47.

146 Vgl. hierzu auch die Ausführungen in Tabelle 1 (Kapitel 3.5.2). Vgl. auch Kahneman (2011), S. 139ff.

147 Vgl. Strack (1993), S. 241. Vgl. beispielsweise auch Tversky/Kahneman (1974), Hogarth (1981), Pitz/Sachs (1984), Strack (1993), Jungermann/Pfister/Fischer (2010), S. 169ff.

148 Vgl. Tversky/Kahneman (1974), S. 1124, Jungermann/Pfister/Fischer (2010), S. 171ff.

149 Vgl. Hofacker (1985), S. 51.

150 Vgl. dazu auch die Ausführungen in Tabelle 1.

151 Vgl. Kahneman/Tversky (1979), Tversky/Kahneman (1992).

sich Personen grundsätzlich risikobereiter verhalten, falls Ergebnisse in einem negativen Licht präsentiert werden, als wenn diese als positive Ergebnisse dargestellt werden.[152] Weiterhin kann die Reihenfolge der Darstellung von Informationen das Risikoverhalten von Anlegern beeinflussen. In diesem Zusammenhang ist die Zeitspanne zwischen Informationsaufnahme und Entscheidung mitentscheidend. Falls der Entscheidungsträger unmittelbar nach der letzten aufgenommenen Information seine Entscheidung trifft, beeinflusst überwiegend die zuletzt aufgenommenen Informationen seine Entscheidung (*Recency-Effekt*). Ist die Entscheidung jedoch zeitlich nachgelagert, überwiegen bei der Entscheidungsfindung tendenziell die zuerst aufgenommenen Informationen (*Primacy-Effekt*).[153] Zudem kann die Darstellung von Informationen, zum Beispiel hinsichtlich der Verwendung sprachlicher Begriffe wie „vermutlich“ oder „unwahrscheinlich“ die Einschätzungen von Risiken beeinflussen.[154]

4.3 Personenspezifische Faktoren

Personenspezifische Faktoren, die das Risikoverhalten von Anlegern beein-flussen, können in persönliche Dispositionen und Faktoren, die die persönliche Situation betreffen, unterteilt werden. Nachfolgend werden ein kurzer Überblick und eine entsprechende Beschreibung der Faktoren gegeben. Daran anschließend werden die Beziehungen der verschiedenen Einflussfaktoren mit den Persönlichkeitsfaktoren erörtert.[155]

---

152 Vgl. Tversky/Kahneman (1981), Tversky/Kahneman (1986), Kahneman/Tversky (2000), S. 4ff. Vgl. dazu auch Weber/Milliman (1997). Vgl. auch Levin/Schneider/Gaeth (1998) für weitere Möglichkeiten des Framings.

153 Vgl. Aronson (1994), S. 108ff.

154 Vgl. Jungermann/Pfister/Fischer (2010), S. 161f. Die Einschätzung und Wahrnehmung von Risiken hat dabei einen unmittelbaren Einfluss auf das Risikoverhalten von Anlegern, vgl. Nosić/Weber (2010).

155 In Kapitel 5 wird noch eine ausführliche Definition von *Persönlichkeit* gegeben. Zudem werden relevante Theorien der Persönlichkeitswesenszüge und insbesondere das zentrale Modell der Arbeit, das Fünf-Faktoren-Modell der Persönlichkeit, näher erläutert.

Persönliche Dispositionen

Zu den persönlichen Dispositionen von Anlegern werden grundsätzlich emotionale, motivationale und kognitive Faktoren gezählt. Emotionale und motivationale Faktoren werden dabei als aktivierende intrapersonale Variablen aufgefasst, wohingegen kognitive Prozesse eines Anlegers grundsätzlich den Informationsprozess (Wahrnehmung, Verarbeitung, Speicherung) adressieren.[156]

Emotionen/Affekte beschreiben innere Zustände, die als unangenehm beziehungsweise angenehm seitens einer Person empfunden werden.[157] Diese inneren Zustände können sich dabei je nach Art, Gerichtetheit, Intensität und Dauer unterscheiden.[158] Emotionale Zustände haben dabei einen bedeutenden Einfluss auf die Informationsprozesse und das Risikoverhalten von Anlegern.[159] Bezüglich des Einflusses emotionaler Zustände auf das Risikoverhalten von Anlegern stehen sich zwei Konzepte gegenüber, das *Affect Infusion Model (AIM)* und die *Mood Maintenance Hypothesis (MMH)*, die zu unterschiedlichen Aussagen kommen. Vertreter des AIM postulieren, dass Personen, die positive Gefühlszustände erleben, grundsätzlich eher bereit sind, Risiken einzugehen und sich somit entsprechend risikoreicher verhalten als Personen, die neutrale oder negative emotionale Zustände erleben.[160]

Als möglichen Erklärungsgrund für den Zusammenhang führen Wright/Bower (1992) an, dass Personen in positiver Stimmung generell optimistischer sind und die Wahrscheinlichkeit für das Eintreten von positiven Ereignissen höher einschätzen als für negative Ereignis-

156 Vgl. Oehler (1995), S. 86, Werner (2009), S. 57. Zwischen den genannten Faktoren bestehen dabei vielfältige wechselseitige Beziehungen.

157 Vgl. die Beschreibung in Kapitel 5.3.

158 Vgl. Oehler (1995), S. 87, Raab/Unger/Unger (2010), S. 224ff.

159 *Emotionale Zustände* stehen dabei im Folgenden als Oberbegriff für *Emotionen, Affekte* und *Stimmungen*.

160 Vgl. zum Beispiel Johnson/Tversky (1983), Deldin/Levin (1986), Pietromonaco/Rook (1987), Wright/Bower (1992), Forgas (1995), Nygren et al. (1996), Mittal/Ross (1998), Yuen/Lee (2003), Williams (2004), Chou/Lee/Ho (2007), Fehr et al. (2007), Cyders/Smith (2008).

se.[161] Zudem beeinflussen emotionale Zustände den bereits dargestellten Informationsprozess. Es erfolgt dabei im Rahmen der Informationsaufnahme eine selektive Auswahl beziehungsweise Wahrnehmung von Informationen dahingehend, dass Personen mit positiven Affekten tendenziell positive Informationen wahrnehmen, wohingegen Personen mit negativen Affekten verstärkt negative Informationen wahrnehmen.[162] Weiterhin nehmen Personen in positiver Stimmung zwar grundsätzlich mehr Informationen auf als Personen in negativer Stimmung, jedoch werden diese aufgrund der höheren Informationsdichte weniger detailliert wahrgenommen und verarbeitet.[163] Im Zusammenhang damit steht die unterschiedliche Anwendung von Heuristiken je nach Gefühlszustand. Personen mit positiven Emotionen wenden tendenziell häufiger komplexitätsreduzierende Heuristiken im Rahmen des Informationsprozesses und der Entscheidungsfindung an als Personen die negative Emotionen empfinden.[164]

Eine wesentlich geringere Anzahl an empirischen Studien findet Hinweise für die Validität der MMH, wonach sich Personen, die positiven Affekten unterliegen, weniger risikoavers verhalten als Personen im Zustand negativer Affekte.[165] Als Erklärung führen Hockey et al. (2000) an, dass sich Individuen in positiver Stimmung grundsätzlich risikoaverser verhalten, um diesen Gefühlszustand nicht durch negative Ereignisse, die gegebenenfalls aus einem riskanten Verhalten resultieren, zu gefährden.

Als weiterer Einflussfaktor des Risikoverhaltens gelten Motive, die den Antrieb für Verhaltenshandlungen darstellen und deren Richtung, Dauer und Intensität beeinflussen.[166] Eine Unterteilung kann in primäre Motive, die angeboren und existenzieller Natur sind sowie in sekundäre Motive, die erlernt werden müssen und direkt oder indirekt

---

161 Vgl. hierzu auch Wright/Mischel (1982), Johnson/Tversky (1983), Brown (1984), Fehr-Duda et al. (2011).

162 Vgl. Schwarz/Clore (1983), Schwarz/Bohner (1990), Bless (2000), Noguchi/Gohm/Dalsky (2006).

163 Vgl. Isen/Daubman (1984).

164 Vgl. Schwarz/Clore (1983), Schwarz/Bless/Bohner (1991), Forgas (1995), Bless (2000), Isen (2001).

165 Vgl. Isen/Patrick (1983), Isen/Geva (1987), Hockey et al. (2000). Vgl. hierzu auch Leith/Baumeister (1996).

166 Vgl. Spieß (2005), S. 58.

zur Erfüllung der primären Motive dienen, erfolgen.[167] Für Anleger sind hauptsächlich die sekundären Motive relevant, die grundsätzlich der Vorsorge (zum Beispiel Altersvorsorge), dem Konsum (zum Beispiel Rücklagen für zukünftige Käufe) oder der Spekulation (zum Beispiel Vermögensmehrung) zuzuordnen sind.[168] Motive lassen sich dabei anhand von Zielen, die den angestrebten Soll-Zustand in der Zukunft festlegen, konkretisieren.[169] Anleger verfolgen dabei vornehmlich die Ziele Rentabilität, Sicherheit und Liquidität.[170]

Zudem wird das Verhalten von Anlegern durch eine Reihe kognitiver Faktoren beziehungsweise Prozesse beeinflusst. Neben den angesprochenen gestaltspsychologischen Prozessen bei der Informationswahrnehmung sowie der Anwendung von Heuristiken bei der Verarbeitung von Informationen unterliegen Anleger zudem einer Beeinflussung durch Prozesse der Erfahrungsbildung und des Lernens. Durch das Erleben einer Situation und der damit einhergehenden Erfahrung wird ein Lernprozess angestoßen, der eine Verhaltensänderung im Hinblick auf zukünftige Situationen hervorrufen kann. Lernen kann dabei zum einen als ein kontinuierlicher Prozess aufgefasst werden, der Wissen auf Grundlage neuer Informationen oder schlussfolgernden Denkens generiert. Zum anderen kann sich Lernen darin manifestieren, dass bereits vorhandenes Wissen oder Fähigkeiten auf neue Situationen angewendet werden.[171] Heath/Tversky (1991) untersuchen den Einfluss von wahrgenommener Kompetenz und Wissen (*Competence Hypothesis*) auf das Risikoverhalten von Entscheidern. Sie stellen fest, dass Personen, die sich selbst als kompetent und wissend einstufen, tendenziell risikoreicher agieren als Personen, die sich als weniger kompetent und weniger wissend einschätzen. Die Kompetenz und Wissenseinschätzung sind dabei unter anderem auf vergangene Erfahrungs- und Lernprozesse zurückzuführen.

---

167 Vgl. Oehler (1995), S. 88ff., Spieß (2005), S. 58f.

168 Vgl. Oehler (1995), S. 91f.

169 Vgl. Oehler (1995), S. 99–102. Vgl. auch Hauschildt (1977), S. 10–13.

170 Als zusätzliches Ziel kann auch das Streben nach möglichst geringem Aufwand bei der Anlageentscheidung betrachtet werden. Vermehrt wird dabei von Anlegern auch das Ziel, ökonomisch/ökologisch und/oder sozial nachhaltig zu investieren, verfolgt. Vgl. Oehler (2013, 2014), Oehler/Wendt (2016).

171 Vgl Kroeber-Riel/Gröppel-Klein (2013), S. 411f.

Bedeutend ist in diesem Zusammenhang die Lerntheorie von Rotter, die davon ausgeht, dass sich aus der Erfahrungsbildung und dem Lernen einer Person allgemeine Überzeugungen entwickeln, die das Verhalten in spezifischen Situationen steuern.[172] Demnach lässt sich zwischen einer internalen und externalen Kontrollüberzeugung unterscheiden.[173] Das Vorliegen einer internalen Kontrollüberzeugung kennzeichnet Personen dahingehend, dass diese Ereignisse auf ihr eigenes Handeln und ihre eigenen Entscheidungen zurückführen, wohingegen Personen mit einer externalen Kontrollüberzeugung annehmen, dass Ereignisse nicht von ihnen selbst beeinflusst werden können und sie keine Kontrolle beziehungsweise Einflussmöglichkeit auf das Ereignis haben.[174] Eine internale Kontrollüberzeugung geht beispielsweise damit einher, dass Personen annehmen, die Kontrolle über die Zielerreichung zu besitzen.[175] Generell nehmen Personen mit internaler Kontrollüberzeugung vermehrt Handlungsmöglichkeiten in ihrem Umfeld wahr.[176] Personen mit externaler Kontrollüberzeugung unterscheiden sich in Bezug auf den Informationsprozess von Personen mit einer internalen Kontrollüberzeugung dahingehend, dass Erstere weniger intensiv nach Informationen suchen und ihre Entscheidungen auf Grundlage von Informationen treffen, die leicht verfügbar sind und ohne großen Aufwand beschafft werden können.[177] Die Zusammenhänge zwischen der Kontrollüberzeugung und dem Risikoverhalten von Anlegern sind zum Teil widersprüchlich. McInish (1980) findet Hinweise, dass Anleger mit einer internalen Kontrollüberzeugung tendenziell risikoreicher investieren und riskantere Portfolios besitzen als Anleger mit einer externalen Kontrollüberzeugung. Er findet jedoch in einer späteren Studie einen gegenteiligen Einfluss:

172 Vgl. Rotter (1954).

173 Vgl. dazu auch die Ausführungen zum Konzept der Illusion of Control in Tabelle 1.

174 Vgl. Rotter (1966). Vgl. dazu auch die Ausführungen in Oehler (1995), S. 95–98.

175 Vgl. Butterfield (1964).

176 Vgl. Skinner (1997).

177 Vgl. Busseri/Lefcourt/Kerton (1998).

Anleger mit einer externalen Kontrollüberzeugung halten risikoreichere Portfolios als Anleger mit einer internalen Kontrollüberzeugung.[178]

Inhaltlich eng verknüpft mit dem Konzept der Kontrollüberzeugung sowie der *Competence Hypothesis* von Heath/Tversky (1991) ist das Gefühl der Selbstüberschätzung hinsichtlich des eigenen Wissens und der eigenen Fähigkeiten (Overconfidence) von Anlegern.[179] Das Entstehen von Overconfidence kann dabei durch andere personale Faktoren beeinflusst werden. Neben den erwähnten kognitiven Ursachen für Overconfidence in Tabelle 1 nennen Russo/Schoemaker (1992) motivationale und die damit verbundenen neurowissenschaftlichen Prozesse als Ursachen. Beim Erleben emotionaler Prozesse wie Euphorie, die zum Beispiel nach persönlichen Erfolgen auftreten, produziert der menschliche Organismus Hormone wie zum Beispiel Adrenalin oder Endorphine. In solch einem emotionalen Umfeld ist es vermehrt möglich, dass nachfolgende Entscheidungen unter Einfluss von Overconfidence getroffen werden.[180] Im Rahmen von finanziellen Entscheidungen kann beobachtet werden, dass Anleger beispielsweise nach erfolgreichen Investments oder zutreffenden Prognosen vermehrt Overconfidence unterliegen. Overconfidence wird dabei durch das Auftreten von Erfolgen und Misserfolgen beeinflusst.[181] Taylor/Brown (1988) vermuten, dass positive Affekte zu Overconfidence im Hinblick auf eine übertriebene positive Selbstbeurteilung (zum Beispiel im Vergleich zu anderen Personen; Better than average-Effekts), eine übertriebene Wahrnehmung von Kontrollmöglichkeiten (Illusion of Control) sowie übertriebenen Optimismus (*Unrealistic Overoptimism*) führen, wohingegen negative Affekte einen gegenläufigen Effekt

---

178 Vgl. McInish (1982). Vgl. dazu auch die Ergebnisse von Cobb-Clark/Kassenboehmer/Sinning (2013), dass Personen mit einer internalen Kontrollüberzeugung einen größeren Teil ihres Einkommens sparen, was als ein tendenziell weniger riskantes Verhalten im Sinne der (Alters-) Vorsorge gedeutet werden kann.

179 Vgl. dazu die Beschreibung und Unterteilung in Tabelle 1, der hier gefolgt wird. Vgl. dazu auch die Ausführungen in Oehler/Schalkowski/Wedlich (2015), S. 406f.

180 Vgl. Russo/Schoemaker (1992), S. 15.

181 Vgl. Gervais/Odean (2001). Ursächlich dafür ist der erwähnte Attribution Bias.

bewirken.[182] Daneben kann Overconfidence durch Erfahrungsbildung und Lernen hervorgerufen werden, wobei die Zusammenhänge zum Teil nicht eindeutig sind, was unter anderem mit dem Schwierigkeitsgrad der zu absolvierenden Aufgabe/Entscheidung zusammenhängt. Griffin/Tversky (1992) kommen je nach Schwierigkeit der Aufgabe zu unterschiedlichen Ergebnissen. Falls die Vorhersehbarkeit von Ereignissen entsprechend hoch ist, sind vermeintliche Experten für Overconfidence weniger anfällig als Laien. Falls jedoch das Eintreten eines Ereignisses mit einer hohen Unsicherheit behaftet ist, weisen Experten einen stärkeren Grad von Overconfidence als Laien auf. Diese Situation liegt beispielsweise in Finanzmärkten vor, bei denen die zukünftige Entwicklung nicht aufgrund vergangener Entwicklungen vorhergesagt werden kann. Kirchler/Maciejovsky (2002) liefern diesbezüglich ähnliche Ergebnisse. Mit zunehmender Erfahrung unterliegen Personen bei ihren Schätzungen verstärkt Overconfidence. Weinstein (1987) findet in Bezug auf mögliche Zusammenhänge zwischen Overconfidence und Erfahrung Hinweise dafür, dass durch erlebte Erfahrungen zum Beispiel in Form negativer Ereignisse, wie beispielsweise Krankheiten, die Zukunft tendenziell realistischer eingeschätzt wird und der sogenannte *Optimistic Bias* reduziert werden kann. Diese Auffassung von Erfahrung ist dabei grundsätzlich verschieden zu den vorherigen Studien, die Erfahrung als Zugewinn an Wissen und Fähigkeiten auffassen.

Die Diskrepanz dieser Ergebnisse im Vergleich zu den Ergebnissen von Gervais/Odean (2001) kann unter anderem auf die Unterschiedlichkeit der zu bearbeitenden Aufgabe der Probanden zurückgeführt werden. In Bezug auf die Frage, wie sich Overconfidence in Abhängigkeit von der Komplexität einer Aufgabe verändert, zeigt sich, dass bei sehr leichten Aufgaben das Gegenteil von Overconfidence, nämlich *Underconfidence*, auftritt.[183] Unter Underconfidence wird verstanden, dass sich Individuen schlechter in Bezug auf ihr Wissen oder ihre Prognosefähigkeiten einschätzen als sie es tatsächlich sind.[184] Moore/Healy (2008) erweitern die Forschung diesbezüg-

182 Vgl. auch Wolfe/Grosch (1990).

183 Vgl. Lichtenstein/Fischhoff (1977).

184 Vgl. hierzu auch Lichtenstein/Fischhoff/Phillips (1982), S. 315ff., Klayman et al. (1999), Burson/Larrick/Klayman (2006), Larrick/Burson/Soll (2007).

lich und differenzieren nach Komplexität der Aufgabe und spezifischer Form von Overconfidence. Bei schwierigeren und komplexeren Aufgaben überschätzen die Probanden zwar ihr Wissen, schätzen sich aber tendenziell schlechter als Vergleichspersonen ein. Bei leichteren Aufgaben ist hingegen das Gegenteil der Fall.

Das Vorliegen von Overconfidence hat dabei einen erheblichen Einfluss auf das Verhalten von Anlegern in Finanzmärkten. Kurz zusammengefasst werden die Implikationen von Overconfidence als überwiegend negativ angesehen und führen bei Anlegern zu exzessivem Handelsverhalten,[185] einer zu geringen Diversifikation des Portfolios[186] sowie einer erhöhten Übernahme von Risiken.[187]

Weiterhin hängt das Risikoverhalten von Anlegern von ihren Einstellungen ab, die als relativ stabiles Konstrukt aufgefasst werden und sich auf die Bewertung von Personen, Objekten oder Ideen beziehen. Einstellungen beinhalten dabei emotionale, motivationale und kognitive Komponenten, dienen als Orientierungshilfe bei komplexen Entscheidungen und steuern den damit zusammenhängenden Informationsprozess.[188] Bei finanziellen Entscheidungen spielt dabei die Risikoeinstellung eine tragende Rolle.[189] Dorn/Huberman (2005) zeigen beispielsweise, dass weniger risikoaverse Anleger Portfolios besitzen, die weniger diversifiziert sind, und grundsätzlich häufiger Transaktionen durchführen, die speziell auf die Erzielung von Spekulationsgewinnen abzielen. Jedoch kann die Risikoeinstellung je nach Bereich und Aktivität, in der eine Person sich gerade befindet bezie-

185 Vgl. Odean (1998b), Glaser/Weber (2007), Grinblatt/Keloharju (2009).

186 Vgl. Goetzmann/Kumar (2008).

187 Vgl. Dorn/Huberman (2005), Nosić/Weber (2010). Vgl. dazu Merkle (2011), der die einzelnen Facetten von Overconfidence und ihre Auswirkungen auf die Handelshäufigkeit, den Diversifikationsgrad sowie das Risikoverhalten untersucht und ähnliche Ergebnisse findet.

188 Vgl. Haddock/Maio (2007), S. 189–195, Kroeber-Riel/Gröppel-Klein (2013), S. 232ff.

189 Vgl. Nosić/Weber (2010). Vgl. Oehler (1995), S. 103–111, Oehler (1998) zum Terminus der Risikoeinstellung sowie zur Unterscheidung zwischen absoluter und relativer Risikoaversion. In der Neoklassik ist dabei eine Trennung zwischen Risikoeinstellung und Risioverhalten obsolet, da sich zum Beispiel eine risikoaverse Person immer auch risikoavers verhält, vgl. Unser (1999), S. 180.

hungsweise eine Entscheidung treffen muss, unterschiedlich sein.[190] Zum Beispiel kann sich ein Anleger bei Investitionen eher risikoavers verhalten, wohingegen er im privaten Bereich tendenziell risikoreichere Freizeitaktivitäten (zum Beispiel Fallschirmspringen oder Freiklettern) ausübt. Die Risikoeinstellung kann sich auch innerhalb eines Entscheidungskontexts ändern beziehungsweise unterscheiden, zum Beispiel in Abhängigkeit davon, ob finanzielle Entscheidungen als Gewinne oder Verluste dargestellt werden.[191] Ein weiteres „Problem“, das mit der Messung der Risikoeinstellung auftreten kann, ist, dass diese je nach Messmethode variieren kann.[192] Es zeigt sich aber, dass die Risikoeinstellung von Personen in gleichen Bereichen unter gleichen Voraussetzungen (zum Beispiel hinsichtlich der Darstellung von Entscheidungen) im Zeitverlauf relativ konstant und stabil ist.[193]

Neben der Risikoeinstellung haben dabei sowohl die Risikowahrnehmung und die Erwartungen hinsichtlich der Ergebnisse (Renditeerwartung) einen Einfluss auf das Risikoverhalten von Anlegern.[194] Die Wahrnehmung von Risiken sowie die Renditeerwartung sind dabei deutlich weniger stabil als die Risikoeinstellung und können im Zeitablauf schwanken.[195] Die Risikowahrnehmung sowie die Renditeerwartung werden dabei von der Risikoeinstellung einer Person beeinflusst. So nehmen risikoaverse Personen Risiken von Kapitalanlagen tendenziell stärker wahr.[196] Schneider/Lopes (1986) entdecken in diesem Zusammenhang, dass stärker risikoaverse Personen vermehrt negative Informationen wahrnehmen und somit die Wahrscheinlichkeit von negativen Ereignissen überschätzen. Demgegenüber überschätzen weniger risikoaverse Personen die Wahrscheinlichkeiten für Gewinne und erwarten positive Ereignisse deutlich

190 Vgl. Weber/Blais/Betz (2002).

191 Vgl. dazu die Ergebnisse der (Cumulative) Prospect Theory von Kahneman/Tversky (1979, 1992). Vgl. auch Schubert et al. (1999).

192 Vgl. Krahnen/Rieck/Theissen (1997a, b), Oehler (1998c), Nosić/Weber (2010).

193 Vgl. zum Beispiel Harrison et al. (2005), Sahm (2007), Baucells/Villasis (2010), Weber/Weber/Nosić (2013).

194 Vgl. Nosić/Weber (2010).

195 Vgl. Weber/Milliman (1997), Fisher/Statman (2002), Vissing-Jorgensen (2003), Dominitz/Manski (2011), Weber/Weber/Nosić (2013).

196 Vgl. Steul (2003), S. 190.

häufiger als negative Ereignisse.[197] Zudem beeinflusst die Risikowahrnehmung von Anlegern auch ihre Renditeerwartung. Entgegen der neoklassischen Sichtweise erwarten Anleger für Aktien, die diese als weniger riskant einstufen, auch höhere Renditen. Dieser Zusammenhang wird für Aktien festgestellt, mit denen Anleger nicht vertraut sind (zum Beispiel Aktien unbekannter Unternehmen). Für Aktien von Unternehmen, die den Anlegern bekannt sind, wird hingegen ein positiver Zusammenhang zwischen Risikowahrnehmung und Renditeerwartung festgestellt.[198] Sowohl der Grad der Risikowahrnehmung als auch die Renditeerwartung hängen maßgeblich von den bisherigen Erfahrungen ab, zum Beispiel ob aus vorherigen Entscheidungen Gewinne oder Verluste hervorgegangen sind.[199]

Persönliche Situation

Unter der persönlichen Situation eines Anlegers lassen sich sowohl soziodemografische Faktoren wie Geschlecht, Alter, Familienstand und sozioökonomische Faktoren wie Beruf, Bildungsstand, Einkommen, familiäre Lebensphase und Vermögen subsumieren. Die einzelnen Faktoren interagieren dabei sowohl miteinander als auch mit Faktoren der persönlichen Disposition des Anlegers und beeinflussen das Risikoverhalten.[200] Im Folgenden werden die Zusammenhänge mit weiteren Faktoren der persönlichen Disposition eines Anlegers kurz erörtert sowie empirische Forschungsergebnisse zum Einfluss auf das Risikoverhalten diskutiert. Der Schwerpunkt liegt dabei auf den Faktoren Geschlecht und Alter, da beide Faktoren im Rahmen der experimentellen Untersuchung erfasst werden. Auf die Erfassung sozioökonomischer Faktoren sowie des Familienstandes wird im Rahmen der empirischen Auswertungen verzichtet, da alle ausgewählten Probanden Studierende sind und eine Homogenität bezüglich dieser Faktoren unterstellt wird.Es finden sich in zahlreichen Studien Hinweise

---

197 Vgl. hierzu auch Brockhaus (1980), Vlek/Stallen (1980), Sitkin/Pablo (1992), S. 18f.

198 Vgl. Ganzach (2000).

199 Vgl. Weber/Milliman (1997), Weber/Hsee (1998), Loewenstein et al. (2001), Glaser/Weber (2005).

200 Vgl. Oehler (1995), S. 111.

dafür, dass das Geschlecht und das Alter einen Einfluss auf das Risikoverhalten von Anlegern ausüben.[201] In Bezug auf das Alter werden beispielsweise Hinweise gefunden, dass jüngere Anleger tendenziell risikoreichere Finanztitel in ihren Portfolios halten als ältere Anleger.[202] Die Studie von Goetzmann/Kumar (2008) kommt zu dem Ergebnis, dass die Portfolios von jüngeren Anlegern weniger stark diversifiziert sind als die von Älteren. Dieses Ergebnis stimmt in Bezug auf die Studien von Barber/Odean (2001) und Dorn/Huberman (2005) dahingehend überein, dass ein weniger stark diversifiziertes Portfolio grundsätzlich auf ein riskanteres Anlageverhalten hindeutet. Albert/Duffy (2012) untersuchen die Risikoeinstellung zwischen jüngeren und älteren Erwachsenen und entdecken bei älteren Personen einen höheren Grad an Risikoaversion. Das Risikoverhalten zwischen Männern und Frauen scheint sich zudem stark zu unterscheiden.[203] Eine Vielzahl von Studien kommt zu dem Schluss, dass Frauen grundsätzlich weniger riskante Portfolios besitzen als Männer.[204] Die Ergebnisse stimmen mit den Studien von Powell/Ansic (1997) und Barsky et al. (1997) überein, die feststellen, dass Frauen eine niedrigere Risikotoleranz besitzen und weniger risikosuchend sind.

Das Alter und das Geschlecht beeinflussen zudem weitere persönliche Dispositionen eines Anlegers. Barber/Odean (2001) finden einen Zusammenhang zu Overconfidence. Die Ergebnisse ihrer empirischen Untersuchung deuten darauf hin, dass Männer ihre Fähigkeiten und ihr Wissen stärker überschätzen als Frauen.[205] Weiterhin scheinen jüngere Anleger, die über ein höheres Vermögen verfügen, tendenziell stärker Overconfidence in Form einer illusionären Kontrolle (Illusion of Con-

---

201 Weiterhin liegen Befunde aus dem neuroökonomischen Bereich vor, dass biochemische Prozesse das Risikoverhalten sowie die Risikopräferenzen beeinflussen, vgl. zum Beispiel Coates/Herbert (2008), Kandasamy et al. (2014).

202 Vgl. Barber/Odean (2001), Dorn/Huberman (2005).

203 Vgl. Croson/Gneezy (2009) für einen grundlegenden Überblick.

204 Vgl. Jianakoplos/Bernasek (1998), Sundén/Surette (1998), Hariharan/Chapman/Domian (2000), Barber/Odean (2001), Bernasek/Shwiff (2001), Felton/Gibson/Sanbonmatsu (2003), Weber/Weber/Nosić (2013).

205 Vgl. dazu auch Pulford/Coleman (1997), Soll/Klayman (2004), Niederle/Vesterlund (2007), Dahlbom et al. (2011).

trol) zu unterliegen, als ältere, weniger vermögende Anleger.[206] Die Ergebnisse in Bezug auf das Alter lassen sich im Kontext der Erfahrung von Anlegern beziehungsweise durch ihren Erfahrungsgewinn erklären. In jüngeren Jahren können diese ihre Fähigkeiten weniger treffend beurteilen und einschätzen. Overconfidence ist dementsprechend tendenziell höher. Erst mit zunehmendem Alter und dem Zugewinn an Erfahrung gelangen Anleger zu einer realistischeren Beurteilung und Einschätzung ihrer Fähigkeiten.[207]

In Bezug auf die sozioökonomische Faktoren gibt es zahlreiche Studien, die den Einfluss des Vermögens auf das Risikoverhalten beziehungsweise den Einfluss auf risikoverhaltensbeeinflussende Faktoren untersuchen. Ein Fokus der verhaltenswissenschaftlichen Forschungsansätze liegt darauf, den Zusammenhang zwischen der Höhe des Vermögens und der Risikoeinstellung von Anlegern zu untersuchen. Dabei zeigt sich, dass sich Anleger mit einem Anstieg des Vermögens zunehmend weniger risikoavers verhalten.[208] Jedoch kommt eine Reihe anderer Studien zum Ergebnis, dass Anleger in Folge eines Vermögensanstiegs vermehrt risikoavers handeln.[209]

Persönlichkeitsfaktoren

Obwohl die Persönlichkeit und die dazugehörigen Persönlichkeitsfaktoren grundsätzlich der persönlichen Disposition eines Anlegers zuzuordnen sind, werden diese und der Einfluss auf das Risikoverhalten getrennt behandelt. Dies ergibt sich aufgrund der vielfältigen Verknüpfungen zu den personalen Faktoren von Anlegern, die eine separate (zusammenfassende) Diskussion sinnvoll erscheinen lassen.

Die Persönlichkeitsfaktoren beeinflussen die Einflussfaktoren des Risikoverhaltens und steuern dieses in vielfältiger Weise. Mit der Fragestellung, welchen Einfluss die Persönlichkeit auf das Risikoverhalten von Personen in unterschiedlichen Lebensbereichen ausübt,

---

206 Vgl. Dorn/Hubermann (2005), S. 455f.

207 Vgl. Gervais/Odean (2001). Overconfidence wird dabei als Überschätzung der eigenen Fähigkeiten und Informationen interpretiert.

208 Vgl. Cohn et al. (1975), Morin/Suarez (1983), Levy (1994), Schooley/Worden (1996), Oehler (1998c), Oehler/Horn (2016).

209 Vgl. Pratt (1964), Arrow (1971), Siegel/Hoban (1982). Friend/Blume (1975) finden hingegen Hinweise für eine konstante Risikoaversion.

beschäftigen sich beispielsweise Nicholson et al. (2005). Die Studie kommt zu dem Ergebnis, dass sich Personen mit höheren Werten in Neurotizismus, Verträglichkeit und Gewissenhaftigkeit tendenziell weniger risikoreich verhalten als Personen mit niedrigeren Werten in diesen Faktoren. Im Gegensatz dazu sind Personen mit hohen Werten in Extraversion und Offenheit für Erfahrungen tendenziell eher bereit, Risiken einzugehen. Zudem gibt es Hinweise darauf, dass die Facette *Sensationslust* (*Sensation Seeking*) des Faktors Extraversion einen maßgeblich positiven Einfluss auf die Risikoneigung der Probanden besitzt.[210]

Die Studie von Durand/Newby/Sanghani (2008) kommt zu dem Schluss, dass die Portfolios von Anlegern mit höheren Werten in Neurotizismus, Offenheit für Erfahrungen und Verträglichkeit höhere Schwankungen der Renditen aufweisen als die Portfolios von Anlegern, die tendenziell niedrigere Werte in diesen Faktoren aufweisen. Eine höhere Volatilität der Portfoliorendite ist dahingehend zu interpretieren, dass das Portfolio grundsätzlich risikoreichere Finanztitel beinhaltet, die größeren Wertschwankungen ausgesetzt sind. In Bezug auf das Handelsverhalten wird festgestellt, dass höhere Werte in Neurotizismus mit einer höheren Anzahl an Wertpapiertransaktionen einhergehen, wohingegen Personen mit niedrigen Werten in Extraversion tendenziell weniger handeln. Es werden ebenfalls Hinweise dafür gefunden, dass Personen mit höheren Werten in Extraversion höhere (Überschuss-) Renditen mit ihren Portfolios erzielen.[211] Durand et al.

---

210 Vgl. auch Harlow/Brown (1990), Wong/Carducci (1991), Kowert/Hermann (1997), Cyders/Smith (2008), Bibby/Ferguson (2011), die in Bezug auf die Facette Sensationslust ähnliche Ergebnisse berichten.

211 Camgoz/Karan/Ergeneli (2011) finden diesbezüglich ähnliche Ergebnisse für Extraversion. Sie untersuchen den Einfluss der Persönlichkeit bei Portfoliomanagern auf deren Performance und finden Hinweise, dass Portfoliomanager mit höheren Werten in Extraversion und Gewissenhaftigkeit höhere Renditen erzielen als Manager mit niedrigeren Werten in diesen Faktoren. Der Zusammenhang zwischen Handelshäufigkeit und Portfoliorendite erscheint unter Berücksichtigung der Ergebnisse von Barber/Odean (2001) und Barber et al. (2009) konsistent, die nachweisen, dass eine erhöhte Handelsfrequenz aufgrund der anfallenden Transaktionskosten die Rendite schmälert. Dieser Argumentation folgend erscheinen auch die positiven Zusammenhänge zwischen Extraversion, der erzielten Rendite sowie der Handelshäufigkeit bei Durand/Newby/Sanghani (2008) plausibel.

(2013a) finden ebenfalls einen Einfluss der Persönlichkeitsfaktoren auf das Risikoverhalten von Anlegern, wobei die Ergebnisse jedoch zum Teil widersprüchlich zu Durand/Newby/Sanghani (2008) sind. Es werden Hinweise gefunden, dass Personen mit höheren Werten in Neurotizismus ein größeres Portfoliorisiko eingehen und weniger handeln als Personen mit niedrigeren Werten in Neurotizismus. Die Handelsaktivität nimmt zu, je gewissenhafter ein Teilnehmer ist. Anknüpfend an beide Studien untersuchen Kleine/Wagner/Weller (2015) im Rahmen einer Befragung das Handelsverhalten von Anlegern und liefern wiederum Ergebnisse, die zum Teil widersprüchlich zu den vorherigen Studien sind. Die Ergebnisse deuten an, dass Anleger mit hohen Werten in Verträglichkeit und Extraversion weniger handeln, wohingegen Anleger mit hohen Werten in Offenheit für Erfahrungen tendenziell mehr Transaktionen tätigen. Für Neurotizismus und Gewissenhaftigkeit kann hingegen kein Einfluss auf die Transaktionshäufigkeit festgestellt werden.

Brown/Taylor (2011) finden Anzeichen, dass Personen mit höheren Werten in Extraversion und Offenheit für Erfahrungen höher verschuldet sind als solche mit niedrigeren Werten, was auf ein risikoreicheres Verhalten schließen lässt.[212] Zudem besitzen stärker extravertierte Personen geringere Bestände an finanziellen Vermögenswerten wie zum Beispiel Aktien, wohingegen Personen mit höheren Werten in Offenheit für Erfahrungen ihr Vermögen vermehrt in Aktien investieren. Niszczota (2014) kommt zu dem Ergebnis, dass Einwohner in Ländern mit durchschnittlich höheren Werten in Neurotizismus weniger finanzielle Mittel in Aktien ausländischer Unternehmen anlegen. Der Author schlussfolgert diesbezüglich, dass neurotische Anleger Unsicherheit (zum Beispiel in Bezug auf Risiko und Rendite) in ihren Portfolios vermeiden wollen und deshalb weniger Vermögen in Aktien ausländischer Unternehmen investieren, worauf sich auf ein weniger risikoreiches Verhalten schlussfogern lässt. Gold-

212 Vgl. hierzu auch Davey/George (2011), die in Bezug auf Extraversion ähnliche Ergebnisse finden. Die Ergebnisse in Bezug auf Offenheit für Erfahrungen decken sich mit den Ergebnissen von Duckworth/Weir (2011), die Hinweise finden, dass Personen mit hohen Werten in Offenheit für Erfahrungen einen größeren Teil ihres Einkommens für Konsumzwecke ausgeben. Für Personen mit hohen Werten in Gewissenhaftigkeit wird eine höhere Sparquote gefunden.

fayn (2016) findet in Bezug auf die Zusammenstellung von Anlegerportfolios wiederrum andere Ergebnisse. Demnach haben Depots von Personen mit hohen Werten in Gewissenhaftigkeit einen hohen Aktienanteil.[213]

Eine Sortierung der diskutierten Ergebnisse ist aufgrund der teilweise heterogenen Resultate schwierig. Eine deutlichere Tendenz lässt sich bezüglich des Einflusses der Persönlichkeitsfaktoren auf anlegerverhaltensrelevante persönliche und soziodemografische Faktoren ableiten. Demnach scheinen hauptsächlich Extraversion und Neurotizismus relevant zu sein. Beide Faktoren beeinflussen maßgeblich den Informationsprozess. Noguchi/Gohm/Dalsky (2006) stellen fest, dass stärker extravertierte Personen vermehrt positive Informationen wahrnehmen. Hingegen geht mit einem Anstieg der Werte in Neurotizismus eine erhöhte Wahrnehmung von negativen Informationen einher. Bezüglich der Anwendung von Heuristiken finden Durand et al. (2013a) Hinweise, dass Anleger mit höheren Werten in Neurotizismus verstärkt die Verfügbarkeitsheuristik anwenden. Das bedeutet, dass einprägsamere und aktuellere Informationen im Entscheidungsprozess stärker berücksichtigt werden als zum Beispiel weniger aktuellere Informationen.

Wie bereits beschrieben unterscheidet sich das Erleben emotionaler Zustände in Abhängigkeit der Ausprägungen von Extraversion und Neurotizismus.[214] Demnach erleben stärker extravertierte Personen positive Affekte häufiger wohingegen neurotischere Personen vermehrt negative Affekte empfinden. Für beide Faktoren können ebenfalls Verbindungen zur Kontrollüberzeugung und Overconfidence hergestellt werden. Extraversion ist dabei positiv mit dem Grad an internaler Kontrollüberzeugung verknüpft, wohingegen Neurotizismus eine positive Korrelation zur externalen Kontrollüberzeugung aufweist.[215]

Den Einfluss der Persönlichkeitsfaktoren auf Overconfidence untersuchen beispielsweise Zaidi/Tauni (2012). Dabei finden sie einen positiven Zusammenhang zu Extraversion, Verträglichkeit und Ge-

213 Der Einfluss von Gewissenhaftigkeit zeigt sich insbesondere für Personen im Rentenalter.

214 Vgl. Costa/McCrae (1980), Larsen/Ketelaar (1989), McCrae/Costa (1991).

215 Vgl. Morris/Carden (1981), Kovaleva et al. (2012).

wissenhaftigkeit. Anleger mit höheren Werten in Neurotizismus unterliegen hingegen weniger stark Overconfidence. Schaefer et al. (2004) dokumentieren in Bezug auf Extraversion ähnliche Ergebnisse. Pan/Statman (2013) finden analog zu Zaidi/Tauni (2012) zwischen Extraversion und Overconfidence einen positiven Zusammenhang, jedoch einen negativen Zusammenhang zwischen Verträglichkeit und Overconfidence. Im Vergleich zu den vorher genannten Studien erfassen Pan/Statman (2013) die Persönlichkeit jedoch mit dem *Keirsey-Persönlichkeitsmodell*, das an den Myers-Briggs-Typenindikator angelehnt ist und nur vier der fünf Faktoren umfasst; der Faktor Neurotizismus wird nicht erfasst. Durand et al. (2013b) messen Overconfidence in Form von Marktproxies wie den Bid-Ask-Spreads, der Transaktionshäufigkeit sowie dem Transaktionsvolumen.[216] Die Ergebnisse sind jedoch zum Teil widersprüchlich und nur eingeschränkt interpretierbar. Es werden signifikante Zusammenhänge zu den Bid-Ask-Spreads für Extraversion (negativ) und Verträglichkeit (positiv) gefunden. Je extravertierter die Teilnehmer sind, desto weniger groß ist die Bid-Ask-Spanne bei ihren Transaktionen. Durand et al. (2013b) schließen diesbezüglich auf eine höhere Handelsbereitschaft und Overconfidence. Für Verträglichkeit wird ein gegenläufiger Effekt festgestellt. Die Handelsvolumen sind für Teilnehmer mit höheren Werten in Verträglichkeit größer, wohingegen gewissenhaftere Teilnehmer tendenziell Transaktionen mit geringeren Volumen tätigen. Die Anzahl der tatsächlichen Transaktionen steigt mit dem Grad an Neurotizismus und Gewissenhaftigkeit.

Zudem existieren Verknüpfungen zwischen den Persönlichkeitsfaktoren und der Risikoeinstellung. Becker et al. (2012) finden Hinweise, dass Personen mit höheren Werten in Extraversion und niedrigeren Werten in Neurotizismus riskantere Entscheidungen treffen als Personen mit niedrigeren (höheren) Werten in Extraversion (Neurotizismus). Dohmen et al. (2010) verwenden eine ähnliche Methodik wie Becker et al. (2012), können jedoch für keinen der fünf Persönlichkeitsfaktoren einen Zusammenhang zur Risikoeinstellung feststellen.

216 Vgl. hierzu unter anderem Odean (1998b, 1999), Barber/Odean (2000, 2001), Glaser/Weber (2007), Merkle (2011), die bei unterschiedlichen Finanzmarktteilnehmern, die Anzeichen von Overconfidence aufweisen, eine gesteigerte Handelsaktivität finden.

Mayfield/Perdue/Wooten (2008) finden einen Einfluss von Neurotizismus und Offenheit für Erfahrungen auf den Grad der Risikoaversion. Während sich Personen mit hohen Werten in Neurotizismus stark risikoavers verhalten, weisen Personen mit hohen Werten in Offenheit für Erfahrungen tendenziell eine niedrige Risikoaversion auf. Borghans et al. (2009) finden einen ähnlichen Zusammenhang für Neurotizismus. Zudem scheint der Faktor Verträglichkeit einen ähnlichen Einfluss wie Neurotizismus zu haben.

Rustichini et al. (2012) untersuchen unter anderem den Einfluss der Persönlichkeitsfaktoren auf die Risikoeinstellung im Gewinn- und Verlustbereich sowie in Abhängigkeit von der Höhe der Auszahlung. Sie finden Hinweise, dass sich Anleger mit höheren Werten in Neurotizismus im Gewinnbereich – unabhängig von der Auszahlungshöhe – risikoaverser verhalten, als Personen mit niedrigeren Werten.[217] Lauriola/Levin (2001) finden ähnliche Ergebnisse für den Gewinnbereich. Im Verlustbereich können sie jedoch ein gegensätzliches Verhalten feststellen. Neurotischere Personen sind eher bereit, Risiken einzugehen als weniger neurotische Personen. Pan/Statman (2013) analysieren den Einfluss der Persönlichkeitsfaktoren auf die Risikotoleranz von Individuen.[218] Sie stellen fest, dass Personen mit hohen Werten in Extraversion und Offenheit für Erfahrungen sowie niedrigen Werten in Gewissenhaftigkeit eine hohe Risikotoleranz haben. Das Risikoverhalten von Anlegern wird neben der Risikoeinstellung und –wahrnehmung zudem von den (Rendite-) Erwartungen beeinflusst. Diesbezüglich kommt die Studie von Williams (1992) zu dem Ergebnis, dass Personen mit hohen Werten in Extraversion positivere zukünftige Erwartungen (Optimismus) haben, wohingegen Personen mit hohen Werten in Neurotizismus eher zu Pessimismus neigen.[219]

Je nach Alter und Geschlecht ergeben sich Unterschiede in der Ausprägung der Persönlichkeitsfaktoren. Eine Reihe von Studien findet Hinweise, dass Frauen höhere Werte in Extraversion, Neuroti-

---

217 Für den Verlustbereich werden lediglich ähnliche Tendenzen gefunden; der Zusammenhang ist jedoch nicht signifikant.

218 Vgl. Hoffmann/Post (2013), S. 2, wonach *„risk tolerance reflects investors' general attitude (like or dislike) toward financial risk."* Vgl. Pan/Statman (2012) zur Messung der Risikotoleranz.

219 Vgl. Costa/McCrae (1992a), die Optimismus (Pessimismus) als grundsätzlichen Bestandteil von Extraversion (Neurotizismus) sehen.

zismus, Verträglichkeit und Gewissenhaftigkeit aufweisen als Männer.[220] Rammstedt et al. (2012) finden die gleichen Zusammenhänge in einer deutschen Stichprobe. Darüber hinaus finden sie höhere Werte in Offenheit für Erfahrungen bei Frauen. Die Faktoren werden mit der selbstentwickelten Skala *Big-Five-Inventory-10* (*BFI-10*) gemessen. In Bezug auf das Alter finden zahlreiche Studien Hinweise, dass ältere Personen grundsätzlich höhere Werte in Verträglichkeit und Gewissenhaftigkeit und niedrigere Werte in Extraversion aufweisen. Die Ergebnisse bezüglich Neurotizismus und Offenheit für Erfahrungen deuten darauf hin, dass ältere Personen niedrigere Werte haben. Die Ergebnisse der Studien zu Neurotizismus und Offenheit für Erfahrungen sind jedoch zum Teil nicht eindeutig oder sogar widersprüchlich.[221]

---

220 Vgl. Vianello et al. (2013) sowie die genannten Studien in Vianello et al. (2013), S. 994.

221 Vgl. dazu den Überblick in Anusic/Lucas/Donnellan (2012).

5 Die Persönlichkeit als anlegerverhaltensrelevante Variable

5.1 Begriffsdefinition *Persönlichkeit*

Auf dem Gebiet der (Persönlichkeits-) Psychologie gibt es für den Begriff *Persönlichkeit* eine Vielzahl von Definitionen und Beschreibungen.[222] Im allgemeinen Sprachgebrauch wird der Begriff *Persönlichkeit* häufig dafür verwendet, um Personen zu kategorisieren und im Hinblick auf ein Werturteil einzuordnen. Im positiven Sinne werden Menschen dann mit einer „guten" oder „starken" Persönlichkeit beschrieben.[223] Eine Definition, die eine Vielzahl von Aspekten der Persönlichkeit betrachtet, liefern Pervin/Cervone/John (2005), S. 31: *„Bei der Persönlichkeit geht es um jene Charakteristika oder Merkmale des Menschen, die konsistente Muster des Fühlens, Denkens und Verhaltens ausmachen."* Die Definition von Eysenck (1970), der die Persönlichkeit als *„more or less stable and enduring organization of a person's character, temperament, intellect, and physique, which determines his unique adjustement to the environment"*[224] beschreibt, weist Ähnlichkeiten auf. McCrae/Costa (1996) sehen die Persönlichkeit als *„a system defined by personality traits and the dynamic processes by which they affect the individual's psychological functioning"*[225]. Diese Definition fokussiert auf den Ansatz der Persönlichkeitswesenszüge (*Personality Traits*) und sieht die Persönlichkeit als Summe dieser. Ein *Trait* wird dabei als ein relativ konstan-

222 Vgl. Raab/Unger/Unger (2010), S. 149. Vgl. hierzu auch die ausführliche Diskussion von Allport (1938), S. 24ff. Vgl. Schmithüsen/Krampen (2015), S. 291ff. für einen Überblick über verschiedene Theorien auf dem Gebiet der Persönlichkeitspsychologie. Die vorliegende Arbeit kann dabei grundlegend dem eigenschaftstheoretischen Ansatz der Persönlichkeit zugeordnet werden.

223 Vgl. zum Beispiel Pervin/Cervone/John (2005), S. 31.

224 Eysenck (1970), S. 2.

225 McCrae/Costa (1996), S. 76.

ter Persönlichkeitswesenszug angesehen.[226] Ein Persönlichkeitswesenszug beschreibt demnach das im Zeitablauf konsistente Verhalten, Denken und Fühlen von Individuen. Aus der Zusammenfassung gleichgerichteter Wesenszüge lassen sich auf der höchsten Ebene Persönlichkeitsfaktoren bilden.[227] Herrmann (1991) stellt unterschiedliche Definitionen vor und findet folgende Gemeinsamkeit: *„Einigkeit besteht (...) darüber, dass die Persönlichkeit ein bei jedem Menschen einzigartiges, relativ überdauerndes und stabiles Verhaltenskorrelat ist“.*[228]

Im Fortlauf der Arbeit wird davon ausgegangen, dass die Persönlichkeit aus einzelnen Persönlichkeitsfaktoren besteht, die bei jedem Menschen vorhanden sind, aber unterschiedliche Ausprägungen annehmen können. Diese Faktoren weisen dabei in ihren Ausprägungen eine zeitliche Konsistenz auf und steuern und beeinflussen das Verhalten und die Handlungen von Personen maßgeblich.[229] Nachfolgend wird die Theorie der Persönlichkeitswesenszüge näher erläutert, aus deren Überlegungen sich das Fünf-Faktoren-Modell (FFM) entwickelt hat.[230]

---

226 Vgl. hierzu auch die Beschreibung in McCrae/Costa (1996), Pervin/Cervone/John (2005), S. 283ff. Vgl. dazu auch die grundlegende Kritik von Pervin (1994).

227 Vgl. Pervin/Cervone/John (2005), S. 283, 285f. In der Literatur sowie im weiteren Fortlauf der Arbeit gelten dabei die Begriffe *Persönlichkeitswesenszüge* und *Wesenszüge* als Synonym.

228 Herrmann (1991), S. 25.

229 Die gewählte Definition sowie der Forschungsansatz der Arbeit ist dabei grundsätzlich der differentiellen Persönlichkeitspsychologie zuzuordnen, die sowohl Aspekte der *nomothetischen* und *idiographischen* Forschungsrichtung vereint, vgl. Eysenck/Eysenck (1985), S. 3ff., Rothkopf (2003), S. 102. Die nomothetische Forschungsrichtung postuliert, dass alle Menschen grundsätzlich die gleichen Persönlichkeitswesenszüge innehaben. Dahingegen postulieren Wissenschaftler der idiographischen Strömung, dass jede Person eine einzigartige Persönlichkeitsstruktur hat, vgl. Eysenck/Eysenck (1985), S. 4, Fisseni (2003), S. 135, Rothkopf (2003), S. 102, Barenbaum/Winter (2008), S. 13, Laux (2008), S. 17. Vgl. grundlegend dazu auch Asendorpf (2015).

230 Das FFM (*Big Five*) von Goldberg (1981, 1993) setzt sich dabei aus fünf Persönlichkeitsfaktoren (Extraversion, Neurotizismus, Offenheit für Erfahrungen, Verträglichkeit und Gewissenhaftigkeit) zusammen und stellt das zentrale Persönlichkeitsmodell der Arbeit dar. Obwohl schon davor die fünf Faktoren bekannt waren, vgl. zum Beispiel Fiske (1949), Tupes/Christal

5.2 Theorie der Persönlichkeitswesenszüge

Die verschiedenen Ansätze, die auf die Persönlichkeitswesenszüge fokussieren, teilen, unabhängig von der zugehörigen Forschungsrichtung, grundlegende Annahmen, auf denen das FFM aufbaut.[231] Eine der wichtigsten Annahmen besteht darin, dass Individuen allgemeine Wesenszüge innehaben die festlegen, wie Personen sich in speziellen Situationen verhalten, denken oder fühlen. Übereinstimmung bei den verschiedenen Ansätzen herrscht dahingehend, dass diese bestimmten Muster, wie sich eine Person verhält, Bausteine der Persönlichkeit darstellen. Weiterhin gilt die Annahme, dass die wesenszugsbezogenen Handlungen im direkten Zusammenhang mit der jeweiligen Ausprägung des Wesenszugs stehen. Das bedeutet, dass bei einer Person, die extravertiertes Verhalten zeigt, ein hoher Wert des Wesenszuges Extraversion vermutet wird.[232] Zudem kann das Verhalten von Menschen und deren Persönlichkeit in verschiedene Hierarchieebenen gegliedert werden. Abbildung 2 veranschaulicht die verschiedenen Hierarchieebenen am Beispiel des Persönlichkeitsfaktors Extraversion.

(1961) oder Norman (1963), hat insbesondere Goldberg den Begriff *Big Five* geprägt und populär gemacht.

231 Vgl. grundlegend Pervin/Cervone/John (2005), S. 283ff., Schmithüsen/Krampen (2015), S. 294f. zu den nachfolgenden Ausführungen zur Beschreibung der Theorie der Persönlichkeitswesenszüge sowie der verschiedenen Ansätze.

232 Vgl. Pervin/Cervone/John (2005), S. 284f. Anders verhält es sich in der Psychoanalyse, bei der Personen die beispielsweise im Rahmen von Befragungen äußern, gewisse Eigenschaften aufzuweisen, diese in Wirklichkeit möglicherweise aber nicht besitzen, vgl. Pervin/Cervone/John (2005), S. 285.

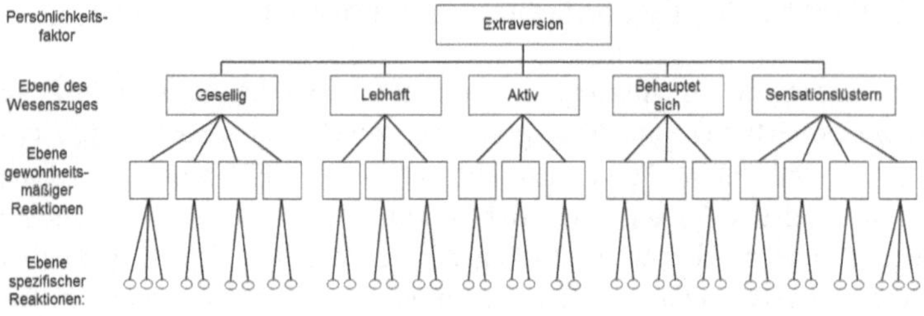

Abbildung 2: Hierarchischer Aufbau der Persönlichkeit am Beispiel der Extraversion[233]

Auf der untersten Ebene sind die spezifischen Reaktionen von Personen angesiedelt, die sich in Verbindung mit weiteren spezifischen Reaktionen unter allgemeinen, gewohnheitsmäßigen Reaktionen subsumieren lassen. Unter einem Wesenszug lässt sich dementsprechend eine Bündelung solcher Gewohnheiten zusammenfassen. Auf oberster Ebene stehen dabei Persönlichkeitsfaktoren, die sich aus der Summe gleichgerichteter Wesenszüge bilden lassen.

Einen grundsätzlich idiographisch orientierten Ansatz verfolgt Allport,[234] der die Einzigartigkeit des Individuums betont („*Strictly speaking, no two persons ever have precisely the same traits*“[235]). Wesenszüge stellen dabei die elementaren Bestandteile der Persönlichkeit dar, die im Nervensystem verankert sind und bezüglich der Kriterien *Regelmäßigkeit* und *zeitliche Stabilität* Konsistenz aufweisen. Diese unterscheiden sich dabei von Zuständen und Aktivitäten, die nur temporär sind und durch äußere Einflüsse hervorgerufen werden. Allport greift bei der Identifikation von Wesenszügen auf den lexikalischen Ansatz zurück. Dabei werden relevante Wesenszüge auf Grundlage

---

233 In Anlehnung an Eysenck (1967), S. 36, Eysenck (1970), S. 13, Pervin/Cervone/John (2005), S. 285.

234 Vgl. Eysenck/Eysenck (1985), S. 4f. Vgl. hierzu die grundlegenden Arbeiten von Allport/Allport (1921), Allport/Odbert (1936) und Allport (1946).

235 Allport (1946), S. 297.

der Sprache identifiziert. Allport/Odbert identifizierte circa 18.000 Wörter, die zur Beschreibung der Persönlichkeit dienen.[236]

Cattell[237] knüpft unter anderem an die Arbeit von Allport an und reduziert die persönlichkeitsbeschreibenden Begriffe, indem er zum Beispiel Synonyme oder seltene Begriffe aussortiert.[238] Zentraler Baustein ist dabei die Faktorenanalyse mit der die wesentlichen Wesenszüge von Individuen ermittelt werden.[239] Cattell nimmt dabei eine Differenzierung in Fähigkeitswesenszüge (beispielsweise Intelligenz), Temperamentswesenszüge (wie zum Beispiel Impulsivität) und dynamische Wesenszüge (die motivationale Aspekte umfassen), die die stabilen Elemente der Persönlichkeit darstellen. Daneben wird zwischen Oberflächenwesenszügen, die zum Beispiel durch Befragungen von Personen ermittelt werden können und vermeintlich zusammengehörende Verhaltensweisen zum Ausdruck bringen, und Grundwesenszügen, die aus miteinander verbundenen Verhaltensweisen bestehen und eine Persönlichkeitsdimension bilden, unterschieden. Die Grundwesenszüge stellen die Elemente der Persönlichkeit dar, zu deren Ermittlung die Faktorenanalyse benötigt wird. Cattell verwendet für die Faktorenanalyse unterschiedliche Daten, wie zum Beispiel Lebenslaufdaten, Daten von Lebensereignissen, Fragebogendaten oder Testdaten. Insbesondere auf Basis der Fragebogendaten entwickelte Cattell den *16 Personality Factor Inventory Questionnaire*, der 16

---

236 Vgl. Allport/Odbert (1936), Amelang/Bartussek (2001), S. 365, Rammstedt et al. (2012), S. 7. Die Idee des lexikalischen Ansatzes wurde dabei unter anderem schon von Klages (1926) aufgegriffen.

237 Vgl. hierzu die Arbeiten von Cattell (1943a, b, 1946a, b, c, 1947, 1973). Vgl. hierzu auch die Ausführungen in Raab/Unger/Unger (2010), S. 151–153.

238 Vgl. Amelang/Bartussek (2001), S. 365, Fisseni (2003), S. 359, Rammstedt et al. (2012), S. 7.

239 Die Faktorenanalyse wird dabei grundsätzlich den multivariaten Analysemethoden zugerechnet, mit denen mehrere statistische Variablen und deren Wechselbeziehungen untereinander untersucht werden können. Dabei werden Versuchspersonen hinreichend viele Testaufgaben vorgelegt, die zum Teil eng miteinander verbunden sind und korrelieren. Mit Hilfe der Faktorenanalyse werden diese Korrelationen zu Mustern oder Clustern zusammengefasst. Die dabei identifizierten Faktoren stellen Strukturen der Persönlichkeit in der Wesenszugtheorie dar, vgl. Pervin/Cervone/John (2005), S. 293f.

Persönlichkeitsfaktoren umfasst.[240] Nach Cattells` Ansicht sind neben den Wesenszügen auch noch Zustände und Rollen für die Erklärung von Verhaltensweisen bedeutend. Dem Zustand werden emotionale und stimmungsmäßige Einflüsse wie zum Beispiel Angst oder Neugier zugeordnet, die aus bestimmten Situationen entstehen. Neben den Wesenszügen muss also auch die jeweilige Situation, in der sich ein Mensch befindet, für die Bestimmung des Verhaltens berücksichtigt werden. Zudem kann das Verhalten maßgeblich von einer sozialen Rolle geprägt sein, die eine Person in einer bestimmten Situation einnimmt (zum Beispiel im Arbeitsleben als Vorgesetzter und im Privatleben als Nachbar).[241] Goldberg (1981) kritisiert an dem Ansatz von Cattell die mangelnde Replizierbarkeit der Faktoren.[242]

Während Cattell Aussagen über die Persönlichkeit sammelt, klassifiziert und somit induktiv vorgeht, formuliert Eysenck zunächst Theorien und überprüft sie im Anschluss daran (deduktives Vorgehen). Eysenck vertritt dabei die Annahme, dass die Persönlichkeit aus fortlaufenden Persönlichkeitsdimensionen besteht, die auf physiologische Prozesse und Determinanten zurückzuführen sind.[243] Wie bei Cattell stellt die Faktorenanalyse das zentrale methodische Instrument dar, um Persönlichkeitsfaktoren zu identifizieren. In seinen ersten Forschungsarbeiten identifizierte Eysenck zwei seiner Ansicht nach zentrale Persönlichkeitsdimensionen, nämlich Extraversion/Introversion und Neurotizismus *(Big Two)*.[244] Eysenck fügte den

---

240 Vgl. Eysenck/Eysenck (1985), S. 123f., Fisseni (2003), S. 361f. für einen Überblick über die Faktoren. Dabei werden *Introversion/Extraversion* und *Low Anxiety/High Anxiety* als höhere Faktoren (zweiter Ordnung) identifiziert, die sich wiederum aus niedrigeren Faktoren (erster Ordnung) ergeben, vgl. Fisseni (2003), S. 364f. Der Faktor *Low Anxiety/High Anxiety* entspricht dabei grundsätzlich dem Faktor Neurotizismus, vgl. Costa/McCrae (1980), S. 674.

241 Vgl. dazu die Ausführungen von Fisseni (2003), S. 341–365, Pervin/Cervone/John (2005), S. 306–314.

242 Vgl. dazu auch Digman (1990), S. 428.

243 Vgl. Eysenck/Eysenck (1985), S. 191ff., Fisseni (2003), S. 378, Schmithüsen/Krampen (2015), S. 295. Die Begriffe *(Persönlichkeits-) Dimension* und *Persönlichkeitsfaktor* werden synonym verwendet. Vgl. hierzu auch die kritische Diskussion zur Theorie von Eysenck in Gray (1981).

244 Vgl. Eysenck (1966, 1970), Eysenck/Eysenck (1985), S. 86ff., Pervin/Cervone/John (2005), S. 295. Vgl. hierzu auch grundsätzlich

beiden Dimensionen eine dritte, den *Psychozismus* hinzu (bekannt als *Drei-Faktoren-Theorie*).[245] Eysenck konnte für die Persönlichkeitsdimension Extraversion/Introversion Hinweise entdecken, dass diese durch Unterschiede in der neurophysiologischen Funktionsweise der Hirnrinde erklärbar und erblich beeinflussbar seien.[246] Zur Messung der Persönlichkeitsfaktoren entwickelte Eysenck unter anderem das *Eysenck-Persönlichkeits-Inventar* (EPI).

Die erörterten Annahmen und Zusammenhänge der Persönlichkeitswesenszüge sowie das methodische Instrument der Faktorenanalyse, stellen grundlegende Voraussetzungen für das FFM dar, welches das zentrale Modell dieser Arbeit ist. Im folgenden Kapitel wird das FFM genauer beschrieben.

Raab/Unger/Unger (2010), S. 153f. Die detaillierte Erklärung erfolgt im Rahmen des FFM, da diese Dimensionen Bestandteile dessen sind und eine Beschreibung in Verbindung mit den weiteren Faktoren des Modells sinnvoller erscheint.

245 Personen mit hohen Werten in Psychozismus können durch die Adjektive *egozentrisch, unsensibel, kalt* und *aggressiv* beschrieben werden, vgl. Eysenck (1990), S. 245f., Eysenck/Eysenck (1985), S. 14. Vgl. grundsätzlich hierzu auch Eysenck (1992a, c).

246 Vgl. auch Stelmack (1990). Für die beiden anderen Persönlichkeitsdimensionen Neurotizismus und Psychozismus konnte keine eindeutige Beziehung zur Physiologie hergestellt werden, vgl. Eysenck (1990). Vgl. hierzu auch Fulker (1981), Eysenck/Eysenck (1985), S. 86ff., Schmithüsen/Krampen (2015), S. 295.

5.3 Das Fünf-Faktoren-Modell der Persönlichkeit

Das FFM der Persönlichkeit stellt das am weitesten verbreitete Modell dar, um die Gesamtpersönlichkeit zu beschreiben.[247] Wie auch die Ansätze von Eysenck und Cattell, beruht das FFM auf einem lexikalischen Ansatz. Aus den in der Sprache verwendeten adjektivischen Möglichkeiten zur Beschreibung von Personen wird eine begrenzte Anzahl ausgewählt, die dann für die Beurteilung dieser verwendet wird. Die ausgewählten Adjektive werden unter Anwendung einer Faktorenanalyse zu fünf Faktoren zusammengefasst.[248] Diese fünf Faktoren, die zusammengesetzt die Persönlichkeit ergeben, sind Extraversion, Neurotizismus, Offenheit für Erfahrungen, Verträglichkeit und Gewissenhaftigkeit.[249] Tabelle 2 beschreibt die fünf Faktoren mit den damit verbundenen typischen Verhaltensausprägungen.

---

247 Vgl. Rammstedt et al. (2012), S. 7. Die Ursprünge des FFM gehen dabei auf Fiske (1949) zurück, der 22 Persönlichkeitsfaktoren zu fünf Clustern zusammenfasst. Vgl. dazu die Ausführungen zur historischen Entwicklung des FFM in Digman (1990). Im Folgenden wird auf die grundsätzliche Darstellung des Modells sowie die Beschreibung der Persönlichkeitsfaktoren fokussiert. Vgl. zum Beispiel die Fünf-Faktoren-Theorie von McCrae/Costa (1996, 2003, 2008) für eine konzeptuelle Erörterung des Modells.

248 Vgl. Amelang/Bartussek (2001), S. 364f., Laux (2008), S. 174f.

249 Vgl. zum Beispiel Tupes/Christal (1961), Norman (1963), Borkenau/Ostendorf (1989), McCrae/Costa (1987), Digman (1990), Goldberg (1990), Costa/McCrae (1992a, c). Vgl. auch den Überblick in Amelang/Bartussek (2001), S. 370. Die Bezeichnung der Faktoren ist dabei gerade in den älteren Arbeiten abweichend von der heute gebräuchlichen Notation. Jeder Faktor lässt sich dabei in weitere spezifische Komponenten (*Facetten*) unterteilen. Vgl. dazu auch die ausführliche Beschreibung der Faktoren und Facetten in Costa/McCrae (1992a) und die deutsche Version des Testverfahrens von Ostendorf/Angleitner (2004).

Tabelle 2: Beschreibung der fünf Persönlichkeitsfaktoren[250]

Persönlichkeitsfaktor	Adjektive
Extraversion	gesprächig, bestimmt, aktiv, abenteuerlustig
Neurotizismus	gespannt, ängstlich, nervös, unsicher
Offenheit für Erfahrungen	neugierig, fantasievoll, intellektuell, künstlerisch
Verträglichkeit	liebenswürdig, mitfühlend, herzlich, kooperativ
Gewissenhaftigkeit	sorgfältig, organisiert, zuverlässig, überlegt

Beispielsweise haben gesprächige Menschen, die viel unternehmen und abenteuerlustig sind, oftmals hohe Werte in Extraversion. Hingegen sind Menschen mit höheren Werten in Neurotizismus in ihrem Tun und Handeln oftmals ängstlich und wirken nervös und unsicher.[251] Menschen, die eine hohe Ausprägung in dem Faktor Offenheit für Erfahrungen haben, werden grundsätzlich als neugierig, fantasievoll, intellektuell und künstlerisch begabt charakterisiert. Bei Personen, die generell hilfsbereit sind und mit anderen Menschen mitfühlen, lassen sich grundsätzlich hohe Werte in Verträglichkeit vermuten. Dahingehend ist bei gut organisierten Personen, die ihre Aufgaben sorgfältig und zuverlässig erledigen, der Faktor Gewissenhaftigkeit stärker ausgeprägt als zum Beispiel bei Personen, die unzuverlässig und schlecht organisiert sind.

250 In Anlehnung an Laux (2008), S. 175. Vgl. hierzu auch die Darstellung in Amelang/Bartussek (2001), S. 371. Laux verwendet dabei anstatt Neurotizismus den Begriff emotionale Labilität. Da in der Literatur Neurotizismus aber der weitaus gängigere Begriff ist, wird dieser auch im Fortlauf der Arbeit verwendet.

251 Zwischen Extraversion und Neurotizismus wird in zahlreichen empirischen Studien ein negativer Zusammenhang gefunden, vgl. zum Beispiel Borkenau/Ostendorf (1993), Körner/Geyer/Brähler (2002), Roth (2002), Rammstedt/John (2005).

Für alle fünf Faktoren kann eine hohe Reliabilität und Validität nachgewiesen werden. Die Faktoren können dabei sowohl mittels Selbstbeurteilung oder aber auch mit Hilfe einer Fremdbeurteilung einer dritten Person identifiziert werden.[252] Zudem wird eine hohe Stabilität der Faktoren im Erwachsenenalter dokumentiert.[253] Die Big-Five-Faktoren können dabei kulturübergreifend und sprachübergreifend, wenn auch mit bestimmten kulturspezifischen Unterschieden und Feinheiten für bestimmte Kulturen,[254] als existent angesehen werden.[255] Einen grundsätzlichen Vorteil, den Ostendorf in der Anwendung des FFM sieht, ist der hohe Replikationsgrad des Modells auf Basis der lexikalisch-adjektivischen Merkmale.[256]

Das FFM integriert die identifizierten Persönlichkeitsfaktoren einer Reihe anderer Forschungsstränge auf dem Gebiet der Persönlichkeitspsychologie.[257] So erfasst das FFM zum Beispiel die Faktoren Extraversion und Neurotizismus, die bereits Eysenck und auch Cattell als bedeutend identifiziert haben.[258] Costa/McCrae schlussfolgern

252 Vgl. Borkenau/Ostendorf (1989), Borkenau (1992).

253 Vgl. hierzu zum Beispiel Costa/McCrae (1988, 1992b, 1994), Roberts/DelVecchio (2000). Die Entwicklung hin zum Erwachsenensein ist dabei jedoch durchaus mit Veränderungen der fünf Faktoren verbunden, vgl. Costa/McCrae (1994), McCrae et al. (1999), Allemand/Zimprich/Hendriks (2008).

254 Vgl. zum Beispiel den kulturspezifischen Faktor „chinesische Tradition", Cheung et al. (1996).

255 Vgl. Costa/McCrae (1992c), Paunonen et al. (1992), De Raad et al. (1998). Damit verbunden sind jedoch zum Teil praktische Schwierigkeiten, wie zum Beispiel die Übersetzung der lexikalischen Begriffe in unterschiedliche Sprachen, vgl Pervin/Cervone/John (2005), S. 325f. Vgl. hierzu zum Beispiel auch die Studie von Hofstee et al. (1997).

256 Vgl. Ostendorf (1990), S. 6ff. Vgl. zur Vorteilhaftigkeit des FFM auch Andresen (1995), S. 211. Kritiker des Modells sehen in dem lexikalischen Ansatz zur Ermittlung der Persönlichkeitswesenszüge eine entscheidende Schwäche, vgl. Thomae (1996), S. 4f. Vgl. hierzu auch die grundlegende Kritik von Eysenck (1992b) und McAdams (1992) oder auch die kritische Zusammenfassung von Andresen (1995), S. 211ff. und Amelang/Bartussek (2001), S. 383f.

257 Vgl. dazu die Übersicht in Digman (1990), S. 422ff.

258 Der dritte Faktor Psychozismus im Rahmen von Eysencks' Drei-Faktoren-Theorie wird dabei als eine Mischung der Faktoren Verträglichkeit und Gewissenhaftigkeit angesehen, vgl. McCrae/Costa (1985), Zuckerman/Kuhlman/Camac (1988), Digman (1990), S. 428f. Erwähnt sei an dieser Stelle noch der *Myers-Briggs-Typenindikator*, der die grundsätzlich gleichen

diesbezüglich, dass *"Most factorial-based trait systems recognize N and E as the broadest and most pervasive dimensions of personality."*[259] Costa/McCrae heben dabei insbesondere die Bedeutung des Einflusses von Extraversion und Neurotizismus auf das Fühlen und Empfinden von Affekten hervor. Demzufolge übt Extraversion einen starken positiven Einfluss auf das Erleben positiver Affekte aus, wohingegen Neurotizismus einen starken positiven Einfluss auf das Erleben negativer Affekte ausübt.[260]

Faktoren wie das FFM erfasst. Vgl. hierzu Myers et al. (1998). Maßgeblicher Unterschied dabei ist jedoch, dass der Faktor Neurotizismus keine Berücksichtigung findet, vgl. Pan/Statman (2013), S. 49. Andresen (1995) plädiert neben den fünf Faktoren zudem für die Berücksichtigung des sechsten Faktors *Risikobereitschaft*.

259 Costa/McCrae (1980), S. 674. *E* steht dabei für Extraversion, *N* für Neurotizismus.

260 Krohne et al. (1996) fassen dabei unter *positiven Affekten* das Ausmaß auf, inwieweit eine Person enthusiastisch, aktiv und aufmerksam ist. *Negative Affekte* spiegeln hingegen das Ausmaß negativen Angespanntseins wider, vgl. Krohne et al. (1996), S. 140. Darunter lassen sich zum Beispiel Gefühlszustände wie Gereiztheit, Nervosität oder Angst zusammenfassen, vgl. dazu grundlegend Watson/Clark/Tellegen (1988). Affekte üben dabei einen bedeutenden Einfluss auf das Risikoverhalten von Anlegern aus, vgl. zum Beispiel Isen/Patrick (1983), Forgas (1995), Lo/Repin/Steenbarger (2005), Grable/Roszkowski (2008). Vgl. hierzu auch die theoretische Ausarbeitung von Merkle (2007) bezüglich der Bedeutung von Affekten auf finanzielle Entscheidungen von Anlegern. Affekte sind dabei grundsätzlich von kürzerer Dauer und anlassbezogen und unterscheiden sich von Stimmungen, die tendenziell länger vorherrschen und ohne einen konkreten Anlass auftreten können, vgl. Schmidt (2004), S. 96, Kroeber-Riel/Gröppel-Klein (2013), S. 102–105, Schmidt-Atzert/Peper/Stemmler, G. (2014), S. 29f. Für den Begriff *Affekt* sind im Sprachgebrauch auch die Begriffe *Emotion*, *Gefühl* oder *psychische Erregung* gebräuchlich, vgl. Oehler (1995), S. 87.

III Konzeptioneller Bezugsrahmen der Arbeit

6 Finanzierungstheoretische Einordnung der Arbeit

Ziel dieses Kapitels ist es zu untersuchen, ob die in Kapitel 3 erörterten Finanzierungstheorien in Bezug auf ihre Annahmen, Restriktionen und konzeptionellen Rahmenbedingungen Spielraum für eine Integration des persönlichkeitsbezogenen Forschungsansatzs lassen. Im Weiteren erfolgt zunächst die Einordnung der Arbeit in die neoklassiche Finanzierungstheorie, die Behavioral und Experimental Finance sowie die Marktmikrostruktur, bevor im Anschluss die Bedingungen für eine Integration des persönlichkeitsbezogenen Forschungsansatzs in die NIÖ und die Theorie der Finanzintermediation geprüft wird. Anhand Abbildung 3, die in grafischer Form exemplarisch die bestehenden Unterschiede zwischen dem (neo-) klassischen Paradigma auf der einen und den neueren Theorien (Behavioral Finance sowie Marktmikrostrukturtheorie) auf der anderen Seite verdeutlicht, kann die finanzierungstheoretische Einordnung vorgenommen werden.

Die neoklassische Finanzmarkttheorie unterstellt, dass in einem Umfeld vollkommener Informationen Anleger homogene Erwartungen haben, die Informationen korrekt und vollständig vorliegen und die Kurse und Umsätze der Finanztitel exakt diese Erwartungen widerspiegeln. Preisanomalien verschwinden auf Marktebene durch die Ausnutzung von Arbitragemöglichkeiten. Im Vergleich dazu lässt sich aus Ansätzen der Persönlichkeitspsychologie ableiten, dass die Persönlichkeit die Erwartungshaltung sowie das Verhalten von Personen steuert und maßgeblich beeinflusst.[261] Auf ökonomische Sachverhalte übertragen, kann dies dahingehend interpretiert werden, dass das Ver-

261 Siehe hierzu die Definition in Kapitel 5.1.

halten von Anlegern in Finanzmärkten auch maßgeblich von der Ausprägung der Persönlichkeitsfaktoren abhängt. In der neoklassischen Theorie wird jedoch die Annahme zugrunde gelegt, dass sich Anleger streng rational entsprechend der Erwartungsnutzentheorie verhalten. Demzufolge ist es nicht möglich, das ökonomische Handeln durch Ausprägungen der Persönlichkeitsfaktoren zu erklären, da per se angenommen wird, dass diese keinen Einfluss besitzen. In Bezug auf den angesprochenen Informationsprozess zeigt sich ebenfalls, dass die Persönlichkeitsfaktoren im Rahmen der neoklassischen Sichtweise nicht zur Erklärung von Verzerrungen, wie beispielsweise selektiver Wahrnehmung, herangezogen werden können, da diese von vorneherein ausgeschlossen werden. Einzig auf individueller Ebene können Unterschiede in den Persönlichkeitsfaktoren der Marktakteure zu abweichendem Verhalten von der Erwartungsnutzentheorie führen. Diese Irrationalitäten sind jedoch nicht Betrachtungsschwerpunkt der Neoklassik.

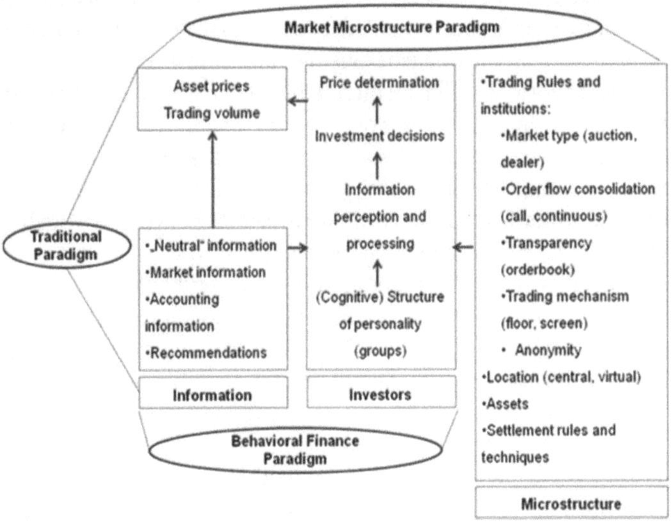

Abbildung 3: Traditionelle und moderne Sicht der finanzierungstheoretischen Marktmikrostruktur[262]

---

262 Quelle: Oehler (2002), S. 847.

Wie beschrieben fokussiert der Ansatz der Behavioral Finance insbesondere auf die heterogenen Erwartungen sowie die begrenzte Rationalität von Anlegern und analysiert die Auswirkungen auf die Preisbildung in Finanzmärkten.[263] Die Arbeit sowie die daraus folgenden Erkenntnisse sind insbesondere für diesen Theorieansatz von Relevanz und können einen Beitrag leisten, das Verhalten von Anlegern zu erklären. Die Persönlichkeit kann als Einflussfaktor auf das Verhalten von Anlegern in Finanzmärkten sowie für die Preisbildung in Finanzmärkten als bedeutend angesehen werden. Zum einen beeinflusst die Persönlichkeit den Informationsprozess der Anleger. Dieser ist unter anderem durch eine selektive Informationsaufnahme gekennzeichnet. Neben emotionalen Einflussfaktoren wie zum Beispiel positiven oder negativen Affekten, kann die selektive Aufnahme von Informationen durch Unterschiede in den Persönlichkeitsfaktoren erklärt werden.[264] Daneben interagieren die Persönlichkeitsfaktoren mit zahlreichen persönlichen Dispositionen von Anlegern wie zum Beispiel der Kontrollüberzeugung oder emotionalen Zuständen, die den Informationsprozess und das Risikoverhalten beeinflussen.[265] Die Preisbildung im Rahmen des Behavioral-Finance-Paradigmas ist dabei durch „Irrationalitäten" und Verzerrungen gekennzeichnet, die beispielsweise auf Marktebene in Preisblasen resultieren. Dadurch, dass die Persönlichkeitsfaktoren zum Teil Einfluss auf die Erwartungshaltung der Marktteilnehmer nehmen können,[266] ist deren Berücksichtigung als Erklärungsfaktor relevant. Weiterhin können individuelle „Anomalien" von Anlegern wie zum Beispiel der Disposition Effect durch unterschiedliche Ausprägungen der Persönlichkeitsfaktoren erklärt werden.[267]

Das Paradigma der Marktmikrostruktur erweitert die Betrachtung von Finanzmärkten um rechtliche und institutionelle Rahmenbedingungen, die das Handeln von Finanztiteln unter den Marktteilnehmern regeln und koordinieren. In Kombination mit den menschlichen In-

263 Vgl. dazu die Ausführungen in Kapitel 3.5.1.
264 Vgl. Noguchi/Gohm/Dalsky (2006).
265 Vgl. Kapitel 4.3.
266 Vgl. Williams (1992).
267 Vgl. Rothkopf (2003).

formations- und Entscheidungsprozessen wird die Preisbildung beeinflusst.[268] Sowohl zur Behavioral und Experimental Finance als auch zur Marktmikrostrukturtheorie ergeben sich methodische Anknüpfungspunkte der Arbeit dahingehend, dass die Methodik der Befragung sowie des Experiments angewendet werden, um das Verhalten von Anlegern in Finanzmärkten zu untersuchen. Beide Methoden werden in der Behavioral und Experimental Finance angewendet, um das Verhalten von Anlegern in Finanzmärkten zu erklären.[269] Im Rahmen der Mikrostrukturtheorie wird dabei insbesondere auf Finanzmarktexperimente (im Speziellen einer „Börse im Labor") zurückgegriffen.[270] Ziel ist es dabei, die Komplexität der Realität zu verringern und diese vereinfacht abzubilden.[271] Methodische Anknüpfungspunkte der Arbeit ergeben sich zur Marktmikrostrukturtheorie dahingehend, dass ein computerbasierter Aktienmarkt Gegenstand der experimentellen Untersuchung ist, der das reale Handelsverhalten von Anlegern an einer Wertpapierbörse simuliert. Der Handel zwischen den Teilnehmern im computerbasierten Aktienmarkt wird dabei unter anderem mit Handelsregeln koordiniert, die in der Marktmikrostrukturtheorie Parameter zur Gestaltung von Wertpapierbörsen darstellen. Beispielsweise erfolgt der Handel unter den Teilnehmern in der Marktform einer offenen Börse, bei der jeder Teilnehmer Kauf- und Verkaufsangebote (offenes Orderbuch) abgeben und annehmen kann. Die Transaktionen werden zu Einzelkursen abgerechnet.[272] Die Arbeit nutzt somit im Hinblick auf die Modellierung des computerbasierten Aktienmarkts die Erkenntnisse der Marktmikrostruktur.

---

268 Vgl. Oehler (2002), S. 847f., Oehler (2004), S. 4f.

269 Vgl. exemplarisch die Arbeiten von Oehler (1995) oder Breaban/Noussair (2013), die die angesprochenen Methoden anwenden.

270 Es sei an dieser Stelle angemerkt, dass sowohl Arbeiten, die grundsätzlich der Neoklassik zugeordnet werden können, auf Experimente zurückgreifen. Die Zielsetzung ist dabei jedoch nicht Einflussfaktoren auf das Verhalten von Anlegern zu untersuchen, sondern vornehmlich die Effizienz von Finanzmärkten.

271 Vgl. Heilmann/Läger/Oehler (2000), S. 362, Oehler (2002), S. 848.

272 Vgl. Kapitel 7.2.2 zur Beschreibung des computerbasierten Aktienmarkts. Vgl. Heilmann/Läger/Oehler (2000), S. 362 zur Beschreibung der Grundstrukturen eines Finanzmarkts. Vgl. auch Oehler (2000c, 2001) zur Funktionsweise von Wertpapierbörsen.

Zu den Ansätzen der NIÖ sowie der Finanzintermediation ergeben sich ebenfalls Anknüpfungspunkte. Beide Ansätze gehen von der begrenzten Rationalität der Marktteilnehmer und einem unvollkommenen Marktumfeld aus. Wie im Rahmen der Behavioral Finance erörtert, kann die Persönlichkeit von Anlegern als Erklärungsansatz dienen, um zum Beispiel die begrenzte Rationalität in Bezug auf die unvollständige Aufnahme und Verarbeitung von Informationen zu erklären. Bei beiden Theorien steht jedoch nicht primär die Erklärung des tatsächlichen Verhaltens von Marktteilnehmern im Vordergrund. Im Mittelpunkt der NIÖ steht der ökonomische Tauschprozess zwischen den verschiedenen Vertragspartnern und Marktakteuren, wohingegen der Ansatz der Finanzintermediation schwerpunktmäßig den Austausch zwischen dem Finanzbedarf der Finanzmittelnehmer und den Anlagebedarf der Finanzmittelgeber adressiert.[273]

Zusammengefasst lässt die neoklassische Finanzmarkttheorie aufgrund ihrer rigiden Annahmen und Restriktionen für die Arbeit und somit die Integration des persönlichkeitstheoretischen Ansatzes kaum Spielraum. Zur NIÖ sowie zur Theorie der Finanzintermediation bestehen insbesondere über die Annahmen der begrenzten Rationalität Anknüpfungspunkte. Die Arbeit baut schwerpunktmäßig auf den Erkenntnissen und Überlegungen der Behavioral und Experimental Finance auf und soll dazu dienen, das Wissen über das tatsächliche Verhalten von Anlegern in Finanzmärkten zu erweitern. Zudem werden Erkenntnisse (insbesondere in Bezug auf die Gestaltung von Wertpapierbörsen) der Marktmikrostrukturtheorie für die Modellierung des computerbasierten Aktienmarkts genutzt.

273 Vgl. Kapitel 3.2 und 3.4.

7 Design und Daten

7.1 Methodik der Befragung

7.1.1 Zielsetzung

Um die erste Forschungsleitfrage zu beantworten, wird eine schriftliche Befragung durchgeführt, mit der die Zusammenhänge zwischen den Persönlichkeitsfaktoren Extraversion und Neurotizismus und den maßgeblichen Determinanten des Risikoverhaltens (Risikoeinstellung, Risikowahrnehmung und Renditeerwartung) analysiert werden.[274]

Die Fokussierung auf die Faktoren Extraversion und Neurotizismus ergibt sich daraus, dass beide Faktoren innerhalb des FFM als dominierende Faktoren angesehen werden können.[275] Die Wichtigkeit der Faktoren spiegelt sich speziell auch darin wider, dass beide Faktoren auch bei anderen Persönlichkeitsmodellen wie zum Beispiel dem 3-Faktoren-Modell von Eysenck oder dem Ansatz von Cattell Berücksichtigung finden. Zudem zeigt sich die Bedeutung beider Faktoren darin, dass Befunde der neurowissenschaftlichen Forschung darauf hindeuten, dass sich neurophysiologische Prozesse je nach Ausprägung der Faktoren in Häufigkeit und Intensität unterscheiden.[276] Die Ergebnisse von Cohen et al. (2005) deuten an, dass höhere Werte in Extraversion mit einer stärkeren Aktivierung des Belohnungssystems einhergehen, was sich in einer erhöhten Produktion des Neurotransmitters Dopamin äußert. Ein weiterer Grund für die Fokussierung

---

274 Der Begriff *Befragung* kann dabei als Synonym für *Fragebogenexperiment* gesehen werden. Der Ursprung dieses Begriffes geht dabei wohl auf Weber/Camerer zurück, vgl. Weber/Camerer (1992), S. 137, Oehler (1995), S. 233. Der Begriff ist vermutlich dann treffend, falls die Durchführung einer Befragung in einem experimentellen Umfeld (kontrollierte Umgebung) stattfindet. Dies gilt grundsätzlich für die vorliegende Arbeit, wobei im Fortlauf der Arbeit nur der Begriff *Befragung* verwendet wird, um Unklarheiten im Hinblick auf die experimentelle Studie zu vermeiden.

275 Vgl. Costa /McCrae (1980).

276 Vgl. zum Beispiel Floury et al. (2004), Cohen et al. (2005).

ergibt sich aus den bestehenden Zusammenhängen beider Faktoren zu den emotionalen Zuständen sowie der Kontrollüberzeugung von Personen, die nachweislich einen bedeutenden Einfluss auf das Risikoverhalten und deren Determinanten haben können.

Zusammengefasst wird angenommen, dass von beiden Faktoren ein Einfluss auf die Risikoeinstellung, Risikowahrnehmung und Renditeerwartung von Anlegern ausgeht. Um den spezifischen Einfluss von Extraversion und Neurotizismus auf die Determinanten des Risikoverhaltens von Anlegern getrennt von weiteren externen Einflussfaktoren untersuchen zu können, werden zusätzliche personale Charakteristika von Anlegern berücksichtigt. Abbildung 4 verdeutlicht den Analysefokus der Befragung und gibt einen Überblick über weitere relevante personale Charakteristika von Anlegern, die auf die Determinanten des Risikoverhaltens wirken und für deren Einfluss kontrolliert wird. Die Pfeilrichtungen verdeutlichen die angenommene Wirkungsrichtung zwischen den jeweiligen Konstrukten und basieren auf den theoretischen Ausführungen in Kapitel 4.3.

Im Folgenden wird in diesem Kapitel zunächst grundsätzlich das Instrument der Befragung erörtert und darauf aufbauend das ausgewählte Design der Befragung begründet und beschrieben. Im Anschluss daran wird erläutert, wie die in Abbildung 4 dargestellten Einflussfaktoren (Extraversion, Neurotizismus, Affekte, Kontrollüberzeugung, Geschlecht und Alter als unabhängige Variablen) sowie die Determinanten des Risikoverhaltens von Anlegern (Risikoeinstellung, Risikowahrnehmung und Renditeerwartung als abhängige Variablen) gemessen werden.

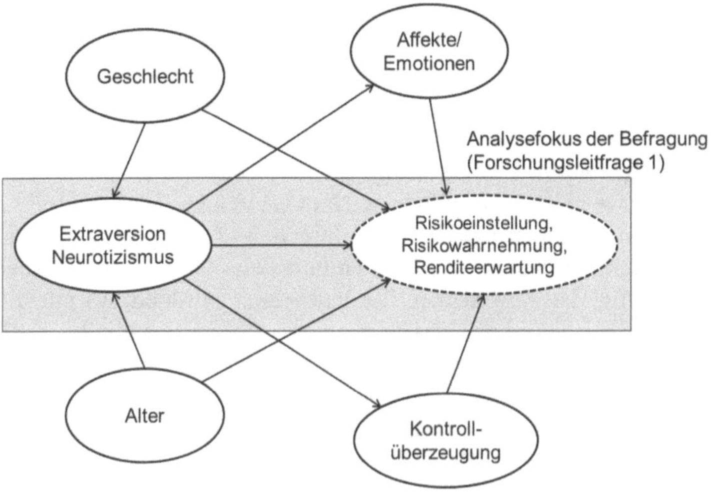

Abbildung 4: Einflussfaktoren auf die Risikoeinstellung, Risikowahrnehmung und Renditeerwartung von Anlegern[277]

7.1.2 Design der Befragung

Das Instrument der Befragung[278] zielt darauf ab, Informationen wie beispielsweise Motive, Erwartungen oder Einstellungen von Probanden zu erfragen. Eine Befragung kann in schriftlicher oder in mündlicher Form erfolgen. Dabei kann diese grundsätzlich durch schriftliche Erhebung mittels Fragebogen, beispielsweise auch unter Zuhilfenahme von Computern, stattfinden. Die schriftliche Befragung kann in Anwesenheit oder Abwesenheit des Versuchsleiters durchgeführt werden. Bei einem postalischen Versand des Fragebogens beziehungsweise in elektronischer Form per E-Mail ist letzteres der Fall, wohingegen eine Befragung von Studenten im Rahmen von Lehrveranstaltungen in Anwesenheit des Versuchsleiters erfolgen kann. Ein

277 Quelle: Eigene Darstellung.

278 Vgl. für die folgenden Ausführungen zur Befragung Oehler (1995), S. 121–123. Vgl. grundlegend zum Instrument der Befragung sowie weiteren Erhebungsmethoden Wiswede (2012), S. 45ff., Mayer (2013).

Problem, das bei schriftlichen Befragungen in Verbindung mit der Abwesenheit des Versuchsleiters auftritt, ist eine niedrige Rücklaufquote der Fragebögen. Die Gründe, warum nicht geantwortet wird, bleiben meist unklar. Ein weiteres Problem in diesem Zusammenhang besteht darin, dass ein Einfluss dritter Personen auf den Probanden nicht ausgeschlossen werden kann.[279]

Bei einer mündliche Befragung (Interview) kann je nach Strukturierungsgrad zwischen explorativen Interviews (gering), Leitfadeninterviews (mittel) und standardisierten Interviews (stark) unterschieden werden. Aus der Anwesenheit der Interviewer resultiert aus mündlichen Befragungen immer das Problem des Interviewer-Einflusses.[280] Ein Einfluss des Interviewers kann dabei sowohl von äußeren Erscheinungsfaktoren (Alter, Geschlecht, Auftreten) als auch durch die Einstellung und gegebenenfalls durch die Werturteile des Interviewers, die sich in wahrnehmbaren Handlungen äußern, ausgehen. Ein weiteres Problem ergibt sich aus der Reihenfolge der gestellten Fragen. Hierbei kann die Position der Frage (zum Beispiel am Anfang oder am Ende der Befragung) während des Interviews das Antwortverhalten des Probanden (unbewusst) beeinflussen.[281]

Im Rahmen dieser Arbeit wird unter anderem eine Befragung in schriftlicher Form (Paper-Pencil-basiert) durchgeführt. Die Durchführung der Befragung findet dabei in Anwesenheit des Versuchsleiters statt. Das Problem einer niedrigen Rücklaufquote stellt sich somit nicht. Zudem kann grundlegend eine Beeinflussung dritter Personen ausgeschlossen werden, da darauf geachtet wird, dass die Probanden den Fragebogen alleine ausfüllen und keine Kommunikation untereinander stattfindet. Im Vergleich zu einer mündlichen Befragung ergeben sich Vorteile in Bezug auf eine vereinfachte Durchführbarkeit und der hohen Standardisierbarkeit.[282] Mit dem Fragebogen werden die

279 Vgl. Kuß (1987), S. 66ff.

280 Vgl. Kuß/Kleinaltenkamp (2013), S. 108.

281 Vgl. Schwarz/Hippler/Strack (1988), Schwarz (1991), Burchell/Marsh (1992), Helgeson/Ursic (1994), Petersen (2002), S. 165f. Vgl. hierzu auch die angesprochene Problematik des Recency/Priming-Effekt im Zuge der Informationsverarbeitung. Vgl. zu diesen Effekten im Fragebogen auch vertiefend Petersen (2002), S. 177ff.

282 Alle Probanden können an einem Tag an der Befragung teilnehmen, was sich bei einer mündlichen (Einzel-) Befragung schwierig gestaltet hätte. Die hohe

Persönlichkeitsfaktoren, die soziodemografische Variablen (Geschlecht, Alter), die emotionale Zustände (positive und negative Affekte), sowie der Grad der internalen und externalen Kontrollüberzeugung erfasst. Zudem werden die Risikoeinstellung und -wahrnehmung sowie die Renditeerwartung der Teilnehmer erfragt. Im Folgenden wird die Erfassung der einzelnen Konstrukte erläutert.[283]

7.1.3 Messung der Persönlichkeitsfaktoren

Für die Messung der Persönlichkeitsfaktoren stehen verschiedene Methoden zur Auswahl, wie beispielsweise die Verhaltensbeobachtung, biologische Verfahren (unter anderem Messung von Gehirnaktivitäten mittels Elektroenzephalogramm oder Magnetresonanztomografie), verhaltensgenetische Methoden oder die Fragebogentechnik.[284] Im Rahmen der Persönlichkeitsforschung sind die dominierenden Methoden Selbsteinschätzungen und Selbstberichte,[285] bei denen am häufigsten das Verfahren des Fragebogens zum Einsatz kommt.[286]

Aus mehreren Gründen wird für die Arbeit die Messung der Faktoren mit Hilfe eines Fragebogens durchgeführt. Neben den oben genannten Gründen für die grundsätzliche Wahl des Fragebogendesigns spielen für die schriftliche Erfassung der Persönlichkeitsfaktoren noch eine Reihe weiterer Faktoren eine Rolle. Zum einen erscheint die Technik des Fragebogens hinsichtlich der Umsetzbarkeit (finanzielle, technische und zeitliche Ressourcen) erhebliche Vorteile gegenüber den anderen Verfahren (insbesondere den biologischen Verfahren) zu besitzen. Zum anderen bietet sich diese Methode an, da die Messung der anderen Einflussfaktoren ebenfalls mittels Fragebogen erfolgt und somit die Fragenblöcke leicht in einem Design kombiniert werden können. Ein weiterer Vorteil ergibt sich zudem aus organisatorischen

---

Standardisierbarkeit ergibt sich daraus, dass alle Teilnehmer identische Fragebögen verwenden, die sich nur in Bezug auf die Fragen zur Risikowahrnehmung und Renditeerwartung hinsichtlich der Reihenfolge der Fragen unterscheiden.

283 Ein exemplarischer Fragebogen der schriftlichen Befragung ist Anhang 2 zu entnehmen.

284 Vgl. Weber/Rammsayer (2012) für einen Überblick.

285 Hierbei geben Personen zum Beispiel Auskunft über ihre Gedanken oder Gefühle.

286 Vgl. Weber/Rammsayer (2012), S. 22.

Gesichtspunkten in Kombination mit der Durchführung des computerbasierten Aktienmarkts. Der Fragebogen kann dem computerbasierten Aktienmarkt vorgeschaltet werden. Somit wird erreicht, dass die gesamte experimentelle Untersuchung zeiteffizient durchgeführt werden kann. Bei der Verwendung anderer Methoden wäre dies nicht möglich. Weiterhin ist von Vorteil, dass die Messung der Persönlichkeitsfaktoren mittels Fragebogen bereits durch eine Vielzahl anderer Studien angewandt wird, was eine Vergleichbarkeit der ermittelten Werte ermöglicht.

Hinsichtlich der Auswahl eines Fragebogenverfahrens sind eine Reihe wesentlicher Anforderungen zu erfüllen. Zum einen muss der Fragebogen für die Ermittlung der Persönlichkeitsfaktoren im Hinblick auf den Umfang und damit zusammenhängend die Bearbeitungszeit möglichst kurz gehalten werden, um den kognitiven Aufwand der Teilnehmer möglichst gering zu halten und somit eine Informationsüberbelastung zu vermeiden.[287] Zum anderen ist es insbesondere erforderlich, dass das Erhebungsinstrument die Kriterien der *Objektivität*, *Validität* (*Gültigkeit*) und *Reliabilität* (*Zuverlässigkeit*) in Bezug auf die Messung der Persönlichkeitsfaktoren erfüllt. Das Kriterium der Objektivität bezieht sich darauf, dass gleiche Messergebnisse erreicht werden, wenn unterschiedliche Personen die Messungen unabhängig voneinander durchführen. Validität stellt sicher, dass das Instrument, mit dem die Persönlichkeitsfaktoren erfasst werden sollen, diese auch tatsächlich misst. Das Kriterium der Reliabilität gewährleistet, dass die Faktoren präzise genug gemessen werden können.[288] Daneben sollte auf ein Messinstrument in deutscher Sprache zurückgegriffen werden, da die Untersuchung mit deutschsprechenden Personen durchgeführt wird. Zudem ist es vorteilhaft, auf Messinstrumente zurückzugreifen, die hohe Ergebniskorrelationen mit anderen Erhebungsinstrumenten aufweisen.

Die ursprünglichen Persönlichkeitsskalen weisen hinsichtlich ihrer Länge und damit verbunden in ihrer Bearbeitungsdauer deutliche Unterschiede auf. Insbesondere die weitverbreiteten Verfahren von

287 Dieser Maßstab ist natürlich auch an die anderen Fragebatterien anzulegen. Gerade im Kontext des Experiments erscheint eine kurze Bearbeitungsdauer des Fragebogens besonders wichtig.

288 Vgl. hierzu Rammstedt (2004), Himme (2009), S. 485ff.

Costa/McCrae (*NEO Personality Inventory-Revised*; *NEO-PI-R*), Goldberg (*International Personality Item Pool-NEO*) und Hendriks et al. (*Five-Factor Personality Inventory*) sind deutlich zu umfangreich für die Befragung (> 100 Testfragen).[289]In Anbetracht der relativ zeitintensiven Bearbeitungsdauer der aufgeführten Fragebögen[290] wurde bereits der Versuch unternommen, verkürzte Versionen zu entwickeln. Um das umfangreiche NEO-PI-R (240 *Items*) handhabbarer zu gestalten, verkürzten Costa/McCrae dieses und entwickelten das *NEO Five-Factor Inventory* (*NEO-FFI*), das insgesamt nur noch 60 Items enthält.[291] Das *Big Five Inventory* (*BFI*) von John/Donahue/Kentle reiht sich in diese Entwicklung ein und umfasst 44 Items.[292] Für Untersuchungen, die starken zeitlichen Restriktionen unterliegen und bei denen die Erfassung der Persönlichkeitsfaktoren nur einen Teilaspekt der Untersuchung darstellt, erscheinen jedoch selbst diese Verfahren noch zu umfangreich. Um den zeitlichen Anforderungen gerecht zu werden, wurden sehr kurze Fragebögen entwickelt, die binnen weniger Minuten zu beantworten sind. Dazu zählen beispielsweise das *Ten-Item Personality Inventory* von Gosling/Rentfrow/Swann (2003) oder das BFI-10 von Rammstedt/John (2007), die jeweils 10 Items (pro Faktor zwei) beinhalten und für englischsprachige Probanden entwickelt wurden.

Im Rahmen der Arbeit wird zur Messung der Persönlichkeitsfaktoren auf die deutsche Übersetzung des BFI-10 von Rammstedt et al. (2012) zurückgegriffen, da sich Vorteile aus deren Verwendung insbesondere hinsichtlich Bearbeitungsumfang und Sprache ergeben. Das BFI-10 ist zudem in der Lage, umfassendere Messskalen (wie zum

---

289 Vgl. hierzu in der genannten Reihenfolge der Instrumente Costa/McCrae (1992a), Goldberg (1999) und Hendriks/Hofstee/De Raad (1999). *NEO* ist dabei ein Akronym und setzt sich aus den Anfangsbuchstaben von Neurotizismus, Extraversion und Offenheit für Erfahrungen zusammen.

290 Die Beantwortung des NEO-PI-R-Fragebogens dauert dabei durchschnittlich circa eine halbe Stunde, vgl. Ostendorf/Angleitner (2004).

291 Vgl. Costa/McCrae (1992a). Vgl. Borkenau/Ostendorf (1993) für die deutsche Version des NEO-FFI.

292 Vgl. John/Donahue/Kentle (1991).

Beispiel das BFI oder das NEO-PI-R) hinreichend gut abzubilden.[293] Die Anforderungen an die Kriterien Objektivität, Validität und Reliabilität können grundsätzlich als erfüllt angesehen werden. Für die Antworten der Probanden steht eine fünfstufige *Likert-Skala* von 1 („trifft überhaupt nicht zu") bis 5 („trifft voll und ganz zu") zur Verfügung. Zudem liegen für die deutsche Version des BFI-10 Vergleichswerte einer deutschen Stichprobe vor.[294] Im Rahmen der Befragung wird das komplette BFI-10 zur Erfassung der fünf Persönlichkeitsfaktoren eingesetzt.[295] Obwohl dabei im Rahmen der Befragung ausschließlich die Faktoren Extraversion und Neurotizismus von Interesse sind, werden die drei verbleibenden Faktoren ebenfalls erfasst, da eine Veränderung des Erhebungsinstruments (durch Entfernen der restlichen Items) unter Umständen die Vergleichbarkeit mit den Referenzwerten sowie das Antwortverhalten der Teilnehmer (gegebenenfalls durch eine Änderung der Reihenfolge) beeinflusst hätte.

7.1.4 Messung weiterer personenbezogener Eigenschaften

Wie in Kapitel 7.1.1 beschrieben werden neben den Persönlichkeitsfaktoren Extraversion und Neurotizismus die internale und externale Kontrollüberzeugung der Probanden sowie ihre positiven und negativen Affekte gemessen. Als soziodemografische Variablen werden das Alter und das Geschlecht der Probanden erfasst. Im Folgenden wird kurz erläutert, welche Messmethoden zum Einsatz kommen. Aus den erörterten Gründen werden Kurzskalen in deutscher Sprache verwendet.

---

293 Rammstedt/John (2007) finden beispielsweise zwischen dem BFI-10 (englische Version) und dem BFI hohe Korrelationen für Extraversion (0,89) und Neurotizismus (0,86).

294 Vgl. Rammstedt (2007), Rammstedt et al. (2012).

295 Vgl. Anhang 2, Abschnitt C im Fragebogen. Die Items 4 und 9 erfassen Neurotizismus, Extraversion wird durch die Items 1 und 6 erfasst. Die Items 1 und 4 sind dabei jeweils inverse Items. Das bedeutet, dass hohe Antwortwerte bei diesen Fragen auf niedrige Werte in den Persönlichkeitsfaktoren hindeuten.

Kontrollüberzeugung (Anhang 1, Abschnitt D)

Die internale beziehungsweise externale Kontrollüberzeugung wird mit der von Kovaleva et al. (2012) entwickelten Kurzskala *Internale-Externale-Kontrollüberzeugung-4* (IE-4) gemessen. Dieses Instrument besteht aus zwei Subskalen, die zur Messung der internalen und externalen Kontrollüberzeugung dienen. Insgesamt besteht die Messskala aus zwei Items je Subskala. Die Erfassung mit der IE-4-Skala kann empirisch als reliabel und valide eingestuft werden.[296] Die IE-4-Skala verwendet ebenfalls eine fünfstufige Likert-Skala von 1 („trifft gar nicht zu") bis 5 („trifft voll und ganz zu").

Positive und negative Affekte (Anhang 2, Abschnitt E)

Zur Messung der positiven und negativen Affekte wird die deutsche Version der *Positive and Negative Affect Schedule* (PANAS) von Krohne et al. (1996) verwendet. Als Grundlage dient die englische Version von Watson/Clark/Tellegen (1988). Positive wie negative Affekte werden dabei mit jeweils zehn Items erfasst. Zugunsten einer Verringerung der Befragungsdauer werden jeweils nur drei Items (insgesamt somit sechs Items) ausgewählt. Die Items werden im Hinblick darauf ausgewählt, dass die Probanden diese Gefühle im Kontext der Befragung beziehungsweise des Experiments auch tatsächlich empfinden können.[297] Der ursprüngliche Fragebogen von Krohne et al. (1996) bietet dabei die Möglichkeit, dass Probanden ihre Gefühlszustände in Bezug auf bestimmte zeitliche Perioden (zum Beispiel im Moment, heute, in den letzten Tagen) oder im Allgemeinen einschätzen. Für die Erfassung der Gefühlszustände der Teilnehmer wird die zeitliche Ebene in der Version „im Moment" gewählt, da vermutet wird, dass die aktuelle emotionale Verfassung der Teilnehmer den größten Einfluss auf das Verhalten während der Befragung bezie-

---

296 Vgl. die Ergebnisse dazu in Kovaleva et al. (2012).

297 Es wird zum Beispiel die Eigenschaft „stolz" ausgeschlossen, da diese kaum einen Bezug zu der Befragung aufweist, wohingegen sich die Teilnehmer durchaus als „interessiert" oder „nervös" einstufen könnten.

hungsweise dem Experiment hat.[298] Die Antwortskala ist ebenfalls fünfstufig von 1 („gar nicht") bis 5 („äußerst") konzipiert.

7.1.5 Messung von Risikoeinstellung, Risikowahrnehmung und Renditeerwartung

Die individuelle Risikoeinstellung wird mit zwei verschiedenen Methoden gemessen, zum einen per Selbsteinschätzung der Teilnehmer hinsichtlich ihrer Risikobereitschaft[299] und zum anderen mit der Ermittlung von Sicherheitsäquivalenten[300]. Da die Messung der individuellen Risikoeinstellung grundsätzlich als methodisch schwierig einzustufen ist, werden zwei unterschiedliche Methoden eingesetzt, um die Risikoeinstellung möglichst verlässlich zu messen.[301] Die Messung der Risikowahrnehmung und der Renditeerwartung der Teilnehmer wird im Kontext hypothetischer Anlageentscheidungen vorgenommen.[302] Im Folgenden erfolgt eine kurze Erläuterung des jeweiligen Fragebogendesigns.

Risikoeinstellung (Anhang 2, Abschnitte F und J)

Zum einen erfolgt die Messung der Risikoeinstellung per Selbstbeurteilung. Demnach sollen die Teilnehmer ihre Bereitschaft, Risiken im Rahmen von Geldanlagen einzugehen, einschätzen. Ein ähnliches Verfahren wurde unter anderem im Rahmen der Erhebung des *Sozio-oekonomischen Panels* (*SOEP*) aus dem Jahr 2004 eingesetzt.[303] Die Teilnehmer können den Grad ihrer Risikobereitschaft von 1 („sehr geringe Bereitschaft") bis 5 („sehr hohe Bereitschaft") angeben. Die fünfstufige Skala wird dabei aus Gründen der Vereinheitlichung bei-

---

298 Vgl. dazu auch Lo/Repin/Steenbarger (2005), die emotionale Zustände in ihrem Experiment auf Tagesbasis messen.

299 Vgl. Nosić/Weber (2010), Dohmen et al. (2011). Vgl. Anhang 2, Abschnitt F.

300 Vgl. Schoemaker/Hershey (1992), Krahnen/Rieck/Theissen (1997a, b), Altmann/Dohmen/Wibral (2008), Nosić/Weber (2010), Becker et al. (2012). Vgl. Anhang 2, Abschnitt J.

301 Vgl. Krahnen/Rieck/Theissen (1997a, b), Oehler (1998c).

302 Das grundsätzliche Design orientiert sich an Nosić/Weber (2010).

303 Vgl. zum Beispiel Nosić/Weber (2010) oder Dohmen et al. (2011), die ebenfalls dieses Design verwenden.

behalten. Das Design zeichnet sich grundsätzlich durch eine leichte Verständlichkeit sowie kurze Bearbeitungsdauer aus.

Zum anderen wird die Risikoeinstellung mit der Sicherheitsäquivalenzmethode im Rahmen von unterschiedlichen Lotterieentscheidungen gemessen, wobei die Lotterien vorgegeben sind und aus den Entscheidungen der Teilnehmer das Sicherheitsäquivalent ermittelt wird. Diese Form der Messung stellt ein erprobtes Design dar und ist in der Literatur weit verbreitet.[304] Den Teilnehmern wird dazu ein hypothetisches Würfelspiel beschrieben, welches die Vergütung für ihre Teilnahme an einem Experiment festlegt. Falls sie die Zahlen 1, 2, oder 3 würfeln, bekämen sie keine Auszahlung. Bei den Zahlen 4, 5, oder 6 würden sie hingegen zehn Euro erhalten. Daneben können sie auf das Würfeln verzichten und eine sichere Auszahlung erhalten, die von einem Euro bis neun Euro (in Ein-Euro-Schritten) variiert. Ein Teilnehmer hat demnach neun Entscheidungssituationen, bei denen er jeweils zwischen verschieden hohen sicheren Zahlungen und dem Würfeln entscheiden muss. Falls zum Beispiel ein Teilnehmer die sichere Zahlung von einem Euro gegenüber dem Würfelspiel bevorzugt (der Erwartungswert liegt bei fünf Euro), deutet dies auf einen hohen Grad an Risikoaversion hin. Das Sicherheitsäquivalent lässt sich aus den Entscheidungen der Teilnehmer ableiten (nämlich dem Wechsel von der Lotterie zur sicheren Auszahlung) und gibt den Betrag an, zu dem ein Teilnehmer bereit ist, auf die Lotterie zu verzichten.[305]

Renditeerwartung (Anhang 2, Abschnitte G bis I)

Um die Renditeerwartung der Teilnehmer zu ermitteln, sollen diese für jeweils drei Aktien Schätzintervalle (wahrscheinlichste Schätzung sowie obere/untere Grenze) angeben, in der sich der tatsächliche Kurs in einem Jahr mit hoher Wahrscheinlichkeit befinden wird. Basierend auf der Schätzung der Aktienkurse wird in Anlehnung an Keefer/Bodily (1983) die Renditeerwartung der Teilnehmer berechnet.[306] Dazu wird den Teilnehmern jeweils die Kursentwicklung von drei

304 Vgl. Schoemaker/Hershey (1992), S. 398.
305 Vgl. dazu Laux/Gillenkirch/Schenk-Mathes (2012), S. 199ff.
306 Vgl. Kapitel 9.2.

Aktien der letzten fünf Jahre gezeigt.[307] Im Gegensatz zum Design von Nosić/Weber (2010) werden anonymisierte Unternehmensnamen (Aktie 1, 2, und 3) gewählt, um die Teilnehmer nicht bei Ihren Schätzungen zu beeinflussen. In Anlehnung an Glaser et al. (2007) wird jeweils eine Aktie mit einem aufwärts-, seitwärts- und abwärtsgerichteten Preistrend gewählt.[308] Ein Aufwärtstrend (Abwärtstrend) liegt vor, falls der Schlusskurs deutlich (mehr als 30%) über (unter) dem Startkurs vor fünf Jahren liegt. Zudem findet die Standardisierungsmethodik von Lawrence/O'Connor (1993) Anwendung, wonach der Schlusskursstand circa in der Mitte des Charts liegt und der Kursverlauf circa 40% der absoluten vertikalen Höhe des Diagramms abdeckt. Somit soll ausgeschlossen werden, dass Teilnehmer das obere und untere Ende des Charts als Begrenzung ansehen und ihre Schätzungen dadurch beeinflusst werden. Um mögliche Framingeffekte durch die Reihenfolge der Präsentation der Aktien auf die Kursschätzungen der Aktien zu vermeiden, unterscheidet sich die Reihenfolge je Teilnehmergruppe.[309] Weiterhin wird die absolute Höhe der Kursschätzungen variiert, um einen möglichen Einfluss des Kursniveaus auf die Schätzung zu eliminieren. Ein Teil der Probanden gibt Schätzungen für Aktien ab, deren Schlusskurs jeweils bei 31 Euro (Aufwärtstrend), 29 Euro (Seitwärtstrend) oder 27 Euro (Abwärtstrend) liegt, während der andere Teil Kurse für Aktien schätzen soll, deren Schlusskurs jeweils bei 310 Euro (Aufwärtstrend), 290 Euro (Seitwärtstrend) oder 270 Euro (Abwärtstrend) liegt. Bis auf die verschiedenen Kursniveaus weisen alle Aktien exakt identische Kursverläufe auf.

Risikowahrnehmung (Anhang 2, Abschnitte G bis I)

Die Risikowahrnehmung der Teilnehmer wird im gleichen Kontext wie die Ermittlung der Renditeerwartung gemessen. Dabei werden die Teilnehmer gefragt, wie sie das Anlagerisiko je Aktie beurteilen. Die Teilnehmer sollen dabei auf einer Likert-Skala von 1 („überhaupt kein

---

307 Die Kursreihen spiegeln dabei reale Kursreihen von Aktien wider, die an der Frankfurter Wertpapierbörse gehandelt werden, vgl. hierzu auch Oehler (1995), S. 227.

308 Vgl. auch Oehler (1995).

309 Die einzelnen Gruppen umfassen dabei 20 bis 39 Studierende.

Risiko“) bis 5 („sehr hohes Risiko“) ihre Einschätzung abgeben. Höhere Werte auf der Skala bedeuten eine höhere Risikowahrnehmung.[310] Im Gegensatz zu Nosić/Weber (2010), die eine Skala von 0 bis 10 verwenden, wird wiederum eine fünfstufige Skala verwendet. Dies geschieht in Anlehnung an die vorherigen verwendeten Erhebungsskalen. Das Design soll somit möglichst einheitlich und klar verständlich gehalten werden.

7.2 Methodik des Experiments

7.2.1 Zielsetzung

Die Durchführung des Experiments dient zur Untersuchung der verbleibenden Forschungsleitfragen. Wie auch bei der Befragung liegt der Fokus aus den erörterten Gründen auf den Faktoren Extraversion und Neurotizismus.[311] Die Forschungsleitfragen adressieren zum einen den Einfluss der Persönlichkeitsfaktoren auf das individuelle Risikoverhalten der Anleger (Forschungsleitfragen 2 und 3) und zum anderen den Einfluss von Extraversion und Neurotizismus auf das Marktergebnis der Aktienmärkte (Forschungsleitfrage 4).

Im Rahmen von Forschungsleitfrage 2 wird analysiert, ob bei Anleger mit abweichenden Ausprägungen in Extraversion und Neurotizismus auch Unterschiede in der Zusammensetzung ihrer Portfolios ersichtlich sind. Die Portfolios werden dahingehend analysiert, welcher Teil des Vermögens in (risikoreiche) Aktien investiert wird. Forschungsleitfrage 3 fokussiert auf die Analyse des Handelsverhaltens von Anlegern. Das Handelsverhalten wird dabei in Abhängigkeit von der Höhe der Aktienpreise analysiert.

Analog zu Forschungsleitfrage 1 werden ebenfalls die bereits dargestellten weiteren personalen Charakteristika von Anlegern erfasst,

---

310 Vgl. Weber/Hsee (1998) oder Pennings/Wansink (2004), die ebenfalls Likert-Skalen einsetzen, um die Risikowahrnehmung von Personen zu messen.

311 Es werden abermals alle Faktoren erfasst. Dies hat Bedeutung für die Untersuchung der vierten Forschungsfrage, da im Rahmen der empirischen Auswertungsmethodik unter anderem auf alle fünf Faktoren zurückgegriffen wird.

die einen Einfluss auf das Risikoverhalten haben[312]. Abbildung 5 gibt einen Überblick über das Strukturmodell, das den empirischen Analysen zugrunde liegt und grenzt die Zielsetzung des Experiments in Bezug auf die Forschungsfragen ab. Die Pfeilrichtungen verdeutlichen die vermuteten Wirkungszusammenhänge.

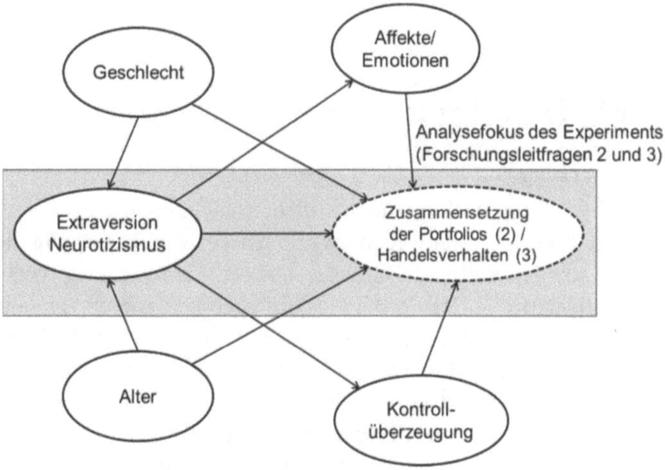

Abbildung 5: Einflussfaktoren auf das Risikoverhalten von Anlegern[313]

Forschungsleitfrage 4 legt den Fokus der Betrachtung auf das Marktergebnis. Es soll dabei untersucht werden, ob Unterschiede in der Persönlichkeit von Marktteilnehmern zu unterschiedlichen Marktergebnissen führen. Die Analyse fokussiert darauf, ob Preisübertreibungen und Abweichungen vom „Fundamentalwert" der Finanztitel (sogenannte Preisblasen) durch die Persönlichkeitsfaktoren erklärt

312 Die Zusammensetzung der Portfolios sowie das Handelsverhalten in Abhängigkeit der Aktienpreise sind dabei wesentliche Komponenten des Risikoverhaltens, da sowohl die Preiseentwicklung als auch die Dividendenzahlungen der Aktien Unsicherheit unterliegen.

313 Quelle: Eigene Darstellung.

werden können.[314] Es steht demzufolge nicht mehr speziell das individuelle Verhalten der Marktteilnehmer im Vordergrund, sondern die Interaktion dieser und die daraus resultierenden Auswirkungen auf den Markt (in Form der Preisbildung und des Handelsvolumens).

Um alle Forschungsleitfragen untersuchen zu können, wird der computergestützte Aktienmarkt grundsätzlich nach dem Design von Smith/Suchanek/Williams (1988) modelliert. Im Folgenden wird das Experimentdesign der vorliegenden Arbeit dargestellt und erläutert. Vorangestellt finden dabei eine kurze Erörterung des grundsätzlichen Verwendungszwecks von Experimenten sowie eine Diskussion grundsätzlicher Kritikpunkte an Experimenten sowie an deren Ausgestaltung und Durchführung statt. Das verwendete Experimentdesign wird unter anderem im Kontext dieser Aspekte dargestellt und diskutiert.

7.2.2 Experimentdesign

In diesem Kapitel erfolgt zunächst eine grundsätzliche Erläuterung der Anforderungen, die an Experimente gestellt werden. Daran anschließend wird das Experimentdesign dargestellt und im Kontext der zuvor diskutierten Anforderungen erläutert.[315] Das Gesamtdesign des Experiments setzt sich aus einer vorgeschalteten schriftlichen Befragung zur Erfassung der persönlichen Charakteristika der Teilnehmer sowie dem computerbasierten Aktienmarkt zusammen.

Interne und externe Validität

An den Aufbau sowie die Durchführung von Experimenten werden strenge wissenschaftliche Maßstäbe angelegt. Für die Beurteilung werden insbesondere die Kriterien der *internen* und *externen Validität* herangezogen.[316] Die interne Validität hat aus methodischer Sicht besondere Bedeutung und adressiert die Frage nach der Gültigkeit

---

314 Der sogenannte Fundamentalwert entspricht dabei dem Erwartungswert zukünftiger Zahlungsströme in Form von Dividendenzahlungen, die dem Anleger von der Aktie zufließen. Vgl. zur genauen Bestimmung den Unterpunkt *Ausgestaltung des computerbasierten Aktienmarkts* in Kapitel 7.2.2.

315 Vgl. dazu im Detail die Kapitel 7.3 und 7.4.

316 Vgl. dazu grundlegend Schram (2005), Bastini/Kasperzak (2013), S. 627–629, Weimann (2015), S. 240–243 sowie die anschauliche Erklärung der Problematik in Guala (2002), S. 262.

beziehungsweise Verlässlichkeit der mit dem Experiment zu überprüfenden Zusammenhänge zwischen abhängigen und unabhängigen Variablen. Die Erfüllung einer hinreichenden externen Validität[317] des Versuchsaufbaus gewährleistet, dass die ermittelten Kausalzusammenhänge unter Laborbedingungen auf die Realität übertragbar und anwendbar sind.[318] Dabei stehen externe und interne Validität in einem *Trade-Off* zueinander. Um die interne Validität sicherzustellen, bedarf es einer sorgfältig theoretisch begründeten Auswahl an Variablen und somit einer engen Abgrenzung der experimentellen Rahmenbedingungen. Jedoch sinkt mit der beschriebenen Fokussierung auf wenige Einflussfaktoren gleichzeitig die Übertragbarkeit auf reale ökonomische Situationen und die Erfüllung der externen Validität erscheint fragwürdig.[319] Der Wert von Experimenten liegt aber gerade in der Einfachheit der Darstellung der Entscheidungssituationen sowie dem Einbezug weniger erklärender Variablen, um kausale Wirkungszusammenhänge zu entdecken.[320]

Gerade die Übertragbarkeit experimenteller Ergebnisse und Zusammenhänge auf das reale ökonomische Geschehen wird seitens der Kritiker von Experimenten bemängelt.[321] Es wird dabei behauptet, dass die unter Ausschluss zahlreicher Einflussfaktoren ermittelten Forschungsergebnisse im Labor nur bedingt auf die weitaus komplizierteren realen ökonomischen Sachverhalte anwendbar seien. Levitt/List (2007, 2008) vertreten diese Meinung und führen eine Reihe von Kritikpunkten an Experimenten auf, unter anderem die geringe Bezahlung der Probanden, die Nichtrepräsentativität der Versuchspersonen[322] sowie die Beobachtung der Versuchspersonen, die einen

---

317 Für den Begriff *externe Validität* hat sich dabei der Begriff *Parallelismus* von Smith (1976, 1982) eingebürgert. Guala (1999) sieht hierbei Parallelismus nur als eine schwache Form der externen Validität an, vgl. Guala (1999), S. 569f.

318 Vgl. Guala (1999), S. 555f., Loewenstein (1999), F26.

319 Vgl. Siakantaris (2000), S. 273f.

320 Vgl. Bronner (1993), S. 741. Schram (2005) merkt an, dass wohl die Mehrheit der Ökonomen die interne Validität als wichtigstes Kriterium ansieht, vgl. Schram (2005), S. 225.

321 Vgl. Guala (2002), S. 261, Schram (2005), S. 227. Vgl. dazu auch die Diskussion in Siakantaris (2000), S. 269–273.

322 Vgl. dazu ausführlich die Diskussion im folgenden Kapitel.

Einfluss auf das Verhalten der Versuchspersonen ausüben würde.[323] Die Kritikpunkte sind wiederum Gegenstände von Experimenten.[324] Es lässt sich dabei konstatieren, dass eine Übertragbarkeit experimenteller Ergebnisse auf die Realität grundsätzlich möglich scheint, es jedoch auch Einschränkungen gibt, die je nach Experimentdesign unterschiedlicher Art sein können.[325] Die Ergebnisse von Herbst/Mas (2015) stützen diese Annahme grundlegend. Sie vergleichen in ihrer Arbeit die Ergebnisse von Experimenten mit denen von Feldstudien und finden für beide Designs nahezu identische Ergebnisse. Diesbezüglich schlussfolgern die Autoren, dass *„laboratory experiments have more external validity than previously recognized.“*[326]

Weiterhin steht der Kritik in Bezug auf die externe Validität von Experimenten das Argument entgegen, dass die Übertragbarkeit von Experimenten auf das reale ökonomische Geschehen per se nicht gefordert werden kann, falls die Übertragbarkeit der Theorien, die mit Experimenten überprüft werden, ebenfalls nur eingeschränkt oder nicht möglich ist, da gegebenenfalls relevante (externe) Einflussfaktoren unberücksichtigt bleiben.[327] Diesen Zusammenhang stützt auch der Denkansatz, die rigide Forderung nach externer Validität durch den abgeschwächten Ansatz des Parallelismus zu ersetzen. In Verbindung mit der begrenzten Übertragbarkeit vieler ökonomischer Theorien sollte sich der Maßstab der Übertragbarkeit von experimentellen Ergebnissen nur auf gewisse Variationen von Rahmenbedingungen beziehen und nicht der Anspruch gestellt werden, diese auf alle denkbar möglichen Umweltzustände zu projizieren.[328]

---

323 Vgl. dazu auch Weimann (2015), S. 240–243.

324 Vgl. zum Beispiel Bolton/Katok/Zwick (1998), Barmettler/Fehr/Zehnder(2012), die zeigen, dass eine Beobachtung von Probanden im Labor nur wenig Einfluss auf ihr Verhalten zu haben scheint.

325 Vgl. Weimann (2015), S. 241.

326 Herbst/Mas (2015), S. 549.

327 Vgl. Plott (1982), S. 1520f., Smith (1982), S. 936f.

328 Vgl. Friedman/Sunder (1994), S. 15f., Guala (1999), S. 568–570 und die Diskussion dazu in Guala (2002), S. 261–264.

Ausgestaltung des Fragebogens

Mit Beginn des Experiments bekommen die Teilnehmer eine kurze Erläuterung bezüglich des Ziels des Experiments und allgemeine Informationen (zum Beispiel Hinweise bezüglich ihrer Vergütung für die Teilnahme oder zum Ablauf des Experiments) ausgeteilt. Damit verbunden ist der Fragebogen zur Erfassung der persönlichen Charakteristika der Teilnehmer.[329] Der Fragebogen dient der Erfassung der Persönlichkeitsfaktoren, der soziodemografischen Faktoren, der Emotionen sowie der Kontrollüberzeugung der Teilnehmer. Im Sinne einer zeiteffizienten Durchführung des Experiments werden dieselben Skalen wie bei der Befragung verwendet.[330] Es wird zudem die Identifikationsnummer des PC-Bildschirms, vor dem der jeweilige Teilnehmer sitzt, erfasst. Dies ermöglicht eine Zuordnung der Ergebnisse des Fragebogens zu den jeweiligen Transaktionen des Teilnehmers, die im Rahmen des computerbasierten Aktienmarkts durchgeführt werden.[331]

Ausgestaltung des computerbasierten Aktienmarkts

Der computerbasierte Aktienmarkt orientiert sich grundsätzlich an dem Design von Smith/Suchanek/Williams (1988) und wird mit der Software *z-Tree* (Fischbacher 2007) erstellt und durchgeführt.[332] Das Design soll für die Teilnehmer möglichst einfach und leicht verständlich gestaltet sein.[333] Tabelle 3 gibt einen Überblick über die wichtigsten Parameter des Aktienmarkts.[334]

---

329 Vgl. Anhang 2, Abschnitte A bis E.

330 Vgl. die Beschreibung in den Kapiteln 7.1.3 und 7.1.4.

331 Vgl. dazu auch Kapitel 10.1.

332 Vgl. Fischbacher/Bendrick/Schmid (2015) zur Beschreibung von z-Tree.

333 Zusätzliche Parameter wie zum Beispiel Leerverkäufe von Aktien oder eine Überziehung des Kontostandes werden per se ausgeschlossen.

334 Vgl. dazu die Umsetzung in z-Tree in Anhang 1.

Tabelle 3: Parameter des computerbasierten Aktienmarkts

Parameter	Umsetzung
Preismechanismus	Doppelseitige Auktion
Handelsmechanismus	Keine Leerverkäufe und negative Kontostände möglich; während den Handelsrunden können jederzeit Orders aufgegeben werden; unterschiedliche Preise je nach Transaktionspartner
Informationsstruktur	Dividendenstruktur und Bid-/Ask-Kurse der Teilnehmer sind für alle Teilnehmer öffentlich sichtbar (offenes Orderbuch)
Dividendenstruktur	Mögliche Dividende je Aktie und Handelsrunde: 0, 8, 28, oder 60 Einheiten der Experimentalwährung (*Gulden*); Eintrittswahrscheinlichkeit = 25%
Risikolose Vergütung	0,1% auf den durchschnittlichen Kassenbestand je Handelsrunde; insgesamt somit 1,5% für alle Handelsrunden
Finanzielle Ausstattung zum Start des Aktienmarkts	3.000 Einheiten der Experimentalwährung zuzüglich 5 Aktien
Finanzielle Ausstattung zum Ende des Aktienmarkts	Kassenbestand + Dividenden +/- Handelsgewinne/-verluste; die Aktien verfallen nach der letzten Handelsrunde wertlos
Anzahl der Handelsrunden	15
Dauer je Handelsrunde	1 Minute
Teilnehmerzahl je Experiment	15 bis 23 Teilnehmer je Aktienmarkt
Vergütungsstruktur	Fixe sowie anreizorientierte Vergütung (Umrechnung: 1.000 Einheiten der Experimentalwährung = 1 Euro)

Die Teilnehmer erhalten zu Beginn des Experiments detaillierte Informationen bezüglich der Funktionsweise und der Bedienung des computerbasierten Aktienmarkts (vgl. Anhang 4). Der Marktmechanismus, über den die Teilnehmer die Aktien handeln, ist als ein zweiseitiges Auktionssystem ausgestaltet.[335] Der Preismechanismus stellt somit eine Abkehr von der neoklassischen Sicht dar, dass Marktteilnehmer Preisnehmer sind, die die Preise nicht beeinflussen können.[336] Diese Abkehr von der Neoklassik und der Realität an Finanzmärkten ist darin begründet, dass die endogene Preisdeterminierung und die damit verbundene Interaktion der Teilnehmer für die Untersuchung der Hypothesen notwendig sind.[337] Die Teilnehmer können während den Handelsrunden zu jeder Zeit Verkaufsgebote abgeben und Kaufangebote annehmen. Die Handelspreise der Aktien kommen durch den individuellen Austausch zwischen Käufer und Verkäufer zustande und können innerhalb der Handelsrunden unterschiedlich hoch sein. Zahlreiche experimentelle Untersuchungen mit einem ähnlichen Design zeigen, dass sich Aktienpreise ergeben, die vom Erwartungswert der zukünftigen Zahlungsströme (Dividendenzahlungen) abweichen.[338] Alle Teilnehmer verfügen über dieselben Informationen, nämlich die Angebots-, Nachfrage- und realisierten Handelspreise der Aktie je Periode (offenes Orderbuch) sowie die Dividendenstruktur. Mit Hilfe der vorgegebenen Dividendenstruktur lässt sich der fundamentale Wert der Aktie ableiten. Nach jeder Handelsrunde wird eine per Zufallsmechanismus ermittelte Dividende (0, 8, 28 oder 60 Einheiten der Experimentalwährung) pro Aktie an die Teilnehmer gezahlt.[339] Die Höhe der Dividendenzahlung wird zufällig von der Software bestimmt (jede Ausprägung kann mit der gleichen Eintrittswahrscheinlichkeit von 25% vorkommen). Der Erwartungswert der Dividende pro Aktie und Handelsrunde liegt demnach bei 24. Die Dividenden werden den Teilnehmern nach jeder Runde auf ihrem Konto gutgeschrieben. Der näherungsweise bestimmbare Fundamen-

335 Vgl. hierzu auch Smith (1962).

336 Vgl. zum Beispiel Oehler (2000b), S. 979, Oehler (2005b), S. 29.

337 Vgl. dazu die untenstehenden Ausführungen in Bezug auf die Vorteilhaftigkeit des Versuchsdesigns.

338 Vgl. zum Beispiel Smith/Suchanek/Williams (1988), Caginalp/Porter/Smith (2001), Ackert et al. (2006), Haruvy/Noussair (2006), Breaban/Noussair (2013), Andrade/Lin/Odean (2016). Vgl. Palan (2013a, b) für einen Überblick.

339 Als Experimentalwährung wird den Teilnehmern *Gulden* kommuniziert. Auf die Deklarierung mit einer realen Währung wie Euro wird bewusst verzichtet, um eine Beeinflussung der Teilnehmer zu vermeiden.

talwert der Aktie (V_t) je Periode lässt sich aus den erwarteten zukünftigen Dividendenzahlungen der Aktie ableiten und kann wie folgt berechnet werden.

$$(V_t) = 24 * (\mathrm{T} + 1) - (24 * \mathrm{t}) = 384 - 24 * \mathrm{t} \qquad (1)$$

wobei t die Anzahl an absolvierten Handelsrunden angibt und T für die Gesamtzahl der Handelsrunden steht. Am Anfang der ersten Handelsrunde liegt der Fundamentalwert demnach bei 360 ($= 24 * 16 - 24 * 0$). Die Aktien verfallen wertlos nach der letzten Handelsrunde. Um Missverständnisse und Unklarheiten seitens der Teilnehmer zu vermeiden, wird eine tabellarische Aufstellung bezüglich der Bestimmung des Fundamentalwerts der Aktie je Handelsrunde in die vorab verteilten Instruktionen an die Teilnehmer aufgenommen (vgl. Anhang 4). Insgesamt finden 15 Handelsrunden statt, wobei die Dauer je Handelsrunde 1 Minute beträgt.[340] Nach Ablauf der Zeit ist in der jeweiligen Handelsrunde kein Handel unter den Teilnehmern mehr möglich.

Jeder Teilnehmer erhält die gleiche Anfangsausstattung in Form von 3.000 Einheiten der Experimentalwährung sowie fünf Aktien.[341] Auf ihren jeweiligen Kassenbestand erhalten die Teilnehmer eine minimale Verzinsung von 0,1% je Handelsrunde.[342] Die Verzinsung des Kassenbestandes stellt somit eine Art risikolose Verzinsung dar, wohingegen eine Anlage in Aktien aufgrund der Unsicherheiten bezüglich der Höhe der Dividendenzahlungen sowie der Preisentwicklung mit einem Risiko behaftet ist. Zwischen den Handelsrunden sowie am Ende der letzten Runde erhalten die Teilnehmer jeweils eine Auflistung über die Höhe ihres aktuellen Kassenbestandes, die Anzahl

---

340 In Anlehnung an Caginalp/Porter/Smith (2001) oder Breaban/Noussair (2013), bei denen eine Handelsrunde zwei Minuten beträgt. Zugunsten einer kürzeren Dauer des Experiments wird die Dauer einer Handelsrunde auf 1 Minute festgesetzt.

341 Vgl. in Anlehung an Breaban/Noussair (2013), die die Teilnehmer mit jeweils 5.000 Einheiten der Experimentalwährung sowie fünf Aktien ausstatten. Ein höherer Bestand an Geldmitteln im Vergleich zum Wert der Aktien scheint sich dabei positiv auf das Ausmaß der Abweichungen vom Fundamentalwert auszuwirken, vgl. den Überblick dazu in Palan (2013 a), S. 576f.

342 Die Verzinsung beträgt somit circa 1,5% für sämtliche Handelsrunden.

der gehaltenen Aktien sowie ihr Einkommen aus Dividenden und Zinsen. Ihr Kassenbestand am Ende der letzten Handelsrunde ergibt sich aus der Höhe des Kassenbestandes am Anfang des Aktienmarkts, dem Einkommen aus Dividenden und Zinsen sowie ihrem Handelsergebnis (Gewinne oder Verluste ihrer Käufe und Verkäufe von Aktien). Insgesamt dauert das Experiment (Fragebogen und computerbasierter Aktienmarkt) circa 45 Minuten.

Bei der Mehrzahl der Studien, die sich des grundlegenden Experimentdesigns von Smith/Suchanek/Williams bedienen, bilden weniger als 15 Probanden einen Markt.[343] Im Rahmen der Arbeit wird eine größere Teilnehmerzahl je Aktienmarkt verwendet. Dies ist darin begründet, dass vermieden werden soll, dass ein einzelner Teilnehmer einen zu großen Einfluss auf den Handel am Markt ausübt. Die Wahrscheinlichkeit, dass dies passiert, ist bei einer größeren Anzahl an Teilnehmern geringer. Letztlich kann dieses Vorgehen auch unter dem Gesichtspunkt der Erreichung eines höheren Grads an externer Validität beurteilt werden, da der einzelne Marktteilnehmer in der Realität kaum in der Lage sein dürfte, einen Einfluss auf den Handel (zum Beispiel in Form der Liquiditätsbereitstellung) auszuüben. Ein Aktienmarkt setzt sich somit aus 15 bis 23 Teilnehmern zusammen. Das grundsätzliche Handelsverhalten der Marktteilnehmer sowie das Marktergebnis scheinen dabei unabhängig von der Marktgröße zu sein.[344] Die unterschiedlichen Teilnehmerzahlen je Aktienmarkt ergeben sich daraus, dass zum Teil vorgesehene Teilnehmer nicht erschienen sind.

Das Experiment wird mit zwei unterschiedlichen Vergütungssystemen durchgeführt. Eine Gruppe der Teilnehmer erhält eine fixe Vergütung in Höhe von fünf Euro, während der andere Teil eine anreizorientierten Vergütung bekommt. 1.000 Einheiten der Experimentalwährung entsprechen einem Wert von einem Euro. Die Höhe der Auszahlung orientiert sich an der Höhe des Kassenbestandes nach der letzten Handelsrunde. Jeder Teilnehmer, der eine anreizorientierte

343 Vgl. zum Beispiel Smith/Suchanek/Williams (1988), Van Boening/Williams/LaMaster (1993), Breaban/Noussair (2013), Andrade/Odean/Lin (2016).

344 Vgl. Palan (2013a), S. 573 und die dort aufgezählten Studien. Williams (2008) verwendet das Design mit einer größeren Anzahl an Teilnehmern (mehr als 300 Personen) über einen längeren Zeitraum (circa 8 Wochen).

Vergütung erhält, wird darüber im Vorfeld in Kenntnis gesetzt und mit den entsprechenden Informationen, wie sich seine Vergütung errechnet, versorgt.[345]

Das grundsätzliche Design von Smith/Suchanek/Williams (1988) wird aus folgenden Gründen adaptiert und als passend für die Modellierung des computerbasierten Aktienmarkts angesehen. Zum einen spiegelt das Design in Bezug auf den Mechanismus einer regelmäßigen Dividendenzahlung reale Finanzprodukte (zum Beispiel Dividendenzahlungen von Aktien oder Zinszahlungen von Anleihen) wider,[346] womit eine gewisse Realitätsnähe (externe Validität) angenommen werden kann. Zum anderen existieren vielfältige Variationen des Grunddesigns von Smith/Suchanek/Williams und es hat sich davon unabhängig als valide erwiesen, dass beim Handeln zwischen den Teilnehmern die Handelspreise teils erheblich den Fundamentalwert der Aktie übersteigen („*Bubble*"), um dann rapide zum Fundamentalwert zurückzukehren beziehungsweise sogar unter diesen fallen („*Crash*").[347] Das Design spiegelt somit eine typische Börsensituation mit Preisübertreibungen und starken Kursrückgängen wider. Anlage- und Handelsentscheidungen in der Realität werden häufig unter Zeitdruck in einem Umfeld stetiger Preisänderungen und vieler, zum Teil widersprüchlicher Informationen getroffen.[348] Diese Situationen rufen bei Anleger oft Stress und Hektik hervor und bedingen das Erleben unterschiedlicher Emotionen (zum Beispiel Freude bei realisierten Gewinnen oder Verzweiflung bei plötzlichen Kurseinbrüchen gekaufter Finanztitel).[349] Durch das Experimentdesign werden somit in Bezug auf die Umgebung (Entscheidungen unter Zeitdruck, viele Informationen in Form von Preisen und Geboten, starke Kursschwankungen, Stresssituation) und die damit verknüpften Emotionen der Teilnehmer eine der Realität angenäherte Börsenumgebung unter Laborbedingungen geschaffen. Natürlich spiegelt der computerbasierte Aktienmarkt dabei nur abstrakt eine reale Börsensituation wider.

---

345 Vgl. Anhang 3 und 4.

346 Vgl. Noussair/Robin/Ruffieux (2001), S. 88.

347 Vgl. Andrade/Odean/Lin (2016), S. 448f. oder Palan (2013a, b) für einen Überblick über verschiedene Gestaltungsformen von Aktienmärkten nach dem Design von Smith/Suchanek/Williams (1988).

348 Vgl. Oehler (1995), S. 46.

349 Vgl. Rothkopf (2003).

Die entsprechende Gestaltung des Informationsumfeldes der Teilnehmer und die Abschottung von weiteren äußeren Einflüssen (zum Beispiel Beeinflussung durch Nachrichten oder das persönliche Umfeld) erlaubt aber eine gezielte Messung des Einflusses der Faktoren Extraversion und Neurotizismus auf das Handelsverhalten der Teilnehmer unter Kontrolle der diskutierten weiteren personalen Einflussfaktoren (interne Validität).

Ein weiterer Vorteil, den das Experimentdesign bietet, ist die Interaktion zwischen den Teilnehmern über den zweiseitigen Auktionsmechanismus. So zeigt sich zum Beispiel der Einfluss des Persönlichkeitsfaktors Extraversion speziell in der Interaktion und dem Verhalten mit und gegenüber anderen Personen.[350] Die Studie von Paulhus/Williams (2002) kommt zu dem Ergebnis, dass zwischen Narzissmus und Extraversion eine positive Beziehung besteht und ist dahingehend zu interpretieren, dass Personen mit höheren Werten in Extraversion sich anderen Personen tendenziell überlegen fühlen und gerne im Wettbewerb zueinander stehen.[351] Der Preismechanismus erfüllt in dieser Hinsicht die Voraussetzungen, dass sich stärker extravertierte Personen dem Wettbewerb mit anderen Teilnehmern stellen können. Es wird angenommen, dass durch den direkten Wettbewerb der Teilnehmer untereinander intrinsische Motivation bei den Teilnehmern erzeugt werden kann, da die Teilnehmer jeweils besser abschneiden wollen als ihre „Konkurrenten“.

Im Folgenden werden die Aspekte bezüglich der Auswahl der Probanden sowie der Wahl der Vergütungsstruktur – die insbesondere im Zusammenhang mit der bereits oben diskutierten externen Validität bedeutend sind – ausführlicher diskutiert.

---

350 Vgl. Pervin/Cervone/John (2005), S. 300, Borghans et al. (2008), S. 983.
351 Vgl. Paulhus/Williams (2002).

7.3 Auswahl der Probanden

Im Hinblick auf die bereits diskutierte Übertragbarkeit experimenteller Ergebnisse auf die Realität, soll bei der Auswahl der Probanden sichergestellt werden, dass diese das Verhalten der Grundgesamtheit (in diesem Fall Anleger an Finanzmärkten) grundsätzlich hinreichend gut abbilden.[352] Im Rahmen der Arbeit, die Aussagen über das Verhalten von Anleger in Finanzmärkten trifft, wird deshalb bei der Auswahl der Versuchspersonen, die am Experiment teilnehmen, darauf geachtet, dass ihre Eigenschaften und Verhaltensweisen grundsätzlich mit denen von realen Anlegern an Finanzmärkten übereinstimmen.

Eine Vielzahl an Experimenten, die ökonomische Zusammenhänge untersucht, greift dabei auf Studierende als Probanden zurück. Dieses Vorgehen ist aufgrund der sich daraus ergebenden Vorteile, wie der geringen Opportunitätskosten, der einfachen Akquise sowie dem schnellen Verständnis dieser den Versuchsablauf sowie der Regeln von Experimenten betreffend, naheliegend.[353] Libby/Bloom-field/Nelson (2002) merken an, dass sich unter anderem im Hinblick auf den Vergleich von experimentellen Ergebnissen durch die leichte Zugänglichkeit von Studierenden Vorteile im Vergleich zur Verwendung professioneller Probanden ergeben, deren Verfügbarkeit sich wesentlich schwieriger gestaltet.[354] Generell stellt sich diesbezüglich jedoch die Frage, ob sich das Verhalten von Studierenden und anderen Probanden, beispielsweise von realen Entscheidungsträgern oder „echten" Anlegern, unterscheidet.[355] Kritiker von Experimenten adressieren diesen Aspekt und hinterfragen, ob vom Verhalten von Studierenden grundsätzlich auf das Verhalten nicht studierender Versuchspersonen

---

352 Vgl. grundsätzlich Oehler (1995), S. 137f. zur Problematik der Auswahl von Probanden.

353 Vgl. Oehler (1995), S. 137f., Falk/Fehr (2003), S. 401.

354 Vgl. Libby/Bloomfield/Nelson (2002), S. 803.

355 Vgl. Fehr/List (2003), S. 744.

geschlossen werden kann.[356] Die empirischen Ergebnisse zu dieser Fragestellung sind jedoch nicht eindeutig.[357]

In der Literatur finden sich in empirischen Untersuchungen durchaus Hinweise dafür, dass zwischen Studierenden und anderen Personengruppen (beispielsweise externen Entscheidungsträgern wie Managern oder professionellen Investoren) zwar Unterschiede im Verhalten bestehen,[358] die Verhaltensweisen hierbei jedoch nicht grundsätzlich gegenläufig sind, sondern meist in die gleiche Richtung, wenn auch in unterschiedlicher Stärke, deuten.[359] Die verhaltenswissenschaftliche Finanzmarktforschung stellt überwiegend fest, dass studentische Versuchspersonen genauso wie andere Marktakteure den gleichen Verhaltensanomalien unterliegen, beispielsweise dem Disposition Effect[360], dem Endowment-Effekt[361] oder Overconfidence[362].

---

356 Vgl. Levitt/List (2007, 2008), Weimann (2015), S. 241. Darüber hinaus wird zudem aufgrund der Freiwilligkeit der Teilnahme an Experimenten ein Selektionseffekt der Teilnehmer unterstellt. Falk/Meier/Zehnder (2013) finden keine Hinweise für eine Selbstselektion der Teilnehmer.

357 Vgl. Weimann (2015), S. 242.

358 Vgl. dazu beispielsweise die Ergebnisse aus dem Bereich des *Behavioral Accounting* von Ashton/Kramer (1980), Cooper et al. (1999) oder aus der Experimentalökonomik von Fehr/List (2004).

359 Dagegen gibt es jedoch auch Hinweise aus dem Bereich der Spieltheorie, dass Studierende grundsätzlich unterschiedliche soziale Präferenzen im Vergleich zu anderen Bevölkerungsgruppen aufweisen, vgl. Cappelen et al. (2015). Vgl. Benz/Maier (2008) oder Falk/Meier/Zehnder (2013), die grundsätzlich ähnliche Tendenzen im sozialen Verhalten bei Personen im Labor und in der Realität entdecken.

360 Oehler (1995) und Weber/Camerer (1998) weisen diesen Effekt beispielsweise für Studierende nach, Locke/Mann (2005), Locke/Onayev (2005) und Frino/Johnstone/Zheng (2004) für professionelle Future-Trader und Odean (1998), Barber/Odean (1999), Shapira/Venezia (2001), Kumar (2009), Glaser/Schmitz (2007) für Broker-Kunden.

361 Vgl. zum Beispiel Oehler (1995), der diesen Effekt für private Anleger (Studierende) und List (2003), der den Endowment-Effekt für professionelle Händler und gewöhnliche Konsumenten nachweist.

362 Vgl. zum Beispiel Kirchler/Maciejovsyky (2002), Biais et al. (2005), Dittrich/Güth/Maciejovsky (2005), Deaves/Lüders/Luo (2009) und Merkle/Weber (2011), die diesen Effekt bei Studierenden finden, Russo/Schoemaker (1992) bei Managern, Odean (1999) und Glaser/Weber (2007) bei privaten Investoren, Deaves/Lüders/Schröder (2010) bei Angestellten institutioneller Investoren oder Elkemali (2014) bei Analysten.

Auch hier zeigen sich zwar zum Teil unterschiedlich starke Beeinflussungen, aber grundsätzlich ergeben sich für alle Gruppen systematische Abweichungen vom erwartungsnutzenmaximierenden Verhalten. Für den computergestützten Aktienmarkt in Anlehnung an das Design von Smith/Suchanek/Williams (1988) werden Hinweise gefunden, dass sich Experten (zum Beispiel Unternehmensmanager oder Trader) ähnlich wie Studierende verhalten und gleiche Marktergebnisse in Form von Preisblasen zu beobachten sind.[363]

Weitere empirische Hinweise deuten darauf hin, dass Ähnlichkeiten zwischen verschiedenen Versuchsgruppen hinsichtlich ihrer Informationsverarbeitung bestehen. Beispielsweise wenden sowohl Experten in der Praxis (*Accounting*[364], *Banking*) als auch MBA-Studenten[365] die Verankerungsheuristik an. Jedoch können sich die Anwendung sogenannter Daumenregeln und daraus folgend das Verhalten von Experten in der Realität und Studierenden im Experiment unterscheiden, falls Experten über mehr Erfahrung verfügen und im Lösen eines speziellen Entscheidungsproblems geübter sind.[366]

Liyanarachchi (2007) weist darauf hin, dass es sich im Hinblick auf die Frage der externe Validität anbietet, Replikationen von Experimenten mit unterschiedlichen Versuchsteilnehmern durchzuführen. Gordon/ Slade/Schmitt (1986) greifen diese Idee wesentlich früher auf und vergleichen verschiedenen Studien, die Experimente mit Studierenden und Nichtstudierenden zum Gegenstand haben. Die Ergebnisse sind jedoch nicht eindeutig.

Es scheinen Unterschiede zu bestehen, die jedoch je nach Studie mehr oder weniger deutlich sind.Insgesamt lässt sich aus den oben genannten Studien ableiten, dass Studierende grundsätzlich ein ähnliches Verhalten zeigen wie nicht studierende Personen.[367] Es kann zudem grundsätzlich angenommen werden, dass beide Gruppen ten-

---

363 Vgl. King et al. (1993). Ackert/Church (2001) identifizieren jedoch Unterschiede zwischen Studierenden eines wirtschaftswissenschaftlichen Studiengangs und Studierenden anderer Studiengänge.

364 Vgl. unter anderem Joyce/Biddle (1981), Kinney/Uecker (1982), Butler (1986).

365 Vgl. Kennedy/Mitchell/Sefcik (1998).

366 Vgl. Weimann (2015), S. 242.

367 Vgl. auch Charness/Fehr (2015), S. 513.

denziell den gleichen „Anomalien" und „Biases" unterliegen und ähnliche Heuristiken bei der Informationsverarbeitung anwenden.

Im Rahmen der Arbeit nehmen sowohl bei der Befragung als auch dem Experiment Studierende der Universität Bamberg teil. Bei den Teilnehmern handelt es sich um Bachelorstudierende, die die Kurse „Unternehmensfinanzierung I/Internationale Unternehmensfinanzierung/Einführung in Finanzierung und Investition" belegen und freiwillig an der Befragung und/oder dem Experiment teilnehmen. Studierende werden als Probanden zum einen aus den bereits erwähnten Vorteilen hinsichtlich der geringen Opportunitätskosten, der einfachen Akquise sowie dem unterstellten schnellen Verständnis hinsichtlich der jeweiligen Thematik in der Befragung sowie dem Experiment (hier speziell in Bezug auf den Versuchsablauf) ausgewählt. Zum anderen bieten sich Studierende an, da diese eine Teilmenge von Anlegern darstellen, die auch in der Realität als Anleger in Finanzmärkten agieren.[368] Wie erörtert verwenden Studierende bei der Informationsverarbeitung zudem Vereinfachungsstrategien wie zum Beispiel Heuristiken,[369] die dem Informationsverhalten nicht-professioneller Anleger ähnlich sind.[370]

368 Vgl. zum Beispiel die Ergebnisse von Rothkopf (2003), S. 198ff., Van-Rooij/Lusardi/Alessie (2011), Kaila (2016). Studierende sind dabei vermutlich größtenteils als nicht-professionelle Anleger einzustufen.

369 Vgl. Tversky/Kahneman (1974), Kennedy/Mitchell/Sefcik (1998).

370 Vgl. De Bondt (1993), Oehler (1995), S. 5.

7.4 Vergütung und Anreizsetzung

Die Diskussion nach der Frage der externen Validität von Experimenten ist unweigerlich mit der Frage der Vergütung und der Anreizsetzung verbunden.[371] Diesbezüglich bieten sich grundsätzlich eine fixe Aufwandsentschädigung oder eine variable Vergütung an.[372] Bei letztgenannter Variante beeinflusst der Proband aktiv die Höhe seiner Entlohnung. Die Frage der Vergütung wird kontovers diskutiert und es haben sich je nach Wissenschaftsgebiet unterschiedliche Standards etabliert. Während in der Psychologie insbesondere die Meinung herrscht, dass die intrinsische Motivation der Probanden ausreichend hoch sei, um die Aufgaben des Experiments auch ohne finanziellen Anreiz zu erfüllen und die damit verbundenen Anstrengungen auf sich zu nehmen, argumentieren Ökonomen, dass Versuchspersonen eine Vergütung in Abhängigkeit vom erzielten Erfolg erhalten sollen und somit zu einer gewissenhafteren und effektiveren Bearbeitung der Aufgaben im Experiment angeregt werden sollen.[373] Vertreter der experimentellen ökonomischen Forschung plädieren ebenfalls für eine anreizorientierte Vergütung.[374] Ein entscheidender Grund für eine anreizbasierte Vergütung liegt darin, dass – zumindest in der Welt der Neoklassik – von einem Verhalten entsprechend der Erwartungsnutzentheorie der Akteure ausgegangen wird und genau dieses Verhalten mit Experimenten überprüft werden soll. Durch entsprechende Anreizsetzung wird somit eine notwendige Voraussetzung für ein nutzenmaximierendes Verhalten geschaffen.[375] Durch eine Anreizvergütung im Experiment können somit valide Überprüfungen ökonomischer Theorien durchgeführt werden, da somit das Experimentdesign die

371 Vgl. dazu auch die grundlegende Diskussion in Oehler (1995), S. 131–136.

372 Vgl. Bastini/Kasperzak (2013), S. 626. Die anreizorientierte Vergütung muss dabei nicht zwangsläufig monetärer Art sein, sondern kann insbesondere bei Studierenden auch immaterieller Natur sein, zum Beispiel in Form einer Benotung, vgl. Durand et al. (2013a, b).

373 Vgl. Camerer (1995), S. 599, Camerer/Hogarth (1999), S. 7.

374 Vgl. Camerer/Hogarth (1999), S. 31f. Vgl. dazu auch Loewenstein (1999), F31.

375 Vgl. Hertwig/Ortmann (2001), S. 390. Weiterhin liegen Vorteile darin, dass die erfolgsabhängige Vergütung leicht zu implementieren ist und faktisch keine Sättigung vorhanden ist, vgl. Hertwig/Ortmann (2001), S. 390.

Annäherung an ein hinreichend reales mikroökonomisches System darstellt (*Induced Value Theory*).[376]

In der Literatur wird die Auswahl einer erfolgsabhängigen oder unabhängigen Vergütung seit jeher kontrovers diskutiert und auch die empirischen Ergebnisse hierzu sind nicht eindeutig. Zum einen kann konstatiert werden, dass eine anreizorientierte Vergütung durchaus die Leistung von Probanden in Experimenten beeinflussen kann. Smith/Walker (1993b) zeigen, dass durch eine erfolgsabhängige Vergütung Studierende einen höheren kognitiven Aufwand aufbringen und somit die Varianz von Entscheidungsfehlern minimiert werden kann.[377] Camerer/ Hogarth (1999) deuten an, dass experimentelle Ergebnisse je nach Anforderungsgrad des Experiments von der Ausgestaltung der Vergütungsstruktur abhängig sind. Eine erfolgsabhängige Vergütung kann zum Beispiel bei einfachen Experimentaufgaben zu einer Verbesserung der Leistung von Studierenden bei Experimenten führen. Bei komplizierten Versuchsdesigns entfaltet eine erfolgsabhängige Vergütung jedoch oftmals keine Wirkung.[378]

Zum anderen finden sich aber in der Literatur auch Hinweise dafür, dass die Differenzen der Ergebnisse zwischen abhängiger und unabhängiger Vergütung nur marginal sind. Empirisch bestätigen können dies unter anderem Tversky/Kahne-man (1992), die in ihrer Arbeit zur *Cumulative Prospect Theory* kaum Unterschiede je nach Vergütungssystem feststellen.[379]

Letztendlich soll sich die Ausgestaltung des Vergütungssystems maßgeblich an der verfolgten Zielsetzung des Experiments bemessen. Während für die Überprüfung nutzenmaximierenden Verhaltens eine erfolgsabhängige Vergütungsstruktur durchaus sinnvoll ist, ist eine

376 Vgl. Smith (1976), S. 275, Smith (1982), S. 930f. Vgl. hierzu auch Friedman/Sunder (1994), S. 12f.

377 Vgl. Smith/Walker (1993b), S. 259f. Vgl. auch Smith/Walker (1993a), die ähnliche Effekte einer Anreizvergütung finden. Smith (1991) argumentiert ebenfalls, dass die Höhe einer Anreizvergütung Auswirkungen auf das Entscheidungsverhalten hat, vgl. Smith (1991), S. 887f. Vgl. dazu auch den Überblick in Hertwig/Ortmann (2001), S. 391ff.

378 Vgl. Camerer/Hogarth (1999), S. 34.

379 Vgl. Tversky/Kahneman (1992), S. 315. Vgl. hierzu zum Beispiel auch die bestätigenden empirischen Ergebnisse von Tversky/Kahneman (1981), Camerer (1989), Oehler (1995), S. 136.

Einzelfallbeurteilung für Experimente notwendig, bei denen die Zielsetzung und somit die Zielfunktion der Probanden unterschiedlich sein kann. Eine erfolgsabhängige Vergütung kann dazu führen, dass die Verhaltensweisen der Teilnehmer dadurch verzerrt werden und die Zielsetzung des Experiments entsprechend negativ beeinflusst wird.[380]

Neben den beiden genannten Vergütungsarten gibt es noch die Möglichkeit, den Teilnehmern keine Vergütung auszuzahlen, womit die Bereitschaft der Teilnahme der Versuchspersonen letztlich komplett von ihrer intrinsischen Motivation abhängig ist.[381] Dieses Vorgehen wird unter anderem in Befragungen verwendet, die von kurzer zeitlicher Dauer sind oder die auf eine große Anzahl potenzieller Versuchspersonen zurückgreifen können.[382] Der Grund ist wohl darin zu sehen, dass bei einer tendenziell kurzen Untersuchung eine Nichtvergütung wesentlich leichter vermittelbar ist als zum Beispiel bei einer aufwändigen, längeren Untersuchung. Zudem können bei einer großen Anzahl potenzieller Versuchspersonen unfreiwillige Teilnehmer, die auf eine Vergütung bestehen, durch andere Probanden ersetzt werden.

Für die der Arbeit zugrunde liegenden Methoden der Befragung sowie des Experiments werden alle der Vergütungsvarianten eingesetzt. Im Rahmen der Befragung wird den Versuchsteilnehmern keine Vergütung gezahlt. Das Vorgehen kann zum einen mit dem geringen zeitlichen Aufwand (im Durchschnitt circa zehn Minuten) für die Teilnehmer begründet werden, der eine monetäre Vergütung nicht zwangsläufig erforderlich erscheinen lässt. Zum anderen erscheint eine anreizorientierte (monetäre) Vergütungsstruktur ungeeignet, da die Befragung nicht auf die Überprüfung eines nutzenmaximierenden Verhaltens der Teilnehmer abzielt. Zudem wird den Teilnehmern eine hinreichend hohe intrinsische Motivation unterstellt, an der Befragung teilzunehmen. Diese Annahme liegt darin begründet, dass an vergangenen (unvergüteten) Befragungen des Lehrstuhls für Finanzwirt-

---

380 Vgl. Oehler (1995), S. 132.

381 Vgl. zum Beispiel die experimentellen Studien von Beeler/Hunton (1997) oder Yaniv/Schul (1997). Es sei jedoch erwähnt, dass in (Labor-) Experimenten dieser Vergütungsart nur eine untergeordnete Rolle beigemessen wird.

382 Vgl. zum Beispiel die Studien von Rammstedt et al. (2012) oder Kovaleva et al. (2012) zur Entwicklung psychologischer Messinstrumente. Als weiteres Beispiel dient die Einkommens- und Verbrauchsstichprobe des Statistischen Bundesamtes, vgl. Statistisches Bundesamt (2016).

schaft eine sehr hohe Anzahl der potenziell vorgesehenen Probanden (Bachelorstudierende der Wirtschaftswissenschaften) teilgenommen hat.[383] Dies lässt auf eine hohe intrinsische Motivation seitens der Versuchsgruppe schließen.

Für die Teilnahme am Experiment wird eine monetäre Vergütung gewährt. Dabei werden sowohl eine fixe wie auch eine anreizorientierte Vergütungsstruktur implementiert. Der überwiegende Teil der Studierenden (N=283) erhält eine fixe Vergütung in Höhe von fünf Euro, wohingegen sich die Bezahlung der anderen Teilnehmer (N=81) an der Höhe ihres Kontostandes nach der letzten Handelsrunde orientiert.[384] Den Teilnehmern eine monetäre Vergütung zu gewähren, bietet sich aufgrund des höheren Zeitaufwands (im Durchschnitt circa 45 Minuten) im Vergleich zur Befragung an. Durch die anreizunabhängige Vergütung wird sichergestellt, dass Probanden ihr Verhalten nicht an der Vergütungsstruktur orientieren. So ist es zum Beispiel möglich, dass sich ein Teilnehmer bei einer anreizabhängigen Vergütung, die sich an der Höhe des Kontostandes bemisst, riskanter verhält als er es tun würde, falls er eine anreizunabhängige Vergütung bekäme. Zu Kontrollzwecken wird jedoch zusätzlich einer wesentlich geringeren Anzahl an Teilnehmern eine anreizorientierte Vergütung gewährt. Der vordergründige Aspekt für dieses Vorgehen ist in der Kontrolle der Ergebnisse in Bezug auf die gewählte Vergütung zu sehen. Zudem kann damit argumentiert werden, dass die erfolgsabhängige Vergütung zu einer Verbesserung der Leistung der Teilnehmer, zum Beispiel in Bezug auf die Minimierung von Leichtsinnsfehlern, führen kann. Ob dieser Effekt jedoch auftritt, hängt, wie oben beschrieben, jedoch von der Komplexität des Experiments ab. Es kann

383 Vgl. zum Beispiel Oehler/Egner/Wendt (2015), Oehler/Höfer/Schalkowski (2015).

384 Der Erwartungswert liegt mit 4,80 Euro auf einem ähnlichen Niveau der fixen Vergütung. Falls ein Teilnehmer während der Handelsrunden nicht gehandelt hat, würde die risikolose Verzinsung einer zusätzlichen realen Vergütung von 0,05 Euro entsprechen. Um die Auszahlung der Vergütung zu erleichtern wurde auf ganze/halbe Euros gerundet.

jedoch nicht abschließend beurteilt werden, ob die Teilnehmer das Experiment als komplex empfinden.[385]

385 Die empirischen Auswertungen zeigen, dass die Art der Vergütungsstruktur auf die Ergebnisse kaum einen Einfluss zu haben scheinen. Vgl. hierzu Kapitel 10.3.

8 Untersuchungshypothesen

8.1 Hypothesen zum Einfluss von Extraversion und Neurotizismus auf die Determinanten des Risikoverhaltens

In diesem Kapitel werden die Hypothesen zum Einfluss von Extraversion und Neurotizismus auf die Determinanten des Risikoverhaltens (Risikoeinstellung, Risikowahrnehmung und Renditeerwartung) abgeleitet, die im Rahmen der Befragung untersucht werden und somit Forschungsleitfrage 1 der Arbeit operationalisieren.

Extraversion

Wie bereits dargestellt, lassen sich Personen mit hohen Werten in Extraversion als optimistisch, aktiv und abenteuerlustig charakterisieren.[386] Zudem gibt es Hinweise, dass bei extravertierten Personen das Reiz- und Erregungsniveau tendenziell niedriger ist. Um das Wohlbefinden zu steigern, wird eine höhere externe Stimulierung benötigt.[387] Dies führt dazu, dass Extravertierte sich vermehrt in risikoreichere Situationen begeben, um ein höheres Wohlbefinden zu erreichen. Zuckerman (1979) kommt im Rahmen der von ihm postulierten Erregungstheorie zu ähnlichen Schlüssen. Reizsuchende Personen empfinden in risikobehafteten Situationen weniger Angst und stufen solche Situationen tendenziell als weniger riskant ein.[388] In der Literatur finden sich Hinweise, dass stärker extravertierte Personen eine höhere Risikobereitschaft haben und höhere Risiken eingehen als weniger extravertierte Personen.[389] Aufgrund dieser Zusammenhänge und der empirischen Befunde wird vermutet, dass stärker extravertierte Anle-

386 Vgl. Costa/McCrae (1992a), Williams (1992).
387 Vgl. Geen (1984) und grundsätzlich Eysenck (1967).
388 Vgl. auch Freixanet (1991).
389 Vgl. zum Beispiel Nicholson et al. (2005), Pan/Statman (2013). Vgl. dazu die Ausführungen in Kapitel 4.3.

ger bei finanziellen Entscheidungen vermehrt von Optimismus geleitet werden und deshalb eher bereit sind, Risiken einzugehen, um eine höhere Rendite zu erzielen, als weniger extravertierte Anleger. Daher wird folgende Hypothese aufgestellt:

H1: Anleger mit höheren Werten in Extraversion verhalten sich weniger risikoavers als Anleger mit niedrigeren Werten in Extraversion.

Noguchi/Gohm/Dalsky (2006) kommen zu dem Schluss, dass stärker extravertierte Personen tendenziell vermehrt positive als negative Informationen wahrnehmen als weniger extravertierte Personen. Es wird angenommen, dass stärker extravertierte Anleger insbesondere aufgrund der selektiven Informationswahrnehmung sowie des Verlangens nach externen Reizen (zum Beispiel Abenteuer, Aufregung) eine unterschiedliche Wahrnehmung von Risiken haben als Anleger mit niedrigen Werten in Extraversion. So kann angenommen werden, dass Anleger mit hohen Werten in Extraversion eher positive Ereignisse wie zum Beispiel Kurssteigerungen bei gekauften Aktien wahrnehmen und deren Eintrittswahrscheinlichkeit überschätzen. Negative Informationen zum Beispiel in Form von potenziellen Risiken wie Kurseinbrüche werden hingegen ausgeblendet oder als unwahrscheinlich eingestuft. Die Hypothese lautet daher wie folgt:

H2: Anleger mit höheren Werten in Extraversion haben eine weniger starke Wahrnehmung von Risiken als Anleger mit niedrigeren Werten in Extraversion.

Extravertierte Personen sind tendenziell von Wunschdenken und Optimismus geprägt.[390] Optimisten sind dadurch gekennzeichnet, dass sie positive Erwartungen bezüglich zukünftiger Ereignisse besitzen.[391] Optimismus äußert sich bei der zukünftigen Erwartungshaltung zum Beispiel dahingehend, dass die Zukunft generell besser als die Vergangenheit und Gegenwart eingeschätzt wird. Die subjektiven Wahr-

---

390 Vgl. zum Beispiel Costa/McCrae (1980, 1992a) oder auch die Übersichtstabelle in Pervin/Cervone/John (2005), S. 322.

391 Vgl. Scheier/Carver/Bridges (1994), S. 1063.

scheinlichkeiten für positive Ereignisse werden dabei um ein Vielfaches höher eingeschätzt als für negative Ereignisse.[392] Es wird vermutet, dass Anleger mit hohen Werten in Extraversion aufgrund ihres Optimismus sowie der verstärkten Wahrnehmung positiver Informationen höhere Renditeerwartungen für Aktien haben. Die Hypothese bezüglich des Einflusses von Extraversion auf die Renditeerwartung stellt sich wie folgt auf:

H3: Anleger mit höheren Werten in Extraversion haben eine höhere Renditeerwartung als Anleger mit niedrigeren Werten in Extraversion.

Neurotizismus.

Personen mit hohen Werten in Neurotizismus sind tendenziell pessimistisch,[393] ängstlich und depressiv[394] und empfinden häufig negative Emotionen und Gefühle wie zum Beispiel Traurigkeit oder Betrübtheit.[395] Empirische Studien, die den Zusammenhang zwischen Neurotizismus und Risikoeinstellung untersuchen, kommen zu dem Ergebnis, dass sich neurotische Personen verstärkt risikoavers verhalten und weniger bereit sind, Risiken einzugehen.[396] In Übereinstimmung mit diesen Studien wird daher vermutet, dass neurotische Anleger aufgrund ihres ängstlichen Wesens sowie ihrer pessimistischen Sichtweise hinsichtlich zukünftiger Ereignisse tendenziell das Eingehen von Risiken unter Inkaufnahme von Renditeeinbußen vermeiden möchten. Die Hypothese zum Einfluss von Neurotizismus auf die Risikoeinstellung leitet sich daher wie folgt ab:

H4: Anleger mit höheren Werten in Neurotizismus verhalten sich stärker risikoavers als Anleger mit niedrigeren Werten in Neurotizismus.

---

392 Vgl. Markus/Nurius (1986), S. 958f.

393 Vgl. Williams (1992).

394 Vgl. zum Beispiel Bolger (1990), Costa/McCrae (1992a), Scheier/Carver/Bridges (1994).

395 Vgl. zum Beispiel Costa/McCrae (1980), Larsen/Ketelaar (1989), Meyer/Shack (1989), Rusting/Larsen (1995).

396 Vgl. Kapitel 4.3.

Ähnlich wie Extraversion beeinflusst auch Neurotizismus die Informationswahrnehmung von Personen. Neurotizismus wirkt dahingehend, dass mit einem höheren Grad an Neurotizismus verstärkt negative Informationen wahrgenommen werden und in der Entscheidungsfindung stärker berücksichtigt werden als positive Informationen. Aus diesem Zusammenhang wird geschlussfolgert, dass Anleger mit höheren Werten in Neurotizismus Risiken als stärker existent und bedrohlicher wahrnehmen als weniger neurotische Anleger. Der Einfluss von Neurotizismus auf die Risikowahrnehmung wird anhand der folgenden Hypothese untersucht:

H5: Anleger mit höheren Werten in Neurotizismus haben eine stärkere Wahrnehmung von Risiken als Anleger mit niedrigeren Werten in Neurotizismus.

Aufgrund des höheren Grads an Pessimismus, der verstärkten Wahrnehmung negativer Informationen sowie der ängstlichen Haltung neurotischer Personen wird vermutet, dass ihre Erwartungen hinsichtlich zukünftiger Aktienrenditen niedriger ausfallen. Die Hypothese zum Einfluss von Neurotizismus auf die Renditeerwartung lautet dementsprechend:

H6: Anleger mit höheren Werten in Neurotizismus haben eine niedrigere Renditeerwartung als Anleger mit niedrigeren Werten in Neurotizismus.

8.2 Hypothesen zum Einfluss von Extraversion und Neurotizismus auf das Risikoverhalten

Die Hypothesen zum Einfluss von Extraversion und Neurotizismus auf das Risikoverhalten sind Gegenstand des Experiments und werden mit Hilfe des computerbasierten Aktienmarkts untersucht. Die Hypothesen *H7* und *H10* sind dabei Forschungsleitfrage 2 zugehörig, die die Frage des Einflusses von Extraversion und Neurotizismus auf die Zusammensetzung der Aktienportfolios von Anlegern adressiert. Die Hypothesen *H8*, *H9*, *H11* und *H12* sind Forschungsleitfrage 3 untergeordnet, mit der der Einfluss von Extraversion und Neurotizismus auf das Handelsverhalten von Anlegern untersucht wird.

Extraversion

Basierend auf den erörterten positiven Zusammenhängen zwischen der Erwartungshaltung (Optimismus) und Extraversion, wird vermutet, dass extravertierte Anleger optimistischer bezüglich der Höhe an Dividendenzahlungen sind und somit höhere zukünftige Dividendenzahlungen als wahrscheinlicher einstufen. Zudem erwarten sie, dass sie in der Lage sind, mit Verkäufen von Aktien Gewinne zu erzielen. Die Zusammenhänge zwischen Extraversion und dem Erleben positiver Emotionen sowie Overconfidence stützen diese Vermutung. Zudem wird erwartet, dass extravertierte Anleger das Risiko von Aktien zum Beispiel in Form von Kursverlusten weniger stark empfinden und darüber hinaus die Anlage in Aktien nutzen, um das Bedürfnis nach Aufregung zu stillen.[397] In Anlehnung an die Ergebnisse von Studien, die den Einfluss von Extraversion auf das Risikoverhalten untersuchen,[398] wird daher erwartet, dass Anleger mit höheren Werten in Extraversion eher bereit sind, in Aktien zu investieren, als weniger extravertierte Anleger. Die Hypothese lautet wie folgt:

397 Das Risiko der Aktie spiegelt sich dabei in der Unsicherheit hinsichtlich der Dividendenzahlungen sowie der Kursentwicklung wider.

398 Vgl. Kapitel 4.3.

H7: Anleger mit höheren Werten in Extraversion halten eine größere Anzahl Aktien in ihren Depots als Anleger mit niedrigeren Werten in Extraversion.

In Bezug auf das Handelsverhalten im computerbasierten Aktienmarkt wird erwartet, dass stärker extravertierte Anleger für Aktien höhere Preise zu zahlen bereit sind. Diese Erwartung stützt sich zum einen auf ihren Optimismus hinsichtlich höheren Dividendenzahlungen und höheren zukünftigen Preisen für die gekauften Aktien. Die Annahme in Bezug auf den Weiterverkauf der Aktien wird dadurch gestützt, dass extravertierte Anleger zu einer Selbstüberschätzung ihrer Fähigkeiten und ihres Wissens neigen, was sich in der Erwartung widerspiegelt, dass sie in der Lage sind, die Aktien zu höheren Preisen an andere Marktteilnehmer weiterverkaufen zu können.[399] Die Hypothese lautet dementsprechend:

H8: Anleger mit höheren Werten in Extraversion kaufen Aktien zu höheren Preisen als Anleger mit niedrigeren Werten in Extraversion.

Es wird vermutet, dass Extraversion auch auf die Häufigkeit der Aktienkäufe in Abhängigkeit von deren Fundamentalwert, einen Einfluss ausübt. In der neoklassischen Finanzmarkttheorie wären Aktien überteuert *(overpriced)*, falls ihre Preise über dem Erwartungswert der Zahlungsströme, die dem Anleger aus der Aktie zufließen, liegen würden. In einem solchen Fall würde eine ausreichend große Anzahl an Anlegern die überteuerten Aktien verkaufen oder von einem Kauf Abstand nehmen und anstatt dessen preisgünstigere Aktien kaufen. Dieses Vorgehen würde dazu führen, dass sich dieAktienpreise umgehend an ihren jeweiligen fundamentalen Wert (Erwartungswert der zukünftigen Zahlungsströme) anpassen. Studien zeigen jedoch, dass der neoklassische Mechanismus in der Realität nicht funktioniert und professionelle wie nicht-professionelle Anleger in Zeiten von Preisblasen sehr wohl überteuerte Aktien erwerben. Im Sinne der verhaltenswissenschaftlichen Finanzmarktforschung kann das Verhalten

399 Vgl. dazu die Ausführungen zu Extraversion und Overconfidence in Kapitel 4.3.

zumindest als eingeschränkt rational gedeutet werden, da trotz der überteuerten Preise ein Kauf dieser Aktien aus Anlegersicht rational sein kann, solange weitere Preissteigerungen und Abweichungen vom Erwartungswert der zukünftigen Zahlungsströme angenommen werden. Empirische Studien belegen die Vermutung, dass Marktteilnehmer bewusst überteuerte Finanztitel, in der Hoffnung auf eine Trendfortsetzung der Preise, kaufen.[400] Daraus lässt sich schlussfolgern, dass Anleger die Wahrscheinlichkeit einer Trendumkehr geringer einschätzen und optimistisch sind, ihre Finanztitel vor einer Preisumkehr zu verkaufen beziehungsweise übertriebene Erwartungen hinsichtlich ihrer Fähigkeiten, eine Trendumkehr zu prognostizieren, haben. Für diese sich selbstüberschätzenden Anleger wären auch Käufe zu Preisen über den allgemeinen Markterwartungen, die bereits ein Premium zum Erwartungswert der zukünftigen Zahlungsströme der Finanztitel beinhalten, als überteuert zu charakterisieren. Die Realität zeigt jedoch, dass scheinbar nur wenige Anleger solche Fähigkeiten besitzen und stattdessen selbst nach der Überschreitung des Preismaximums weitere Finanztitel kaufen, wenn die Preise schon stark zu sinken beginnen.[401] Dieser Argumentation folgend wird vermutet, dass Anleger mit hohen Werten in Extraversion aufgrund ihres Optimismus bezüglich weiterer Preisanstiege und ihrer angenommenen Fähigkeit, ihre Aktien zu noch höheren Preisen zu verkaufen, sowie einer Unterschätzung einer kurzfristigen Preisumkehr verstärkt auch überteuerte Aktien kaufen. Es lässt sich daher folgende Hypothese aufstellen:[402]

H9: Anleger mit höheren Werten in Extraversion kaufen eine größere Anzahl an Aktien zu überteuerten Preisen als Anleger mit niedrigeren Werten in Extraversion.

---

400 Vgl. Shiller (2000), Fisher/Statman (2002), Vissing-Jorgensen (2003), Greenwood/Nagel (2009).

401 Vgl Griffin et al. (2011).

402 Für die Hypothese wird nicht mehr zwischen Preisabweichungen von den erwarteten Zahlungsströmen der Aktie oder Preisabweichungen von den generellen Markterwartungen bezüglich der Preisentwicklung der Aktien unterschieden. Vgl. hierzu auch Kapitel 10.2.

Neurotizismus

Neurotischen Personen wird ein hoher Grad an Pessimismus und negativen Affekten (wie zum Beispiel Angst) zugeschrieben. Im Kontext des computerbasierten Aktienmarkts wird vermutet, dass neurotischere Anleger tendenziell niedrigere Erwartungen hinsichtlich Dividendenzahlungen und Kurssteigerungen haben. Ängstliche Personen bevorzugen dabei vermehrt weniger riskante Finanztitel und Portfolios.[403] Weiterhin haben neurotischere Personen mehr Angst vor Unsicherheit und Ambiguität als weniger neurotische Personen und neigen deshalb dazu, solche unsicheren Situationen zu vermeiden.[404] In Verbindung mit einer tendenziell höheren Risikoaversion neurotischer Anleger wird daher angenommen,[405] dass diese Anleger vermehrt weniger Aktien halten um die Unsicherheit hinsichtlich der zukünftigen (negativen) Aktienpreisentwicklung zu reduzieren. Die Hypothese hinsichtlich des Einflusses von Neurotizismus auf die Zusammenstellung eines Anlegerportfolios lautet wie folgt:

> *H10: Anleger mit höheren Werten in Neurotizismus halten eine geringere Anzahl an Aktien in ihren Depots als Anleger mit niedrigeren Werten in Neurotizismus.*

Es wird vermutet, dass neurotische Anleger aufgrund ihres Pessimismus hinsichtlich der Höhe der Dividenden sowie der Preise für Aktien eher bereit sind, ihre Aktien zu niedrigeren Preisen zu verkaufen. Zudem kann bei neurotischen Anlegern dahingehend Angst vorherrschen, dass sie unfähig sind, alle in ihrem Besitz befindlichen Aktien zu verkaufen. Dies zeigt sich darin, dass sie auch Kaufangebote mit niedrigen Preisen von anderen Marktteilnehmern annehmen beziehungsweise Verkaufsangebote mit niedrigen Preisen in den Markt stellen. Folgende Hypothese wird hinsichtlich des Einflusses von Neurotizismus auf das Verkaufsverhalten von Anlegern formuliert:

---

403 Vgl. Gambetti/Giusberti (2012).

404 Vgl. Cloninger (2000), Lommen/Engelhard/Van den Hout (2010).

405 Vgl. zum Einfluss von Neurotizismus auf die Risikoeinstellung die Ausführungen in Kapitel 4.3.

H11: Anleger mit höheren Werten in Neurotizismus verkaufen ihre Aktien zu geringeren Preisen als Anleger mit niedrigeren Werten in Neurotizismus.

Weiterhin soll der Einfluss von Neurotizismus auf das Handelsverhalten in Abhängigkeit von den Aktienpreisen untersucht werden. In einer vollkommen rationalen Welt neoklassischer Prägung würden Aktien als ungerechtfertigt günstig (*underpriced*) bezeichnet werden, falls ihre Preise unterhalb des Erwartungswerts der zukünftigen Zahlungsströme liegen würden. Hinreichend viele Anleger würden diese günstigen Aktien kaufen oder darauf verzichten, weitere Aktien dieser Art zu verkaufen mit dem Ziel, somit die erwarteten Zahlungsströme (die die Preise der Aktien übersteigen) zu erhalten. Dieser Marktmechanismus würde zu einer sofortigen Anpassung der Aktienpreise an den Erwartungswert der zukünftigen Zahlungsströme führen. In computerbasierten Aktienmärkten, die das Design von Smith/Suchanek/Williams (1988) verwenden, zeigt sich jedoch, dass die Aktien üblicherweise während der ersten Handelsperioden unter dem Erwartungswert der zukünftigen Zahlungsströme gehandelt werden.[406] Dieses Verhalten wird unter anderem von persönlichen Eigenschaften der Marktteilnehmer beeinflusst. Breaban/Noussair (2013) haben beispielsweise Hinweise dafür gefunden, dass verängstigte Anleger eher bereit sind, die Aktien in ihren Depots auch zu Preisen unterhalb des Erwartungswerts der zukünftigen Zahlungsströme zu verkaufen. Aus verhaltenswissenschaftlicher Sicht kann dieses (eingeschränkt rationale) Verhalten durchaus sinnvoll sein, falls noch geringere Aktienpreise erwartet werden oder das Halten der Aktien für den Anleger einen negativen Nutzen in Form von Unsicherheit darstellt der den positiven Nutzen der erwarteten Dividendenzahlungen übersteigt. Zusammenfassend lässt sich konstatieren, dass der Aktienbesitz bei neurotischen Anlegern Angst und Stress verursacht (wegen der Unsicherheit der Zahlungsströme in Form von Dividenden und der Preisentwicklung) und sie tendenziell geringere Preise und Zahlungsströme erwarten. Zudem vermuten neurotische Anleger mit einer geringeren Wahrscheinlichkeit eine Preisumkehr, von der sie durch den Verkauf ihrer

---

406 Vgl. dazu den Überblick in Palan (2013a), S. 571.

Aktien zu höheren Preisen zu einem späteren Zeitpunkt profitieren würden. Bezüglich des Einflusses von Neurotizismus auf das Verkaufsverhalten von Aktien, deren Preise objektiv betrachtet zu niedrig sind, wird daher folgende Vermutung aufgestellt:[407]

H12: Anleger mit höheren Werten in Neurotizismus verkaufen eine größere Anzahl an Aktien für zu geringe Preise als Anleger mit niedrigeren Werten in Neurotizismus.

8.3 Hypothesen zum Einfluss von Extraversion und Neurotizismus auf die Preisbildung

Mit dem computerbasierten Aktienmarkt werden ebenfalls die Hypothesen zum Einfluss von Extraversion und Neurotizismus auf die Preisbildung an Finanzmärkten untersucht (Forschungsleitfrage 4). Im Fokus der folgenden beiden Hypothesen steht insbesondere der Einfluss von Extraversion und Neurotizismus auf das Entstehen von Preisblasen an Finanzmärkten. Wie die Literatur zeigt, beeinflussen die persönlichen Eigenschaften von Finanzmarktakteuren maßgeblich das Entstehen sowie das Ausmaß von Preisübertreibungen bei Finanztiteln. Als Grundlage dieser Untersuchungen dient grundsätzlich ein Finanzmarkt nach dem Design von Smith/Suchanek/Williams (1988). Es zeigt sich, dass die Risikoaversion von Anlegern genauso wie ihre emotionalen Zustände oder ihre Selbstüberschätzung einen Einfluss auf das Entstehen von Preisblasen haben. Die Studie von Breaban/Noussair (2014) kommt zu dem Ergebnis, dass eine größere Risikoaversion bei Marktteilnehmern mit niedrigeren Marktpreisen für Aktien einhergeht. Fellner/Maciejovsky (2007) finden in Bezug auf die Handelshäufigkeit Hinweise, dass eine niedrigere Risikoaversion unter den Marktteilnehmern positiv mit einer höheren Anzahl an Transaktionen zusammenhängt.[408] Neben der Risikoaversion von Anlegern scheinen ihre emotionalen Zustände und Stimmungen das

407 Vgl. Kapitel 10.2 zum methodischen Vorgehen.

408 Eine höhere Transaktionsaktivität kann dabei als ein Indiz für Marktübertreibungen gedeutet werden, vgl. King (1991), insbesondere S. 203.

Marktergebnis zu beeinflussen.[409] Lahav/Meer (2012) führen Marktteilnehmern positive Emotionen zu und finden einen positiven Einfluss auf die Höhe von Preisübertreibungen.[410] Die Ergebnisse von Hargreaves-Heap/Zizzo (2011) deuten in eine ähnliche Richtung. Je höher das Ausmaß an Aufregung und Erregung unter den Teilnehmern ist, desto größer sind die Abweichungen der Marktpreise von ihrem fundamental gerechtfertigten Wert (erwartete zukünftige Zahlungsströme). Für andere emotionale Zustände wie Wut, Ärger aber auch Freude konnten keine Zusammenhänge gefunden werden. Weiterhin beeinflusst die Selbstüberschätzung (Overconfidence) von Marktakteuren die Preisbildung an Finanzmärkten. Falls ein höherer Anteil an Marktteilnehmern sich selbst überschätzt, steigt zum Beispiel die Wahrscheinlichkeit, dass Preisblasen auftreten.[411] Michailova/Schmidt (2016) entdecken Hinweise, dass in Märkten mit Teilnehmern, die verstärkt Overconfidence in Form von Selbstüberschätzung aufweisen, größere Preisabweichungen sowie eine erhöhte Handelsaktivität zu beobachten sind als in Märkten mit Individuen, die weniger stark Overconfidence unterliegen. Personen, die sich selbst überschätzen handeln demnach deutlich häufiger.[412]

Sowohl Extraversion als auch Neurotizismus stehen mit den oben genannten Eigenschaften von Anlegern in Verbindung.[413] Personen mit höheren Werten in Extraversion erleben häufiger positive Emotionen, sind tendenziell weniger risikoavers und überschätzen sich öfter als Personen mit niedrigeren Werten in Extraversion. Dahingegen erleben Individuen mit hohen Werten in Neurotizismus weniger häufig positive und stattdessen vermehrt negative Emotionen und verhalten sich risikoaverser. Aufgrund der erörterten Zusammenhänge wird vermutet, dass in Märkten mit Anlegern mit höheren Werten in Extraversion, die Preisübertreibungen länger und von höherem Ausmaß sind. Dies lässt sich mit einem höheren Grad an Optimismus bezüglich der zukünftigen Aktienpreise, einer größeren Selbstüberschätzung

---

409 Vgl. auch Andrade/Ariely (2009), die einen Einfluss von Emotionen auf das ökonomische Entscheidungsverhalten in Experimenten nachweisen.

410 Vgl. dazu auch die ähnlichen Ergebnisse von Breaban/Noussair (2013) oder Andrade/Odean/Lin (2016).

411 Vgl. Oechssler/Schmidt/Schnedler (2011).

412 Vgl. Barber/Odean (2000), Glaser/Weber (2007), Ackert/Kluger/Qi (2012).

413 Vgl. dazu Kapitel 4.3.

der Anleger sowie ihrem tendenziell risikoreicheren Verhalten (auch aufgrund der vermehrt positiven Emotionen und Stimmungen), begründen. Die zu prüfende Hypothese leitet sich wie folgt ab:[414]

H13: Je höher der Grad an Extraversion von Anlegern in Aktienmärkten, desto stärker und länger sind die Preisblasen.

In Märkten mit einem hohen Grad neurotischer Anleger werden hingegen weniger starke und kürzere Preisübertreibungen erwartet. Dies wird auf einen höheren Grad an Pessimismus hinsichtlich zukünftiger Aktienpreise sowie auf ein risikoaverseres Handelsverhalten (auch aufgrund der vermehrt negativen Emotionen und Stimmungen) zurückgeführt. Die Hypothese zum Einfluss von Neurotizismus auf die Preisbildung an Finanzmärkten lautet daher wie folgt:

H14: Je höher der Grad an Neurotizismus von Anlegern in Aktienmärkten, desto schwächer und kürzer sind die Preisblasen.

414 Die Stärke der Preisblasen wird dabei durch ihre Länge sowie ihr Ausmaß determiniert. Vgl. zur methodischen Vorgehensweise Kapitel 11.1.

IV Empirische Analysen zur Messung des Einflusses der Persönlichkeit auf das Risikoverhalten von Anlegern in Finanzmärkten

9 Einfluss von Extraversion und Neurotizismus auf die Determinanten des Risikoverhaltens[415]

9.1 Ablauf derBefragung

Die schriftliche Befragung (*Paper-Pencil*) wurde im Wintersemester 2015/2016 an der wirtschaftswissenschaftlichen Fakultät der Universität Bamberg durchgeführt. An der Befragung nahmen insgesamt 342 Bachelorstudierende der Universität Bamberg teil, die im Rahmen ihres Studiums die Veranstaltungen „Unternehmensfinanzierung I/Internationale Unternehmensfinanzierung/Einführung in Finanzierung und Investition" besucht haben.[416] Die Durchführung erfolgte an zwei unterschiedlichen Wochentagen (Mittwoch und Samstag) und fand innerhalb einer Woche statt.[417] Die Befragung wurde zu Beginn der Veranstaltungen durchgeführt, dauerte im Durchschnitt circa 10 Minuten und fand anonymisiert statt (das heißt, dass die jeweiligen Antworten der Fragebögen keinem einzelnen Studierenden zugeordnet werden können). Die Teilnahme erfolgte auf rein freiwilliger Basis. Die Durchführung fand unter Aufsicht statt, wobei insbesondere da-

---

415 Dieses Kapitel basiert auf dem Beitrag Oehler/Wedlich (2016).

416 In dieser Zahl sind nicht die Studierenden inbegriffen, die zwar an der Befragung teilnahmen, deren Fragebogen aber aufgrund ausgelassener Fragen oder Mehrfachantworten für die Aus-wertung unbrauchbar waren.

417 Es wurde darauf geachtet, dass es keine doppelten Teilnahmen von Studierenden gab.

rauf geachtet wurde, dass die Teilnehmer den Fragebogen eigenständig ausfüllten.

9.2 Empirische Methodik

Die Überprüfung der Hypothesen zum Einfluss von Extraversion und Neurotizismus auf die Determinanten des Risikoverhaltens (Risikoeinstellung, Risikowahrnehmung, Renditeerwartung) erfolgen mittels *Korrelations- und Regressionsanalysen* sowie eines *Strukturgleichungsmodells* (SGM). Im Rahmen einer Robustheitsuntersuchung wird zudem ein *paarweiser Gleichheitstest* zwischen verschiedenen Teildatensätzen durchgeführt.[418] Im Folgenden wird eine Beschreibung der Variablen sowie der angewendeten empirischen Methoden vorgenommen.

Variablenbeschreibung

Zunächst werden mit dem Fragebogen die persönlichen Eigenschaften der Teilnehmer erfasst.[419] Um die Variable $EXTRAVERT_i$ zu errechnen, die den Grad an Extraversion von Individuum i angibt, werden die Werte (von 1 bis 5) der beiden Items summiert und der Median gebildet. Bei Neurotizismus, sowie den anderen Variablen, wird analog vorgegangen. Die Variable $NEUROT_i$ gibt den Median der beiden Items von Neurotizismus je Individuum i an. Die beiden Variablen $INTLOCUS_i$ und $EXTLOCUS_i$ geben Aufschluss über den Grad an internaler und externaler Kontrollüberzeugung von Individuum i. Beide Variablen geben den Median der jeweils zwei zugehörigen Items an. Die Variablen $POSAFFECT_i$ and $NEGAFFECT_i$ beschreiben jeweils den Median der Antworten der Individuen (jeweils drei Items) bezüglich ihrer aktuellen positiven und negativen Affekte. Die Variable AGE_i gibt das Alter von Individuum i in Jahren an. $GENDER_i$ ist eine *Dummy-Variable* für das Geschlecht der Teilnehmer und nimmt bei Männern den Wert 1, bei Frauen den Wert 0 an.

---

418 Vgl. Oehler/Wedlich (2016).

419 Vgl. dazu auch die Beschreibung in Kapitel 7.1.3.

Zudem werden mit dem Fragebogen die Risikoeinstellung und -wahrnehmung sowie die Renditeerwartung der Teilnehmer erfasst.[420] Die Variable $RISKATT_i^{Fin}$ misst die Risikoeinstellung der Teilnehmer per Selbstbeurteilung (Wert von eins bis fünf). Je höher der Wert der Variable, desto weniger risikoavers schätzt sich der Teilnehmer selbst ein. Zudem wird die Risikoeinstellung mit der Sicherheitsäquivalenzmethode erfasst. In Anlehnung an Nosić/Weber (2010) wird die Risikoeinstellung von Individuum *i*, $RISKATT_i^{SÄ}$, wie folgt berechnet:

$$RISKATT_i^{SÄ} = SÄ^{\alpha} \quad (2)$$

wobei *SÄ* das Sicherheitsäquivalent angibt und α den Risikokoeffizienten nach Tversky/Kahneman (1992) darstellt und den Wert 0,88 annimmt.[421] Die Transformation berücksichtigt die aus der Prospect Theory bekannte abnehmende Sensitivität (abnehmender Grenznutzen) bei Gewinnen. Ein höherer Wert von $RISKATT_i^{SÄ}$ gibt an, dass der Teilnehmer weniger risikoavers ist.

Die Risikowahrnehmung wird mittels Risikoeinschätzung von drei Aktien bestimmt. Die Variable $RISKPERC_i$ repräsentiert dabei den Median der Antworten von Individuum *i* und setzt sich aus den drei Risikoeinschätzungen der Aktien ($RISK\text{-}PERC_{up}$, $RISKPERC_{Const}$, $RISKPERC_{down}$) zusammen.[422] Ein höherer Wert für $RISKPERC_i$ verdeutlicht dabei eine verstärkte Risikowahrnehmung und somit eine risikoreichere Beurteilung der präsentierten Aktien.

Die Renditeerwartung wird über die für die drei Aktien angegebenen Schätzintervalle bestimmt. Die Teilnehmer geben dabei jeweils pro Aktie die wahrscheinlichste Schätzung sowie die obere und untere Grenze an, in der sich der tatsächliche Kurs in einem Jahr mit hoher Wahrscheinlichkeit befindet.[423] In Anlehnung an Keefer/Bodily

---

420 Vgl. dazu Kapitel 7.1.4.

421 Die Ergebnisse ändern sich dabei nicht, falls nur auf das Sicherheitsäquivalent zurückgegriffen wird.

422 Die Notation *up*, *const* und *down* bezieht sich dabei auf die Einschätzung für die Aktie mit einem aufwärts-, seitwärts- und abwärtsgerichteten Preistrend. Die Variablen *RISKPERCup*, *RISKPERCConst*, *RISKPERCdown* werden dabei nur im Rahmen der Analyse mittels SGM verwendet.

423 Die richtige Antwort soll dabei mit einer Wahrscheinlichkeit von 95% oberhalb der unteren und unterhalb der oberen Grenze liegen.

(1983) wird die Renditeerwartung von Individuum *i* für Aktie *j* wie folgt berechnet:[424]

$$RETURNEXP_{i,j} = 0{,}63 * r_{i,j}(0{,}5) + 0{,}185 * (r_{i,j}\ (0{,}05) + r_{i,j}\ (0{,}95)) \quad (3)$$

wobei $r_{i,j}(0{,}5; 0{,}05; 0{,}95) = \frac{p_{i,j}\ (0{,}5;0{,}05;0{,}95) - value_j}{value_j}$.

Die wahrscheinlichste Schätzung (Kursstand der Aktie in Euro in einem Jahr) von Individuum *i* für Aktie *j* wird dabei durch $p_{i,j}$ (0.5) angegeben. $p_{i,j}$ (0.05) und $p_{i,j}$ (0.95) zeigen jeweils die Schätzung der unteren und oberen Grenze von Individuum *i* für Aktie *j* an. $Value_j$ ist der letzte berichtete Kursstand von Aktie *j*.Aus den einzelnen Renditeerwartungen der Individuen je Aktie, $RETURNEXP_{i,j}$ ($RETURNEXP_{up}$, $RETURNEXP_{Const}$, $RETURNEXP_{down}$) wird der Mittelwert, $RETURNEXP_i$, errechnet.[425] Tabelle 4 gibt einen Überblick über die in der Analyse verwendeten Variablen.[426]

424 Analog zum Vorgehen bei der Risikowahrnehmung werden im Rahmen der Analyse mit dem SGM die Variablen *RETURNEXPup*, *RETURNEXPConst*, *RETURNEXPdown* verwendet, die sich mit Formel 3 berechnen lassen.

425 Die Berechnung von *RETURNEXPi* erfolgt auf Grundlage diskreter Renditen. Für die Berechnung mit stetigen Renditen ergeben sich grundsätzlich gleiche Ergebnisse.

426 Quelle: Oehler/Wedlich (2016).

Tabelle 4: Variablenübersicht zur Befragung

Variable	Beschreibung
Panel A: Unabhängige Variablen	
AGE_i	Alter in Jahren
$EXTLOC_i$	Grad der externalen Kontrollüberzeugung; Median der beiden Items von Kovaleva et al. (2012)
$EXTRAVERT_i$	Extraversion; Median der beiden Items des BFI-10
$GENDER_i$	Dummy-Variable die den Wert 1 annimmt falls das Individuum *i* männlich ist und andernfalls 0 ist
$INTLOC_i$	Grad der internalen Kontrollüberzeugung; Median der beiden Items von Kovaleva et al. (2012)
$NEGAFFECT_i$	Negative Affekte; Median der drei Items der PANAS
$NEUROT_i$	Neurotizismus; Median der beiden Items des BFI-10
$POSAFFECT_i$	Positive Affekte; Median der drei Items der PANAS
Panel B: Abhängige Variablen	
$RETURNEXP_i$	Renditeerwartung; Mittelwert der drei Renditeerwartungen von Individuum *i* für die Aktien *j* ($RETURNEXP_{up}$, $RETURNEXP_{Const}$, $RETURNEXP_{down}$)
$RISKATT_i^{CE}$	Risikoeinstellung von Individuum *i* die mit der Sicherheitsäquivalenzmethode bestimmt wird
$RISKATT_i^{Fin}$	Risikoeinstellung von Individuum *i* die per Selbsteinschätzung gemessen wird
$RISKPERC_i$	Medianwert der Risikowahrnehmung von Individuum *i* für die drei Aktien (*j*=1, 2, 3)

Anmerkung: Tabelle 4 gibt einen Überblick über die verwendeten Variablen in der Analyse und beschreibt diese. Panel A enthält die unabhängigen Variablen zu den Charakteristika der Teilnehmer. In Panel B werden die abhängigen Variablen (Determinanten des Risikoverhaltens) aufgeführt. Die linke Spalte enthält die Namen der Variablen in alphabetischer Reihenfolge. In der rechten Spalte erfolgt eine kurze Beschreibung.

Korrelationsanalyse

Zur Überprüfung der Hypothesen wird unter anderem eine Korrelationsanalyse durchgeführt. Dabei werden die nichtparametrischen *Rangkoerrelationskoeffizienten nach Spearman* und *Kendall's Tau* zwischen den unabhängigen Variablen $EXTRAVERT_i$ und $NEUROT_i$ und den abhängigen Variablen der Risikodeterminanten berechnet. Die nichtparametrischen Koeffizienten werden aufgrund der nicht normalverteilten Daten gewählt.[427] Daneben werden zudem im Rahmen der deskriptiven Beschreibung des Datensatzes die Korrelationen zwischen den unabhängigen beziehungsweise abhängigen Variablen untereinander berechnet.

Regressionsanalyse

Weiterhin wird der Einfluss von Extraversion und Neurotizismus auf die Risikoeinstellung und -wahrnehmung sowie die Renditeerwartung mit einer Querschnittsregression gemessen. Um zwischen dem Einfluss weiterer unabhängiger Variablen wie dem Geschlecht, Alter, emotionalen Zuständen sowie der Kontrollüberzeugung differenzieren zu können, werden sowohl Regressionen, in denen schrittweise die Kontrollvariablen integriert werden, durchgeführt wie auch eine Regression, die alle erklärenden Variablen umfasst.

Um den Einfluss von Extraversion und Neurotizismus ($EXTRAVERT_i$ and $NEUROT_i$) auf die Risikoeinstellung zu messen (Hypothesen *H1* und *H4*), werden die Variablen $RISKATT_i^{SÄ}$ und $RISKATT_i^{Fin}$ auf die unabhängigen Variablen $EXTRAVERT_i$ und $NEUROT_i$ sowie die Kontrollvariablen regressiert. Das gesamte Regressionsmodell wird in Gleichung 4 dargestellt:

$$RISKATT_i^{SÄ}/RISKATT_i^{Fin} = \beta_0 + \beta_1 * EXTRAVERT_i + \beta_2 * NEUROT_i + \beta_3 * GENDER_i + \beta_4 * INTLOCUS_i + \beta_5 * EXTLOCUS_i + \beta_6 * POSAFFECT_i + \beta_7 * NEGAFFECT_i + \beta_8 * AGE_i + \mathrm{E} \qquad (4)$$

427 Ein entsprechender Test auf Normalverteilung (Shapiro-Wilk) wurde vorab durchgeführt.

Um den Einfluss von Extraversion und Neurotizismus auf die Risikowahrnehmung (Hypothesen *H2* und *H5*) sowie die Renditeerwartung (Hypothesen *H3* und *H6*) der Anleger zu messen, werden jeweils die unabhängigen Variablen aus Gleichung 4 genutzt. Um den Einfluss auf die Risikowahrnehmung zu erfassen, wird in dem Regressionsmodell $RISKPERC_i$ als abhängige Variable verwendet. Zur Überprüfung des Einflusses von Extraversion und Neurotizismus auf die Renditeerwartung wird als abhängige Variable $RETURNEXP_i$ genutzt. Für alle Regressionsmodelle wird auf das statistische Standardverfahren der *Methode der kleinsten Quadrate* (*Ordinary Least Squares, OLS*) zurückgegriffen.[428] Um eine mögliche Multikollinearität zwischen den unabhängigen Variablen in dem Regressionsmodell zu entdecken, wird der *Varianzinflationsfaktor (VIF)* berechnet. Da die entsprechenden Werte des VIF deutlich geringer als 10 sind, ist eine Beeinflussung der Ergebnisse durch Multikollinearität als unwahrscheinlich einzustufen.[429] Weiterhin sei erwähnt, dass aufgrund der Verwendung fünfstufiger Likert-Skalen der Großteil der unabhängigen Variablen ein ordinales Skalenniveau aufweist. Es kann jedoch angenommen werden, dass die Klassifizierung von Variablen, die mit einer Likert-Skala gemessen werden, als intervallskalierte Variablen keine substantiellen Auswirkungen auf das Auftreten von Fehlern vom Typ I oder Typ II zu haben scheinen.[430]

Strukturgleichungsmodell

Neben den bereits erwähnten Analysemethoden wird der Einfluss von Extraversion und Neurotizismus auf die Determinanten des Risikoverhaltens mit einem Strukturgleichungsmodell untersucht. Ein Vorteil dieses Vorgehens liegt darin, dass im Vergleich zu den vorhe-

---

428 Da einige abgängige Variablen (zum Beispiel *RISKPERCi*) theoretisch durch die Vorgabe der Antwortskala beschränkt sind, werden zudem entsprechende Tobit-Regressionen zu Kontrollzwecken durchgeführt, wobei keine nennenswerten Unterschiede zu beobachten sind. Da zudem die jeweiligen theoretischen Begrenzungen der Variablen kaum erreicht werden, wird der Fokus auf die Darstellung der Ergebnisse der OLS-Regressionen gerichtet.

429 Vgl. Hair et al. (2014), S. 200.

430 Vgl. Jaccard/Wan (1996), S. 2ff. Vgl. hierzu auch die Diskussion in Townsend (1990), Velleman/Wilkinson (1993), Baur (2008), S. 279–289.

rigen Methoden zudem explizit die Beziehungen und Einflüsse zwischen den abhängigen Variablen Risikoeinstellung und -wahrnehmung sowie Renditeerwartung berücksichtigt werden können, die bei der Korrelations- und Regressionsanalyse unberücksichtigt bleiben. Zudem erfolgt bei der *Strukturgleichungsanalyse* eine Trennung zwischen den latenten Variablen (zum Beispiel Risikoeinstellung) und ihren manifesten (beobachtbaren) Variablen (zum Beispiel Antwortwert der Teilnehmer per Selbsteinschätzung). Die Messfehler beziehungsweise die Messgenauigkeit der manifesten Variablen können somit berücksichtigt werden und es kann eine Schlussfolgerung dahingehend gezogen werden, ob sich die manifesten Variablen zur Messung der latenten Variablen eignen.[431] Die Implementierung der Strukturgleichungsanalyse wird mit dem Programm AMOS 23 vorgenommen.[432]

Aufbauend auf den abgeleiteten Hypothesen sowie der zwischen den abhängigen Variablen angenommenen und beschriebenen Beziehungen[433] kann das Strukturmodell erstellt werden. Abbildung 6 gibt das Strukturmodell in grafischer Form wieder.[434] Die Richtung der Pfeile illustriert dabei den vermuteten Wirkungszusammenhang zwischen den Variablen. Zudem werden in der Grafik die zu überprüfenden Hypothesen berücksichtigt. Beispielsweise wird im Rahmen von Hypothese *H1* ein positiver Zusammenhang zwischen Extraversion und der Risikoeinstellung vermutet, was dahingehend zu interpretieren ist, dass Anleger mit höheren Werten in Extraversion weniger risikoavers sind als Anleger mit niedrigeren Werten. Die Pfeile zwischen den Risikodeterminanten verdeutlichen den vermuteten Einfluss der Risikoeinstellung und -wahrnehmung auf die Renditeerwartung. Der Doppelpfeil zwischen Extraversion und Neurotizismus symbolisiert einen ungerichteten Zusammenhang, da eine wechselseitige Beziehung zwischen Extraversion und Neurotizismus vermutet wird.

---

431 Vgl. dazu und grundlegend zu Strukturgleichungsmodellen Weiber/Mühlhaus (2014), Backhaus/Erichson/Weiber (2015), S. 65–120.

432 Vgl. dazu beispielsweise Byrne (2010).

433 Vgl. dazu den entsprechenden Abschnitt in Kapitel 4.3.

434 Ein vollständiges Strukturgleichungsmodell setzt sich dabei aus zwei Komponenten zusammen, dem Struktur- und Messmodell.

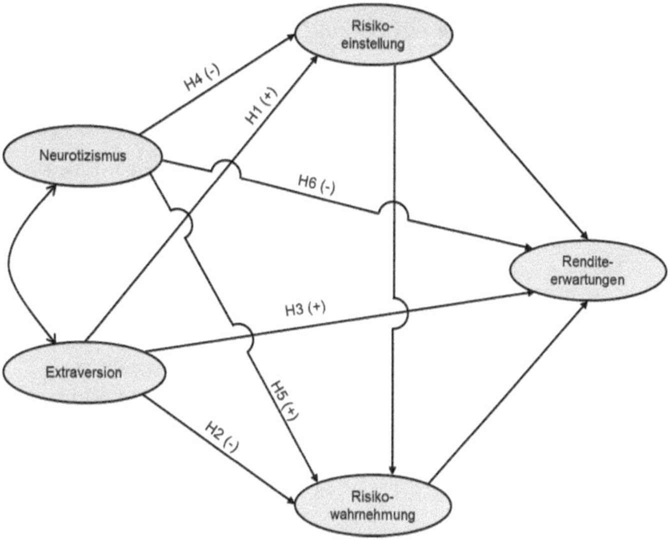

Abbildung 6: Strukturmodell zum Einfluss von Extraversion und Neurotizismus auf die Determinanten des Risikoverhaltens [435]

Um den Einfluss von Extraversion und Neurotizismus auf die Risikodeterminanten mit Hilfe der Strukturgleichungsanalyse überprüfen zu können, werden die formulierten Hypothesen sowie die Beziehungen zwischen den Risikodeterminanten in ein Gleichungssystem übertragen. Zur Aufstellung des Gleichungssystems wird eine Reihe neuer Variablen eingeführt. Tabelle 5 gibt einen Überblick über die verwendeten Variablen (inklusive der üblichen griechischen Notation) in der Strukturgleichungsanalyse.[436]

---

435 Quelle: Oehler/Wedlich (2016).
436 Quelle: Oehler/Wedlich (2016).

Tabelle 5: Variablen des Strukturgleichungsmodells

Variable	Beschreibung	Ausprägung
ξ_i	Exogene (unbeobachtete) latente Variable *i*	Extraversion (ξ_1), Neurotizismus (ξ_2)
η_i	Endogene (unbeobachtete) latente Variable *i* die durch das Modell erklärt wird	Risikoeinstellung (η_1), Renditeerwartung (η_2), Risikowahrnehmung (η_3)
x_i	Manifeste (beobachtbare) Variable *i* einer exogenen Variable	Item 1 (x_1) bis Item 4 (x_3)[437]
y_i	Manifeste (beobachtbare) Variable *i* einer endogenen Variable	$RISKATT_i^{Fin}$ (y_1), $RISKATT_i^{SÄ}$ (y_2), $RETURNEXP_{up}$ (y_3), $RETURNEXP_{Const}$ (y_4), $RETURNEXP_{down}$ (y_5), $RISKPERC_{up}$ (y_6), $RISKPERC_{Const}$ (y_7), $RISKPERC_{down}$ (y_8)
γ_i	Standardisierte Pfadregressionskoeffizienten *i* zwischen einer exogenen und endogenen Variable	$\gamma_{11}, \gamma_{12}, \gamma_{21}, \gamma_{22}, \gamma_{12}, \gamma_{31}, \gamma_{32}$
β_i	Standardisierte Pfadregressionskoeffizienten *i* zwischen zwei endogenen Variablen	$\beta_{21}, \beta_{23}, \beta_{31}$
λ_i	Faktorladung *i*	$\lambda_{11}, \lambda_{21}, \lambda_{32}, \lambda_{42}, \lambda_{52}, \lambda_{63}, \lambda_{73}, \lambda_{83}$
δ_i	Fehlerterm *i* einer manifesten (beobachtbaren) Variable x_i	δ_1 bis δ_4
ε_i	Fehlerterm *i* einer manifesten (beobachtbaren) Variable y_i	ε_1 bis ε_8
ζ_i	Residualterm *i* einer endogenen (unbeobachteten) latenten Variable η_i	ζ_1 bis ζ_3
Φ_i	Kovarianz zwischen zwei exogenen (unbeobachteten) latenten Variablen	Φ_{21}

Anmerkung: Tabelle 5 gibt einen Überblick über die Variablen des Strukturgleichungsmodells. In der linken Spalte sind die gebräuchlichen griechischen Notationen aufgeführt. Die mittlere Spalte enthält eine kurze Beschreibung. In der rechten Spalte werden die konkreten Ausprägungen der Variablen im Modell aufgezählt.

437 Die Items 1 bis 4 beziehen sich dabei auf die jeweiligen Aussagen zu Extraversion und Neurotizismus des BFI-10.

Das Gleichungssystem zum Strukturmodell stellt sich wie folgt auf:

$$\eta_1 = \gamma_{11} * \xi_1 + \gamma_{12} * \xi_2 + \zeta_1 \quad (5)$$

$$\eta_2 = \gamma_{11} * \xi_1 + \gamma_{12} * \xi_2 + \beta_{21} * \eta_1 + \beta_{23} * \eta_3 + \zeta_2 \quad (6)$$

$$\eta_3 = \gamma_{11} * \xi_1 + \gamma_{12} * \xi_2 + \beta_{31} * \eta_1 + \zeta_3 \quad (7)$$

Die Gleichungen zum Messmodell der endogenen latenten Variablen ergeben sich wie folgt:

$$y_1 = \lambda_{11} * \eta_1 + \varepsilon_1 \quad (8)$$

$$y_2 = \lambda_{21} * \eta_1 + \varepsilon_2 \quad (9)$$

$$y_3 = \lambda_{32} * \eta_2 + \varepsilon_3 \quad (10)$$

$$y_4 = \lambda_{42} * \eta_2 + \varepsilon_4 \quad (11)$$

$$y_5 = \lambda_{52} * \eta_2 + \varepsilon_5 \quad (12)$$

$$y_6 = \lambda_{63} * \eta_3 + \varepsilon_6 \quad (13)$$

$$y_7 = \lambda_{73} * \eta_3 + \varepsilon_7 \quad (14)$$

$$y_8 = \lambda_{83} * \eta_3 + \varepsilon_8 \quad (15)$$

Das Gleichungssystem zum Messmodell der exogenen latenten Variablen lautet wie folgt:

$$x_1 = \lambda_{11} * \xi_1 + \delta_1 \quad (16)$$

$$x_2 = \lambda_{21} * \xi_1 + \delta_2 \quad (17)$$

$$x_3 = \lambda_{32} * \xi_2 + \delta_3 \quad (18)$$

$$x_4 = \lambda_{42} * \xi_2 + \delta_4 \quad (19)$$

Abbildung 7 visualisiert die beschriebenen Gleichungssysteme des Strukturgleichungsmodells.

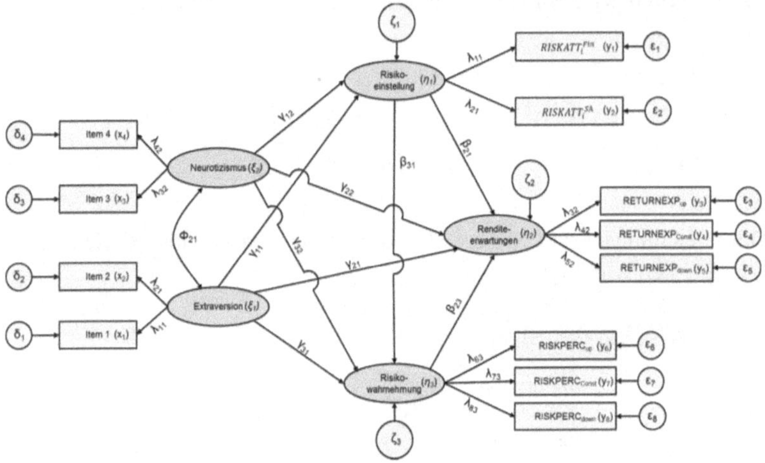

Abbildung 7: Strukturgleichungsmodell zum Einfluss von Extraversion und Neurotizismus auf die Determinanten des Risikoverhaltens[438]

Die exogenen und endogenen (unbeobachteten) latenten Variablen Extraversion (ξ_1), Neurotizismus (ξ_2), Risikoeinstellung (η_1), Renditeerwartung (η_2) und Risikowahrnehmung (η_3) sind in den ovalen Formen abgebildet und bilden das Strukturmodell. Das Messmodell dient zur Operationalisierung der endogenen Variablen und adressiert die Beziehungen zwischen den manifesten (beobachtbaren) Variablen (x_i und y_i, Rechtecke) und den jeweiligen (unbeobachteten) latenten Variablen. Daneben umfasst das Messmodell die jeweiligen Faktorladungen (λ_i), die Fehlerterme der manifesten Variablen (δ_i und ε_i; kleine Kreise) sowie die Residualterme der latenten Variablen (ζ_i; große Kreise).

438 Quelle: Oehler/Wedlich (2016).

Robustheitsuntersuchung

Zur Überprüfung der Robustheit der Ergebnisse wird der gesamten Datensatz in verschiedene Teildatensätze aufgeteilt. Die Teilnehmer werden dabei je nach Höhe der Werte für Extraversion und Neurotizismus den jeweiligen Gruppen zugeordnet. Die insgesamt vier Teilgruppen umfassen dabei jeweils die 20% der Teilnehmer mit den höchsten und niedrigsten Werten in Extraversion und Neurotizismus. Je nach Persönlichkeitsfaktor werden die Teilnehmer mit den höchsten Werten und den niedrigsten Werten in Bezug auf die Ausprägungen der Determinanten des Risikoverhaltens verglichen. Zur statistischen Überprüfung von Unterschieden zwischen den Gruppen wird ein paarweiser Gleichheitstest (*Wilcoxon-Mann-Whitney-U-Test*) durchgeführt.

9.3 Ergebnisse

Deskriptive Statistiken

Tabelle 6 enthält eine deskriptive Beschreibung der Variablen des Datensatzes. Panel A enthält die unabhängigen Variablen (Charakteristika der Teilnehmer). Insgesamt haben an der Befragung mehr Frauen (N=192) als Männer (N=149) teilgenommen, der Median des Alters der Teilnehmer liegt bei 22 Jahren (Mittelwert: 22,4 Jahre). Das Alter der Teilnehmer schwankt dabei zwischen 19 und 34 Jahren. Der Median für $EXTRAVERT_i$ liegt bei 3,5 (Mittelwert: 3,5) wobei die Werte zwischen 1,0 und 5,0 variieren. Die gleiche Spanne zeigt sich für Neurotizismus. Der Median beträgt für $NEUROT_i$ 3,0 (Mittelwert: 2,9). Die ermittelten Werte für Extraversion und Neurotizismus sind grundsätzlich mit den Werten anderer Studien vergleichbar. Beispielsweise ermitteln Rammstedt et al. (2012) für die Altersgruppe 18 bis 35 Jahre für Extraversion einen Mittelwert von 3,7 mit einer Standardabweichung von 0,89 und für Neurotizismus einen Wert von 2,4 mit einer Standardabweichung von 0,84. Der Median für $INTLOCUS_i$ beträgt 4,0 (Mittelwert: 4,2). Bei der Variablen $EXTLOCUS_i$ ist dieser mit 2,0 (Mittelwert: 2,1) geringer. Kovaleva et al. (2012) überliefern für die Altersgruppe 18 bis 35 Jahre ähnliche Werte. Die Werte der internalen (Mittelwert: 4,3; Standardabweichung: 0,76) und externalen Kontrollüberzeugung (Mittelwert: 2,5; Standardabweichung: 0,97) sind dabei geringfügig höher. Der Median der Ausprägungen von $POSAFFECT_i$ liegt bei 3,0 (Mittelwert: 3,1). Die Variable $NEGAFFECT_i$ hat einen Median von 1,0 (Mittelwert: 1,5). Die Werte von Krohne et al. (1996) deuten in eine ähnliche Richtung. Für die im Moment bei den Probanden vorherrschenden positiven Affekte findet sich ein Mittelwert von 2,7, wohingegen der Mittelwert für die negativen Affekte 1,5 beträgt.[439]

In Panel B sind die abhängigen Variablen zu den Determinanten des Risikoverhaltens deskriptiv beschrieben. Die Werte für $RISKATT_i^{SÄ}$ nehmen Ausprägungen von 1,0 bis 7,6 mit einem Median 4,1 (Mittelwert: 4,6) an. Die Variable $RISKATT_i^{Fin}$ hat einen Median von 2,5 (Mittelwert: 2,6) mit einem Maximum von 5,0 und einem Minimum von 1,0. Bezüglich der Risikowahrnehmung der Teilnehmer ($RISKPERC_i$) lässt sich ein Median von 3,0 (Mittelwert: 3,2) feststellen. Die Werte für die Variable erreichen dabei nur ein Minimum von 2,0 (Maximum: 5,0). In Bezug auf die Renditeerwartung der Teilnehmer ($RETURNEXP_i$) ergibt sich ein Median von 0,079 (Mittelwert: 0,096). Dies bedeutet, dass die Teilnehmer im Durchschnitt einen Anstieg der Aktienpreise in einem Jahr um 7,9% beziehungsweise 9,6% erwarten. Die Erwartungen schwanken dabei zwischen -26,8% und 11,8%.

---

439 Es ist dabei jedoch zu beachten, dass sich die angegebenen Mittelwerte von Krohne et al. (1996) auf das komplette Messinstrument (PANAS) beziehen.

Tabelle 6: Deskriptive Statistiken zur Befragung[440]

Panel A: Charakteristika der Teilnehmer

	N	Mittelwert	Median	Max	Min	Std
$GENDER_i$	341					
Männer	149					
Frauen	192					
AGE_i	342	22,4	22	34	19	2,2
$EXTRAVERT_i$	342	3,5	3,5	5,0	1,0	0,9
$NEUROT_i$	342	2,9	3,0	5,0	1,0	0,9
$INTLOCUS_i$	342	4,2	4,0	5,0	2,5	0,5
$EXTLOCUS_i$	340	2,1	2,0	4,0	1,0	0,6
$POSAFFECT_i$	341	3,1	3,0	5,0	1,0	0,9
$NEGAFFECT_i$	341	1,5	1,0	5,0	1,0	0,8

Panel B: Determinanten des Risikoverhaltens

		Mittelwert	Median	Max	Min	Std
$RISKATT_i^{SÄ}$	330	4,6	4,1	7,6	1,0	1,0
$RISKATT_i^{Fin}$	342	2,6	2,5	5,0	1,0	1,1
$RISKPERC_i$	342	3,2	3,0	5,0	2,0	0,7
$RETURNEXP_i$	330	0,096	0,079	0,489	-0,268	0,118

Anmerkung: Tabelle 6 gibt in Panel A eine deskriptive Beschreibung der personalen Eigenschaften (unabhängige Variablen) der Teilnehmer. Panel B gibt einen Überblick über die Ausprägungen der Determinanten des Risikoverhaltens. Für jede Variable wird die Anzahl (N), der Mittelwert und Median, das Maximum (Max) und Minimum (Min) sowie die Standardabweichung (Std) angegeben. Beispiel: Der Median von Extraversion der Teilnehmer beträgt 3,5.

440 Quelle: Oehler/Wedlich (2016).

Tabelle 7 enthält die Rangkorrelationskoeffizienten nach Spearman und Kendall's Tau zwischen den unabhängigen Variablen. Zwischen $EXTRAVERT_i$ und $NEUROT_i$ besteht ein negativer Zusammenhang (Spearman: -0,197; Kendall's Tau: -0,154), der auf dem 1-Prozent-Niveau statistisch signifikant ist. Das Ergebnis steht im Einklang mit den Ergebnissen weiterer empirischer Studien.[441] Weiterhin korreliert $EXTRAVERT_i$ jeweils positiv mit $INTLOCUS_i$ und $POSAFFECT_i$ und negativ mit $EXTLOCUS_i$ und $NEGAFFECT_i$. Für $NEUROT_i$ existieren negative Korrelationen zu $INTLOCUS_i$, $POSAFFECT_i$, und $GENDER_i$, und positive Korrelationen zu $EXTLOCUS_i$ und $NEGAFFECT_i$. Die beschriebenen Korrelationen zwischen Extraversion und Neurotizismus zu den anderen unabhängigen Variablen sind dabei alle auf dem 1-Prozent-Niveau statistisch signifikant. Daneben findet sich auf dem 10-Prozent-Niveau eine statistische Signifikanz zwischen $NEUROT_i$ und AGE_i.

441 Vgl. Borkenau/Ostendorf (1993), Körner/Geyer/Brähler (2002), Roth (2002), Rammstedt/John (2005), Mayfield/Perdue/Wooten (2008).

Tabelle 7: Korrelationen zwischen den personalen Eigenschaftsvariablen der Befragungsteilnehmer[442]

	$GENDER_i$	AGE_i	$EXTRAVERT_i$	$NEUROT_i$	$INTLOCUS_i$	$EXTLOCUS_i$	$POSAFFECT_i$	$NEGAFFECT_i$
$GENDER_i$		0,172***	-0,036	-0,401***	0,133**	-0,056	0,085	-0,122**
AGE_i	0,150***		-0,015	-0,100*	0,142***	-0,034	0,019	-0,039
$EXTRAVERT_i$	-0,031	-0,011		-0,197***	0,169***	-0,200***	0,281***	-0,186***
$NEUROT_i$	-0,352***	-0,076*	-0,154***		-0,244***	0,252***	-0,200***	0,248***
$INTLOCUS_i$	0,121**	0,115***	0,140***	-0,197***		-0,267***	0,287***	-0,185***
$EXTLOCUS_i$	-0,051	-0,028	-0,158***	0,202***	-0,222***		-0,119**	0,199***
$POSAFFECT_i$	0,079	0,015	0,229***	-0,163***	0,251***	-0,102**		-0,073
$NEGAFFECT_i$	-0,177**	-0,033	-0,157***	0,211***	-0,164***	0,174***	-0,067	

Anmerkung: Tabelle 7 zeigt die Rangkorrelationskoeffizienten nach Spearman (über der Diagonalen) sowie Kendall's Tau (unter der Diagonalen) zwischen den unabhängigen Variablen. Die Symbole *, ** und *** kennzeichnen statistische Signifikanz auf dem 10-, 5- und 1-Prozent-Niveau. Beispiel: Der Rangkorrelationskoeffizient nach Spearman zwischen $NEUROT_i$ und $EXTLOCUS_i$ ist 0,252 und auf dem 1-Prozent-Niveau statistisch signifikant.

442 Quelle: Oehler/Wedlich (2016).

Tabelle 8 zeigt die Rangkorrelationskoeffizienten nach Spearman sowie Kendall's Tau zwischen den Determinanten des Risikoverhaltens. Zwischen $RISKATT_i^{SÄ}$ und $RISKATT_i^{Fin}$ besteht ein statistisch signifikanter positiver Zusammenhang auf dem 1-Prozent-Niveau. Das bedeutet, dass Teilnehmer, die ein höheres Sicherheitsäquivalent bei der Lotterie verlangen, sich auch als weniger risikoavers einschätzen. Dieses Ergebnis ist intuitiv nachvollziehbar, da die Selbsteinschätzung der Personen bezüglich ihrer Risikoeinstellung somit auch ihre Risikoeinstellung widerspiegelt, die diese bei der Lotterie zeigen. Zwischen der Risikoeinstellung und der Risikowahrnehmung ($RISKPERC_i$) können keine statistisch aussagekräftigen Beziehungen festgestellt werden. In Bezug auf die Renditeerwartung der Teilnehmer ($RETURNEXP_i$) existieren sowohl signifikante Zusammenhänge zur Risikoeinstellung wie auch zur Risikowahrnehmung. Alle Zusammenhänge sind auf dem 1-Prozent-Niveau statistisch signifikant. Der jeweils positive Zusammenhang zwischen $RISKATT_i^{SÄ}$ und $RETURNEXP_i$ sowie zwischen $RISKATT_i^{Fin}$ und $RETURNEXP_i$ verdeutlicht, dass weniger risikoaverse Teilnehmer zugleich eine höhere Renditeerwartung haben. Für eingegangene Risiken wird eine höhere Rendite erwartet. Der negative Zusammenhang zwischen $RISKPERC_i$ und $RETURNEXP_i$ deutet an, dass Personen, die die Aktien als weniger risikoreich wahrnehmen, auch gleichzeitig eine höhere Renditeerwartung haben.

Tabelle 8: Korrelationen zwischen den Determinanten des Risikoverhaltens[443]

	$RISKATT_i^{SÄ}$	$RISKATT_i^{Fin}$	$RISKPERC_i$	$RETURNEXP_i$
$RISKATT_i^{SÄ}$		0,315***	-0,076	0,153***
$RISKATT_i^{Fin}$	0,264***		-0,014	0,182***
$RISKPERC_i$	-0,066	-0,011		-0,207***
$RETURNEXP_i$	0,114***	0,138***	-0,160***	

Anmerkung: Tabelle 8 zeigt die Rangkorrelationskoeffizienten nach Spearman (über der Diagonalen) sowie Kendall's Tau (unter der Diagonalen) zwischen den Determinanten des Risikoverhaltens. Die Symbole *, ** und *** kennzeichnen statistische Signifikanz auf dem 10-, 5- und 1-Prozent-Niveau. Beispiel: Der Rangkorrelationskoeffizient nach Spearman zwischen der Risikoeinstellung, gemessen mit der Sicherheitsäquivalenzmethode ($RISKATT_i^{SÄ}$), und der Renditeerwartung ($RETURNEXP_i$) ist 0,153. Die Korrelation ist auf dem 1-Prozent-Niveau statistisch signifikant.

Korrelationsanalyse

Tabelle 9 enthält die Rangkorrelationskoeffizienten nach Spearman sowie Kendall's Tau zwischen $EXTRAVERT_i$ (Panel A) und $NEUROT_i$ (Panel B) und den Determinanten des Risikoverhaltens. Die signifikanten positiven Korrelationen auf dem 1-Prozent-Niveau zwischen $EXTRAVERT_i$ und $RISKATT_i^{SÄ}$ ($RISKATT_i^{Fin}$) unterstützen Hypothese *H1*, wonach sich stärker extravertierte Anleger weniger risikoavers verhalten. Die insignifikanten und schwachen Korrelationen zwischen $EXTRAVERT_i$ und $RISKPERC_i$ deuten an, dass Extraversion keinen Einfluss auf die Risikowahrnehmung zu haben scheint und liefern somit keine Hinweise, die Hypothese *H2* stützen. Eine ähnliche Aussage lässt sich für Hypothese *H3* tätigen. Die Korrelationen zwischen $EXTRAVERT_i$ und $RETURNEXP_i$ sind leicht positiv, was Hypothese *H3* grundsätzlich stützen würde, jedoch aufgrund der schwachen (0,039 und 0,027) und insignifikanten Korrelationen kaum aussagekräftig. Bezüglich des Einflusses von Neurotizismus auf die Risikoeinstellung von Anlegern (Hypothese *H4*) finden sich Hinweise,

443 Quelle: Oehler/Wedlich (2016).

dass sich Anleger mit höheren Werten in Neurotizismus risikoaverser verhalten. Die jeweiligen Korrelationen zwischen $NEUROT_i$ und $RISKATT_i^{SÄ}$ ($RISKATT_i^{Fin}$) sind auf dem 1-Prozent-Niveau signifikant. Die leicht negativen, aber insignifikanten, Korrelationen zwischen $NEUROT_i$ und $RISKPERC_i$ stellen keine Unterstützung für Hypothese *H5* dar. $NEUROT_i$ und $RETURNEXP_i$ sind negativ miteinander korreliert, was bedeutet, dass Teilnehmer mit höheren Werten in Neurotizismus eine niedrigere Renditeerwartung haben. Die Korrelationen sind auf dem 1-Prozent-Niveau statistisch signifikant. Dieses Ergebnis stützt Hypothese *H6*.

Tabelle 9: Korrelationen zwischen Extraversion und Neurotizismus und den Determinanten des Risikoverhaltens[444]

Panel A: Extraversion

	$RISKATT_i^{SÄ}$	$RISKATT_i^{Fin}$	$RISKPERC_i$	$RETURNEXP_i$
$EXTRAVERT_i$	0,144*** (0,115***)	0,204*** (0,164***)	-0,001 (0,000)	0,039 (0,027)
N	330	342	342	330

Panel B: Neurotizismus

	$RISKATT_i^{SÄ}$	$RISKATT_i^{Fin}$	$RISKPERC_i$	$RETURNEXP_i$
$NEUROT_i$	-0,340*** (-0,268***)	-0,284*** (-0,227***)	-0,012 (-0,010)	-0,138** (-0,095**)
N	330	342	342	330

Anmerkung: Tabelle 9 zeigt die Rangkorrelationskoeffizienten nach Spearman sowie Kendall's Tau (in Klammern) zwischen Extraversion und Neurotizismus und den Determinanten des Risikoverhaltens. Die Symbole *, ** und *** kennzeichnen statistische Signifikanz auf dem 10-, 5- und 1-Prozent-Niveau. Beispiel: Der Rangkorrelationskoeffizient nach Spearman zwischen $EXTRAVERT_i$ und $RISKPERC_i$ beträgt -0,001 und ist insignifikant.

444 Quelle: Oehler/Wedlich (2016).

Regressionsanalyse

Tabelle 10 enthält die Ergebnisse der Regressionsanalyse zum Einfluss von Extraversion und Neurotizismus auf die Risikoeinstellung. Panel A (B) zeigt die Ergebnisse für die Regressionen mit $RISKATT_i^{SÄ}$ ($RISKATT_i^{Fin}$) als abhängige Variable. Die Regressionskoeffizienten für $EXTRAVERT_i$ in Panel A sind in allen Regressionsspezifikationen positiv, jedoch nicht signifikant. Im Vergleich dazu weisen die positiven Koeffizienten von $EXTRAVERT_i$ in Panel B mindestens statistische Signifikanzen auf dem 5-Prozent-Niveau auf. Obwohl die Ergebnisse gerade in Bezug auf Panel A nicht ganz eindeutig sind, scheinen sie grundsätzlich die Vermutung in Hypothese *H1* zu stützen, dass stärker extravertierte Anleger ein geringeres Maß an Risikoaversion aufweisen als weniger extravertierte Anleger sind.[445] In Bezug auf den Einfluss von Neurotizismus ist erkennbar, dass sowohl bei der Regression mit $RISKATT_i^{SÄ}$ als auch $RISKATT_i^{Fin}$ alle Regressionskoeffizienten für $NEUROT_i$ mindestens auf dem 5-Prozent-Niveau statistisch signifikant sind. Die Ergebnisse bestätigen die vorherigen Ergebnisse der Korrelationsanalyse und stellen somit eine starke Unterstützung für Hypothese *H4* dar, dass Anleger mit höheren Werten in Neurotizismus risikoaverser sind als Anleger mit niedrigeren Werten in Neurotizismus. Für die Regression mit $RISKATT_i^{Fin}$ ist zudem der Koeffizient von $GENDER_i$ sowohl im Gesamtmodell wie auch in der entsprechenden Spezifikation jeweils signifikant positiv auf dem 1-Prozent-Niveau. Dies bedeutet, dass sich Männer im Vergleich zu Frauen als weniger risikoavers einstufen.

---

445 In Bezug auf die Unterschiede der Methoden hinsichtlich der Messung von Risikoeinstellung vertreten Nosić/Weber (2010) die Ansicht, dass die Selbstbeurteilung einer Person mittels Fragebogen aussagekräftiger ist als zum Beispiel die Messung mittels Lotterieentscheidungen.

Tabelle 10: Ergebnisse der Regressionsanalyse zum Einfluss von Extraversion und Neurotizismus auf die Risikoeinstellung[446]

Panel A: Abhängige Variable: $RISKATT_i^{SÄ}$, Risikoeinstellung gemessen mit der Sicherheitsäquivalenzmethode

β_0	5,396***	5,221***	5,958***	5,588***	5,150***	5,717***
$EXTRAVERT_i$	0,077	0,082	0,073	0,068	0,072	0,072
$NEUROT_i$	-0,353***	-0,321***	-0,345***	-0,329***	-0,351***	-0,293***
$GENDER_i$		0,138				0,138
$INTLOCUS_i$			-0,077			-0,096
$EXTLOCUS_i$			-0,119			-0,100
$POSAFFECT_i$				-0,013		-0,001
$NEGAFFECT_i$				-0,125*		-0,114
AGE_i					0,011	0,011
R^2 (adj.)	0,099	0,100	0,099	0,103	0,097	0,100

Panel B: Abhängige Variable: $RISKATT_i^{Fin}$, Risikoeinstellung gemessen mit der Selbsteinschätzung der Teilnehmer

β_0	2,958***	1,847***	2,759***	2,806***	2,906***	1,997**
$EXTRAVERT_i$	0,187***	0,250***	0,189***	0,178**	0,193***	0,248***
$NEUROT_i$	-0,333***	-0,142**	-0,337***	-0,329***	-0,331***	-0,151**
$GENDER_i$		0,764***				0,768***
$INTLOCUS_i$			0,025			-0,019
$EXTLOCUS_i$			0,048			0,012
$POSAFFECT_i$				0,048		0,030
$NEGAFFECT_i$				0,015		0,032
AGE_i					0,001	-0,009
R^2 (adj.)	0,099	0,193	0,094	0,095	0,097	0,182

Anmerkung: Tabelle 10 enthält in Panel A die Regressionskoeffizienten sowie die angepassten R^2-Werte für die in Gleichung (4) beschriebene Regression mit $RISKATT_i^{SÄ}$ als abhängiger Variable. Panel B zeigt die Ergebnisse für die Regression mit $\mathrm{RISKATT}_i^{Fin}$ als abhängiger Variable. $EXTRAVERT_i$ und $NEUROT_i$ werden dabei schrittweise mit den anderen erklärenden Variablen kombiniert. Die letzte Spalte umfasst die Ergebnisse des gesamten Regressionsmodells. Die Symbole *, ** und *** kennzeichnen statistische Signifikanz auf dem 10-, 5- und 1-Prozent-Niveau. Beispiel: Die Regression von $RISKATT_i^{Fin}$ auf $EXTRAVERT_i$, wobei nur für den Einfluss von Neurotizismus ($NEUROT_i$) kontrolliert wird, ergibt einen Regressionskoeffizienten von 0,187 für $EXTRAVERT_i$, der auf dem 5-Prozent-Niveau statistisch signifikant ist.

446 Quelle: Oehler/Wedlich (2016).

Tabelle 11 stellt die Ergebnisse der Regressionsanalyse in Bezug auf den Einfluss von Extraversion und Neurotizismus auf die Risikowahrnehmung von Anlegern dar. Alle Regressionskoeffizienten für $EXTRAVERT_i$ und $NEUROT_i$ sind insignifikant. Dies bedeutet, dass weder Extraversion noch Neurotizismus für die Vorhersage der Risikowahrnehmung von Anlegern geeignet sind. Die Ergebnisse stellen somit keine Unterstützung für die Hypothese *H2* und *H5* dar. Weiterhin fällt auf, dass keine andere unabhängige Variable einen statistisch signifikanten Einfluss auf $RISKPERC_i$ hat. Dies äußert sich unter anderem in den niedrigen (negativen) angepassten R^2-Werten, die auf einen insgesamt sehr niedrigen Erklärungsgehalt des Regressionsmodells hindeuten.

Tabelle 11: Ergebnisse der Regressionsanalyse zum Einfluss von Extraversion und Neurotizismus auf die Risikowahrnehmung[447]

Abhängige Variable: $RISKPERC_i$, Risikowahrnehmung gemessen mit dem Median der drei Risikoeinschätzungen für die Aktien

β_0	3,198***	3,136***	3,244***	3,078***	3,358***	3,296***
$EXTRAVERT_i$	0,001	0,006	0,006	-0,005	0,002	0,002
$NEUROT_i$	-0,012	-0,001	-0,023	-0,010	-0,013	-0,012
$GENDER_i$		0,041				0,040
$INTLOCUS_i$			-0,029			-0,044
$EXTLOCUS_i$			0,043			0,037
$POSAFFECT_i$				0,036		0,042
$NEGAFFECT_i$				0,016		0,009
AGE_i					-0,007	-0,007
R^2 (adj.)	-0,006	-0,008	-0,010	-0,010	-0,008	-0,019

Anmerkung: Tabelle 11 enthält die Regressionskoeffizienten sowie die angepassten R^2-Werte für die in Gleichung (4) beschriebene Regression mit $RISKPERC_i$ als abhängiger Variable. $EXTRAVERT_i$ und $NEUROT_i$ werden dabei schrittweise mit den anderen erklärenden Variablen kombiniert. Die letzte Spalte umfasst die Ergebnisse des gesamten Regressionsmodells. Die Symbole *, ** und *** kennzeichnen statistische Signifikanz auf dem 10-, 5- und 1-Prozent-Niveau. Beispiel: Die Regression von $RISKPERC_i$ auf $EXTRAVERT_i$, wobei nur für den Einfluss von Neurotizismus ($NEUROT_i$) kontrolliert wird, ergibt einen insignifikanten Regressionskoeffizienten von 0,001 für $EXTRAVERT_i$.

447 Quelle: Oehler/Wedlich (2016).

Die Ergebnisse der Regressionsanalyse zum Einfluss von Extraversion und Neurotizismus auf die Renditeerwartung von Anlegern sind in Tabelle 12 dargestellt. Die überwiegend positiven Regressionskoeffizienten für $EXTRAVERT_i$ deuten darauf hin, dass Personen mit höheren Werten in Extraversion eine höhere Renditeerwartung haben als Personen mit niedrigeren Werten in Extraversion. Aufgrund der nicht signifikanten Koeffizienten sind die Ergebnisse aber kaum zur Unterstützung von Hypothese *H3* geeignet. Die durchgehend negativen Regressionskoeffizienten für $NEUROT_i$ deuten auf einen negativen Einfluss von Neurotizismus auf die Höhe der Renditeerwartung hin. Die Ergebnisse sind aber nur eine schwache Unterstützung für Hypothese *H6*, da die Mehrheit der Koeffizienten insignifikant ist. Lediglich für die Spezifikationen, bei denen einzeln für den Einfluss von $EXTRAVERT_i$ und AGE_i kontrolliert wird, sind die Koeffizienten für $NEUROT_i$ jeweils auf dem 5-Prozent-Niveau signifikant. In Bezug auf die Kontrollvariablen sind lediglich die beiden Koeffizienten von $GENDER_i$ von Bedeutung, die jeweils auf dem 1-Prozent-Niveau statistisch signifikant sind.

Tabelle 12: Ergebnisse der Regressionsanalyse zum Einfluss von Extraversion und Neurotizismus auf die Renditeerwartung[448]

Abhängige Variable: *$RETURNEXP_i$*, Renditeerwartung gemessen mit dem Mittelwert der drei Renditeerwartungen für die Aktien

β_0	0,140***	0,077*	0,098	0,124**	0,198**	0,125
$EXTRAVERT_i$	0,000	0,004	-0,001	0,001	0,001	0,003
NEUROT_i	-0,016**	-0,005	-0,011	-0,017	-0,016**	-0,003
$GENDER_i$		0,043***				0,043***
$INTLOCUS_i$			0,015			0,016
$EXTLOCUS_i$			-0,013			-0,016
$POSAFFECT_i$				0,003		-0,001
$NEGAFFECT_i$				0,006		0,010
AGE_i					-0,003	-0,004
R^2 (adj.)	0,007	0,031	0,011	0,003	0,006	0,033

Anmerkung: Tabelle 12 zeigt die Regressionskoeffizienten sowie die angepassten R^2-Werte für die in Gleichung (4) beschriebene Regression mit $RETURNEXP_i$ als abhängiger Variable. $EXTRAVERT_i$ und $NEUROT_i$ werden dabei schrittweise mit den anderen erklärenden Variablen kombiniert. Die letzte Spalte umfasst die Ergebnisse des gesamten Regressionsmodells. Die Symbole *, ** und *** kennzeichnen statistische Signifikanz auf dem 10-, 5- und 1-Prozent-Niveau. Beispiel: Die Regression von $RETURNEXP_i$ auf $NEUROT_i$, wobei nur für den Einfluss von Extraversion ($EXTRAVERT_i$) kontrolliert wird, ergibt einen Regressionskoeffizienten von -0,016 für $NEUROT_i$, der auf dem 5-Prozent-Niveau statistisch signifikant ist.

448 Quelle: Oehler/Wedlich (2016).

Strukturgleichungsmodell

Die Ergebnisse des Strukturgleichungsmodells sind in grafischer Form in Abbildung 8 dargestellt. Die Zahlen an den Pfeilen zeigen die standardisierten Pfadregressionskoeffizienten und geben Aufschluss über die Stärke zwischen den jeweiligen latenten Variablen. Koeffizienten mit Werten von 0,20 oder höher werden als bedeutsam eingestuft.[449] Zwischen Extraversion und Neurotizismus liegt eine wechselseitige negative Beziehung vor. Dies bedeutet, dass extravertierte Personen tendenziell weniger neurotisch sind und vice versa. Der Wert für Φ_{21} ist -0,43 und auf dem 0,1-Prozent-Niveau statistisch signifikant. In Übereinstimmung mit Hypothese *H1* sowie den vorherigen Ergebnissen geht ein positiver Einfluss von Extraversion auf die Risikoeinstellung aus. Der Pfadregressionskoeffizient (γ_{11}) beträgt 0,20 und ist auf dem 10-Prozent-Niveau statistisch signifikant. Der Wert ist dahingehend zu interpretieren, dass eine Erhöhung von Extraversion um eine Standardabweichung eine Erhöhung um 0,20 Standardabweichungen der Risikoeinstellung bedingt. Das Ergebnis deutet an, dass Anleger mit höheren Werten in Extraversion weniger risikoavers sind als Anleger mit niedrigeren Werten in Extraversion. Die Analyse hinsichtlich des Einflusses von Neurotizismus auf die Risikoeinstellung (Hypothese *H4*) liefert einen Pfadregressionskoeffizient von -0,58 (γ_{12}). Der Koeffizient ist somit als bedeutsam anzusehen und zudem auf dem 0,1-Prozent-Niveau signifikant. Es kann geschlussfolgert werden, dass sich neurotischere Anleger risikoaverser verhalten als weniger neurotische Anleger. Das Ergebnis kann als eindeutige Bestätigung für Hypothese *H4* gesehen werden. Die verbleibenden Koeffizienten (γ_{21}, γ_{31}, γ_{22}, γ_{32}) zwischen Extraversion und Neurotizismus sowie Risikowahrnehmung und Renditeerwartung sind hinsichtlich ihrer Stärke sowie ihrer Signifikanz als vernachlässigbar anzusehen und stellen somit keine Unterstützung für die Hypothesen *H2*, *H3*, *H5* und *H6* dar.

449 Vgl. Chin (1998a), S. 13.

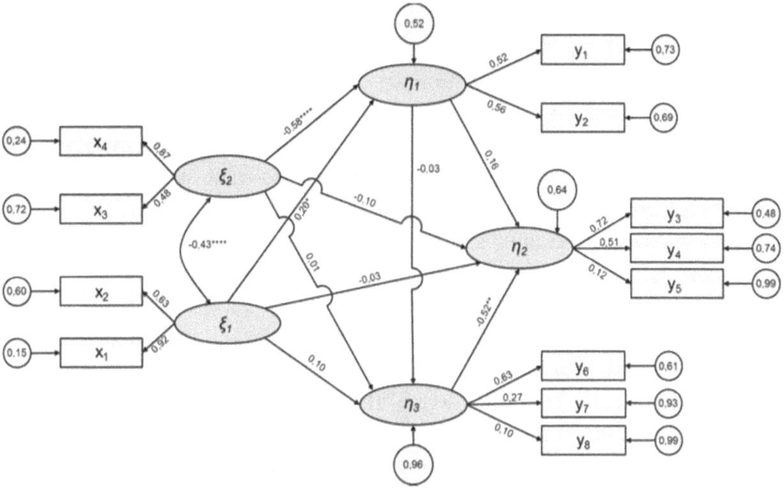

Anmerkung: Abbildung 8 zeigt die Ergebnisse des Strukturgleichungsmodells in grafischer Form. Die Symbole *, **, *** und **** kennzeichnen statistische Signifikanz auf dem 10-, 5-, 1- und 0,1-Prozent-Niveau. Beispiel: Der standardisierte Pfadregressionskoeffizient von -0,58 zwischen ξ_2 (Neurotizismus) und η_1 (Risikoeinstellung) ist auf dem 0,1-Prozent-Niveau statistisch signifikant. Die manifeste Variable y_i hat eine Faktorladung von 0,52 sowie einen assoziierten Fehlerterm (ε_1) von 0,73. Der Fehlerterm der Risikoeinstellung (ζ_1) beträgt 0,52.

Abbildung 8: Ergebnisse des Strukturgleichungsmodells zum Einfluss von Extraversion und Neurotizismus auf die Determinanten des Risikoverhaltens[450]

In Bezug auf die Zusammenhänge zwischen den Determinanten des Risikoverhaltens ist nur die Beziehung zwischen Risikowahrnehmung (η_3) und Renditeerwartung (η_2) nennenswert. Der standardisierte Pfadregressionskoeffizient zwischen den beiden Variablen beträgt -0,52 (β_{23}) und ist auf dem 5-Prozent-Niveau statistisch signifikant. Dies bedeutet, dass Anleger, die Risiken stärker wahrnehmen und somit die entsprechenden Aktien per se als risikoreicher einstufen,

450 Quelle: Oehler/Wedlich (2016).

auch eine niedrigere Renditeerwartung haben. Das Ergebnis steht augenscheinlich im Widerspruch zur neoklassischen Finanzierungsliteratur, wonach eine Investition in risikoreichere Anlagen höhere Renditen erwitschaften sollte. Ganzach (2000) findet ähnliche Ergebnisse für die Risiko- und Renditebeurteilung von Anlegern in Bezug auf Finanzanlagen, mit denen diese weniger vertraut sind (zum Beispiel die Anlage in Aktien ausländischer Unternehmen, über die wenige Informationen bekannt sind). Ganzach (2000) unterstellt den Teilnehmern Unkenntnis über den Zusammenhang zwischen Rendite und Risiko. Diese Unkenntnis scheint jedoch nicht für Finanzanlage zu gelten, mit denen Personen vertraut sind.[451] Die Teilnehmer der Befragung finden sich in genau einer solchen Ungewissheitssituation hinsichtlich der zu beurteilenden Aktien wieder, da nicht bekannt ist, um welche Unternehmen (zum Beispiel ausländische oder inländische Unternehmen) es sich bei den dargestellten Aktien handelt, und keine weiteren Informationen über diese vorliegen. Zudem scheint es möglich, dass die Teilnehmer grundsätzlich nur über wenig Erfahrung und Wissen im Umgang mit Aktien verfügen.

In Bezug auf die Messgenauigkeit für Faktorladungen kommen Ford/MacCallum/Tait (1986) zu dem Schluss, dass diese nur für Werte über 0,40 zu attestieren ist.[452] Die Mehrheit der Faktorladungen in dem Model liegt über diesem Schwellenwert, was bedeutet, dass die manifesten Variablen die latenten Variablen grundsätzlich hinreichend valide messen. Die Ausnahmen bilden die Faktorladungen λ_{52}, λ_{73} und λ_{83}, deren Werte deutlich geringer als 0,40 sind. Dies bedeutet, dass die drei manifesten Variabeln (*RETURNEXP*$_{down}$ *(*y_5*), RISKPERC*$_{Cons}$ *(*y_7*)* und *RISKPERC*$_{down}$ (*y8*) die Konstrukte *Risikowahrnehmung* und *Renditeerwartung* nicht akkurat messen und somit zur Messung weniger geeignet erscheinen. Dies zeigt sich insbesondere auch in den hohen Werten für die Fehlerterme ε_5, ε_7 und ε_8 dieser Variablen. Die Fehlerterme der manifesten Variablen geben dabei Aufschluss über den Messfehler in Form des Anteils der nicht erklärten Varianz. Ohne im Detail auf jeden Fehlerterm gesondert einzugehen, indiziert bei-

451 Vgl. Ganzach (2000), S. 359. Für bekannte Finanzanlagen (zum Beispiel Aktien bekannter inländischer Unternehmen) verschwindet der Effekt und es liegt ein positiver Zusammenhang zwischen Risiko und Rendite vor.

452 Vgl. Ford/MacCallum/Tait (1986), S. 296.

spielsweise der Fehlerterm δ_1 von x_1 in Höhe von 0,15, dass 85% der Varianz der Teilnehmerantworten in Bezug auf die entsprechende Frage des BFI-10 durch die latente (exogene) Variable Extraversion ξ_2 und die verbleibenden 15% durch andere (nicht beobachtbare oder erfasste) Faktoren erklärt werden können. Die Fehlerterme in dem Modell variieren dabei zum Teil deutlich. Die Residualterme (ζ_1, ζ_2 und ζ_3) der endogenen latenten Variablen geben den Anteil der nicht erklärten Varianz in einer endogenen Variablen an. Durch Subtraktion der Werte von 1 lassen sich die *Squared Multiple Correlations (SMC)* der endogenen Variablen errechnen. Die SMC geben an, welcher Anteil der Varianz der endogenen latenten Variablen durch die anderen endogenen und exogenen latenten Variablen erklärt wird.[453] In Anlehnung an Chin (1998b) können dabei Werte von 0,19 als schwach, Werte von 0,33 als moderat und Werte von 0,66 als substantiell bezeichnet werden.[454] Die SMC für Risikoeinstellung (0,48) sowie Renditeerwartung (0,36) sind somit grundsätzlich als moderat einzustufen, wohingegen der Wert für Risikowahrnehmung (0,04) deutlich unterhalb der Schwelle von 0,33 angesiedelt ist.

Um die Übereinstimmung des hypothetisch angenommenen Modells mit den erhobenen Daten und somit die Güte des Modells beurteilen zu können, werden sowohl inferenzstatistische *(Root-Mean-Square-Error of Approximation (RMSEA)* und der *Chi-Quadrat-Wert des formulierten Modells/Anzahl der Freiheitsgrade (CMIN/DF)*) als auch deskriptive Gütekriterien *(Adjusted-Goodness-of-Fit-Index (AGFI)*) berechnet.[455] Browne/Cudeck (1993) sehen in RMSEA-Werten unter 0,05 (0,08) eine gute (akzeptable) Modellgüte. Der RMSEA-Wert des Modells von 0,05 deutet somit zumindest auf eine akzeptable Modellgüte hin.[456] In Bezug auf das Kriterium CMIN/DF empfiehlt Byrne (1989) niedrigere Werte als 2,0. Je niedriger der Wert ist, desto besser ist die Modellgüte. Der Modellwert von 1,87 erfüllt die Bedin-

---

453 Vgl. Weiber/Mühlhaus (2014), S. 230.

454 Vgl. Chin (1998b), S. 323. Weiber/Mühlhaus (2014) betonen jedoch die nur bedingte Generalisierbarkeit der Werte, vgl. Weiber/Mühlhaus (2014), S. 328.

455 Beide Arten von Gütekriterien sind dabei für eine Evaluation des Gesamtmodells geeignet. Da keine vergleichende Evaluation alternativer Modelle vorgenommen wird, entfallen die entsprechenden Maße hierfür. Vgl. dazu grundsätzlich Weiber/Mühlhaus (2014), S. 199ff.

456 Vgl. Browne/Cudeck (1993), S. 144.

gung von Byrne (1989).[457] Weiber/Mühlhaus (2014) sehen Werte über 0,89 für das Maß AGFI als Hinweis auf eine gute Modellanpassung.[458] Der AGFI-Wert des Modells liegt mit 0,92 oberhalb des geforderten Wertes. Zusammengefasst deuten die errechneten Maße auf eine hinreichend gute Modellgüte hin. Tabelle 13 beinhaltet die Ergebnisse des Strukturgleichungsmodells in tabellarischer Form.

Tabelle 13: Ergebnisse des Strukturgleichungsmodells zum Einfluss von Extraversion und Neurotizismus auf die Determinanten des Risikoverhaltens[459]

Panel A: Standardisierte Pfadregressionskoeffizienten

	Schätzung	S.E.	C.R.
γ_{11} (Risikoeinstellung (η_1) <--- Extraversion (ξ_1))	0,20*	0,11	1,73
γ_{21} (Renditeerwartung (η_2) <--- Extraversion (ξ_1))	-0,03	0,02	-0,57
γ_{31} (Risikowahrnehmung (η_3) <--- Extraversion (ξ_1))	0,10	0,05	0,75
γ_{12} (Risikoeinstellung (η_1) <--- Neurotizismus (ξ_2))	-0,58****	0,11	-3,25
γ_{22} (Renditeerwartung (η_2) <--- Neurotizismus (ξ_2))	-0,10	0,02	-0,57
γ_{32} (Risikowahrnehmung (η_3) <--- Neurotizismus (ξ_2))	0,01	0,05	0,05
β_{21} (Renditeerwartung (η_2) <--- Risikoeinstellung (η_1))	0,16	0,03	0,73
β_{31} (Risikowahrnehmung (η_3) <--- Risikoeinstellung (η_1))	-0,03	0,11	-0,78
β_{23} (Renditeerwartung (η_2) <--- Risikowahrnehmung (η_3))	-0,52**	0,08	-2,31
Φ_{21} (Extraversion (ξ_1) <--> Neurotizismus (ξ_2))	-0,43****	0,05	-4,02

Panel B: Faktorladungen

	Schätzung
λ_{11} (Item 1 (x_1) <--- Extraversion (ξ_1))	0,92

457 Vgl. Byrne (1989), S. 55.
458 Vgl. Weiber/Mühlhaus (2014), S. 212.
459 Quelle: Oehler/Wedlich (2016).

Fortsetzung Tabelle 13

λ_{21} (Item 2 (x_2) <--- Extraversion (ξ_1))	0,63
λ_{32} (Item 3 (x_3) <--- Neurotizismus (ξ_2))	0,48
λ_{42} (Item 4 (x_4) <--- Neurotizismus (ξ_2))	0,87
λ_{11} ($RISKATT_i^{Fin}$ (y_1) <--- Risikoeinstellung (η_1))	0,52
λ_{21} ($RISKATT_i^{SÄ}$ (y_2) <--- Risikoeinstellung (η_1))	0,56
λ_{32} ($RETURNEXP_{up}$ (y_3) <--- Renditeerwartung (η_2))	0,72
λ_{42} ($RETURNEXP_{Const}$ (y_4) <--- Renditeerwartung (η_2))	0,51
λ_{52} ($RETURNEXP_{down}$ (y_5) <--- Renditeerwartung (η_2))	0,12
λ_{63} ($RISKPERC_{up}$ (y_6) <--- Risikowahrnehmung (η_3))	0,63
λ_{73} ($RISKPERC_{Const}$ (y_7) <--- Risikowahrnehmung (η_3))	0,27
λ_{83} ($RISKPERC_{down}$ (y_8) <--- Risikowahrnehmung (η_3))	0,10

Panel C: Residualterme der endogenen latenten Variablen

	Schätzung
ζ_1	0,52
ζ_2	0,64
ζ_3	0,96

Panel D: Fehlerterme der manifesten (beobachteten) Variablen

	Schätzung
δ_1	0,15
δ_2	0,60
δ_3	0,72
δ_4	0,24
ε_1	0,73
ε_2	0,69

Fortsetzung Tabelle 13

ε_3	0,48
ε_4	0,74
ε_5	0,99
ε_6	0,61
ε_7	0,93
ε_8	0,99
Panel E: Modellgütekriterien	
	Werte
RMSEA	0,05
CMIN/DF	1,87
AGFI	0,92

Anmerkung: Tabelle 13 zeigt in Panel A die standardisierten Pfadregressionskoeffizienten, die Standardfehler (S.E.) sowie die CR-Werte (*Critical Ratio*). Panel B enthält die Schätzungen für die Faktorladungen. Panel C enthält die Schätzer der Residualterme der endogenen latenten Variablen. In Panel D sind die Fehlerterme der manifesten (beobachteten) Variablen aufgeführt. Panel E stellt die Werte für die Gütekriterien des Modells dar. Die Symbole *, **, *** und **** kennzeichnen statistische Signifikanz auf dem 10-, 5-, 1- und 0,1-Prozent-Niveau. Beispiel: Der standardisierte Pfadregressionskoeffizient γ_{12} ist -0,58 und auf dem 0,1-Prozent-Niveau statistisch signifikant.

Robustheitsuntersuchung

Tabelle 14 enthält die Ergebnisse für die Teilnehmer mit den höchsten und niedrigsten Werten in Extraversion und Neurotizismus. Panel A enthält die Ergebnisse zum paarweisen Gleichheitstest (Wilcoxon-Mann-Whitney-U-Test) zwischen den Teilnehmern mit den höchsten (Top-Quintil) und niedrigsten Werten (Bottom-Quintil) in Extraversion. Die Ergebnisse stützen dabei grundsätzlich die Ergebnisse der vorherigen empirischen Analysen. Für die Variablen $RISKATT_i^{SÄ}$ und $RISKATT_i^{Fin}$ haben die Teilnehmer mit den höchsten Werten in Extraversion signifikant höhere Mittelwerte und Mediane als die Teilnehmer mit den niedrigsten Ausprägungen in Extraversion. Die Differenzen sind auf dem 1-Prozent-Niveau statistisch signifikant. Die höheren Mittelwerte und Mediane bedeuten, dass die Teilnehmer mit den höchsten Werten in Extraversion eine niedrigere Risikoaversion haben als die Teilnehmer mit den niedrigsten Werten in Extraversion. Das Ergebnis stützt Hypothese *H1*. In Einklang mit den vorherigen Ergebnissen sind keine signifikanten Unterschiede für $RISKPERC_i$ erkennbar. Die Mittelwerte und Mediane der beiden Gruppen sind dabei nahezu identisch. Für $RETURNEXP_i$ ist der Mittelwert und der Median im Top-Quintil für Extraversion höher als im Bottom-Quintil. Demzufolge haben die Teilnehmer mit den höchsten Werten in Extraversion eine höhere Renditeerwartung als die Teilnehmer mit den niedrigsten Werten. Aufgrund der nicht signifikanten Differenz zwischen den Werten ist die Unterstützung für Hypothese *H3* nur als gering einzuschätzen.

Panel B enthält die Ergebnisse des paarweisen Gleichheitstest für Neurotizismus. Im Top-Quintil sind die Mittelwerte und Mediane für $RISKATT_i^{SÄ}$ und $RISKATT_i^{Fin}$ niedriger als im Bottom-Quintil. Das bedeutet, dass die Teilnehmer mit den höchsten Ausprägungen in Neurotizismus einen höheren Grad an Risikoaversion aufweisen als die Teilnehmer mit den niedrigsten Ausprägungen. Aufgrund der Signifikanz der Unterschiede auf dem 1-Prozent-Niveau stützen die Ergebnisse Hypothese *H4*. Für $RISKPERC_i$ werden keine Unterschiede gefunden. In Bezug auf $RETURNEXP_i$ finden sich dahingehend Unterschiede, dass sowohl Mittelwert als auch Median im Top-Quintil niedriger sind als im Bottom-Quintil. Die Unterschiede sind auf dem 5-Prozent-Niveau statistisch signifikant. Das Ergebnis unterstützt Hypothese *H6* und somit die Vermutung, dass neurotischere Anleger eine niedrigere Renditeerwartung haben.

Tabelle 14: Ergebnisse zum paarweisen Gleichheitstest der Determinanten des Risikoverhaltens zwischen den Teilnehmern des Top- und Bottom-Quintils[460]

	Top		Bottom		
	Mittelwert	Median	Mittelwert	Median	U-Test
Panel A: Extraversion					
$RISKATT_i^{SÄ}$	4,99	4,84	4,50	4,12	***
$RISKATT_i^{Fin}$	2,87	3,00	2,20	2,00	***
$RISKPERC_i$	3,11	3,00	3,17	3,00	
$RETURNEXP_i$	0,089	0,077	0,077	0,063	
Panel B: Neurotizismus					
$RISKATT_i^{SÄ}$	4,11	4,12	4,97	4,84	***
$RISKATT_i^{Fin}$	2,16	2,00	3,13	3,00	***
$RISKPERC_i$	3,23	3,00	3,23	3,00	
$RETURNEXP_i$	0,083	0,057	0,129	0,101	**

Anmerkung: In Tabelle 14 sind in Panel A (B) die Mittelwerte und Mediane der Determinanten des Risikoverhaltens für das Top- und Bottom-Quintil für Extraversion (Neurotizismus) dargestellt. Die letzte Spalte enthält die Ergebnisse des paarweisen Gleichheitstests (U-Test). Die Symbole *, ** und *** kennzeichnen statistische Signifikanz auf dem 10-, 5- und 1-Prozent-Niveau. Beispiel: Der Mittelwert der Renditeerwartung ($RETURNEXP_i$) bei den Teilnehmern im Top-Quintil von Neurotizismus beträgt 0,083 wohingegen der Mittelwert der Renditeerwartung der Teilnehmer im Bottom-Quintil von Neurotizismus 0,129 ist. Die Differenz ist auf dem 5-Prozent-Niveau statistisch signifikant.

460 Quelle: Oehler/Wedlich (2016).

9.4 Diskussion und Zusammenfassung der Ergebnisse

Die Ergebnisse der Befragung lassen sich wie folgt zusammenfassen. In Bezug auf Extraversion deuten die Ergebnisse in ihrer Gesamtheit darauf hin, dass sich Anleger mit höheren Werten in Extraversion weniger risikoavers verhalten als Anleger mit niedrigeren Werten. Das Ergebnis unterstützt Hypothese *H1* sowie die Ergebnisse von Nicholson et al. (2005), Becker et al. (2012) und Pan/Statman (2013). Die Studien von Filbeck/Hatfield/Horvath (2005) und Dohmen et al. (2010) finden hingegen keinen Einfluss von Extraversion auf die Risikoeinstellung. Die Ergebnisse deuten ferner darauf hin, dass Extraversion keinen Einfluss auf die Risikowahrnehmung sowie Renditeerwartung zu haben scheint und stellen somit keine Unterstützung für die Hypothesen *H2* und *H3* dar.

Aus den Ergebnissen lässt sich zudem ableiten, dass sich neurotischere Anleger risikoaverser verhalten. Die Ergebnisse stellen eine deutliche Unterstützung für Hypothese *H4* dar. Die Studien von Mayfield/Perdue/Wooten (2008), Borghans et al. (2009), Becker et al. (2012) und Rustichini et al. (2012) dokumentieren einen ähnlichen Zusammenhang, im Gegensatz zu Dohmen et al. (2010), der keinen Zusammenhang zwischen Neurotizismus und Risikoeinstellung entdeckt. Weiterhin scheint Neurotizismus keinen Einfluss auf die Risikowahrnehmung von Anlegern zu haben. Die Ergebnisse zum Einfluss von Neurotizismus auf die Renditeerwartung liefern ein zweideutiges Bild. Separat betrachtet kann aus den Ergebnissen der Korrelationsanalyse sowie des paarweisen Gleichheitstest geschlussfolgert werden, dass neurotischere Anleger eine niedrigere Renditeerwartung haben. Die Ergebnisse der Regressionsanalyse deuten grundsätzlich in die gleiche Richtung, jedoch sind diese aufgrund der überwiegend nicht signifikanten (negativen) Regressionskoeffizienten für Neurotizismus nur eingeschränkt aussagekräftig. Die Strukturgleichungsanalyse liefert ähnliche Ergebnisse und lässt einen negativen Einfluss von Neurotizismus vermuten. Der entsprechende Pfadkoeffizient ist jedoch nicht signifikant. Insgesamt deuten die Ergebnisse grundsätzlich einen Einfluss von Neurotizismus auf die Renditeerwartung von Anlegern an, sind aber aufgrund der Heterogenität je nach Analysemethode nur eine eingeschränkte Unterstützung für Hypothese *H6*.

Weiterhin ist zu erwähnen, dass das Geschlecht der Teilnehmer einen starken Einfluss auf die Risikoeinstellung und Renditeerwartung von Anlegern ausübt. Männer verhalten sich dabei grundsätzlich risikoaverser und haben eine höhere Renditeerwartung als Frauen. Das Ergebnis spiegelt somit das grundsätzlich unterschiedliche Verhalten von Männern und Frauen in Finanzmärkten wider.[461]

461 Vgl. dazu beispielsweise Barsky et al. (1997), Powell/Ansic (1997), Jianakoplos/Bernasek (1998), Sundén/Surette (1998), Hariharan/Chapman/Domian (2000), Barber/Odean (2001), Bernasek/Shwiff (2001), Felton/Gibson/Sanbonmatsu (2003), Weber/Weber/Nosić (2013) sowie die Ergebnisse zum Einfluss von Extraversion und Neurotizismus auf das Risikoverhalten in Kapitel 10.

10 Einfluss von Extraversion und Neurotizismus auf das Risikoverhalten[462]

10.1 Ablauf des Experiments

Der computerbasierte Aktienmarkt wurde im Wintersemester 2014/2015 an der wirtschaftswissenschaftlichen Fakultät in den Computerräumen des Rechenzentrums der Universität Bamberg durchgeführt. Insgesamt nahmen 364 Bachelorstudierende daran teil, die analog zur Befragung im Rahmen ihres Studiums die Veranstaltungen „Unternehmensfinanzierung I/Internationale Unternehmensfinanzierung/Einführung in Finanzierung und Investition" besuchten. Die Durchführung erfolgte innerhalb einer Woche (mittwochs und samstags). Am Mittwoch nahmen 283 Studierende teil, die mit einer fixen Vergütung in Höhe von fünf Euro vergütet wurden. Die verbleibenden 81 Studierenden nahmen samstags an dem Experiment teil und wurden mit einer anreizorientierten Vergütung entlohnt, die sich am Kontostand ihres Depots am Ende der letzten Handelsrunde orientierte. Die Teilnahme erfolgte anonymisiert und auf freiwilliger Basis. Das Aufsichtspersonal stellte sicher, dass unter den Studierenden während der Durchführung keine Interaktion (zum Beispiel in Form von Absprachen hinsichtlich Käufen oder Verkäufen) stattfand. Die geringe Zeitdauer der einzelnen Handelsperioden (eine Minute) sowie die hohe Handelsfrequenz unter den Teilnehmern erschwerten ein koordiniertes Vorgehen zusätzlich. Insgesamt dauerte das Experiment (Fragebogen und Aktienmarkt) durchschnittlich circa 45 Minuten.

Mit dem Betreten des Computerraumes wurde jedem Teilnehmer ein Platz vor einem Computer zugewiesen. Die Teilnehmer wurden vor Beginn des Experiments mündlich darüber aufgeklärt, dass sie die Möglichkeit haben, an dem Experiment teilzunehmen, die Teilnahme aber freiwillig sei und in keinem Zusammenhang mit ihrer Teilnahme

462 Dieses Kapitel basiert auf dem Beitrag Oehler et al. (2016a).

an der jeweiligen Veranstaltung steht. Zudem wurde den Teilnehmern kommuniziert, dass sie eine Vergütung erhalten würden.[463] Im Anschluss daran wurde zunächst der Fragebogen (drei Seiten) ausgeteilt, der auf der ersten Seite eine allgemeine Erläuterung (insbesondere zum Zweck der Untersuchung, ein Hinweis auf Wahrung der Anonymität und Freiwilligkeit der Studie, Informationen zur Entlohnung)[464] sowie auf den weiteren Seiten die Fragen zur Erfassung der Charakteristika der Teilnehmer (Persönlichkeitsfaktoren, Kontrollüberzeugung, Affekte, Geschlecht, Alter) enthält.[465] Daneben ist auf der ersten Seite ein von den Teilnehmern auszufüllendes Antwortfeld implementiert, in das die Teilnehmer ihre Platznummer (Identifikationsnummer des jeweils verwendeten Computers) eintragen sollten. Nur so konnte eine Zuordnung der Antworten des Fragebogens mit den Ergebnissen des Aktienmarkts sichergestellt werden.[466]

Nachdem die Teilnehmer den Fragebogen ausgefüllt hatten, wurden diese eingesammelt. Dabei wurde insbesondere darauf geachtet, dass die Identifikationsnummern der Computer eingetragen sind. Zugleich wurden im Anschluss daran die Instruktionen zur Bedienung des computerbasierten Aktienmarkts (fünf Seiten) ausgeteilt.[467] Nachdem den Studierenden ausreichend Zeit zum Lesen der Instruktionen gegeben worden war (ungefähr zehn Minuten), wurde der Aktienmarkt gestartet. Die Instruktionen verblieben während des Experiments bei den Teilnehmern.

---

463 Wie auch bei der Befragung nahmen alle Studierenden, die sich zum Start des Experiments eingefunden hatten, auch daran teil.

464 Vgl. Anhang 3.

465 Vgl. Anhang 2.

466 Z-tree gibt die Ergebnisse je Aktienmarkt in Form einer Excel-Datei aus. Die Zuordnung der jeweiligen Transaktionen der Teilnehmer erfolgt über die Identifikationsnummer der Computer. Ein Teilnehmer, der beispielsweise vor dem Computer mit der Nummer *RZ-0004-06* sitzt, trägt diese in das dafür vorgesehene Feld des Fragebogens ein. Der Teilnehmer sowie seine Transaktionen werden in der Excel-Datei mit der Identifikationsnummer *RZ-0004-06* erfasst. Eine Zuordnung zwischen Fragebogen und Experiment ist somit in anonymer Form gewährleistet.

467 Vgl. Anhang 4. Für die Studierenden mit der anreizorientierten Vergütung beträgt der Umfang der Instruktionen sechs Seiten.

Nach Ablauf der letzten Handelsrunde wurde den Teilnehmern der jeweilige Vergütungsbetrag ausgezahlt und die Instruktionen eingesammelt.[468] Im Anschluss daran war das Experiment beendet.

10.2 Empirische Methodik

Die Überprüfung der Hypothesen zum Einfluss von Extraversion und Neurotizismus auf das Risikoverhalten von Anlegern erfolgt anhand von Korrelations- und Regressionsanalysen. Zudem wird ein paarweiser Gleichheitstest verschiedener Teildatensätze durchgeführt.[469] Im Folgenden werden die verwendeten Variablen erläutert und die empirischen Analysemethoden beschrieben.

Variablenbeschreibung

Der Fragebogen erfasst die Charakteristika der Teilnehmer in Bezug auf die Ausprägungen von Extraversion, Neurotizismus, internaler und externaler Kontrollüberzeugung, positiver und negativer Affekte, Alter und Geschlecht.[470] Im Sinne der Einheitlichkeit und aus Vereinfachungsgründen werden die Variablen ($EXTRAVERT_i$, $NEUROT_i$, $INTLOCUS_i$ und $EXTLOCUS_i$, $POSAFFECT_i$ und $NEGAFFECT_i$, AGE_i und $GENDER_i$) analog zur Befragung bezeichnet.[471] Zudem wird mit der Dummy-Variable $PAYMENT_i$ kontrolliert, ob die Art der Entlohnung einen Einfluss auf die Ergebnisse hat. Die Variable nimmt den Wert 1 an, falls der Teilnehmer eine variable Entlohnung erhält; bei einer fixen Entlohnung nimmt die Variable den Wert 0 an.

Der Aktienmarkt liefert wesentliche Informationen über das individuelle Risiko- und Handelsverhalten der Teilnehmer wie zum Beispiel die Anzahl der gehaltenen Aktien während des Aktienmarkts, die Handelspreise sowie die Anzahl an Käufen und Verkäufen.

---

468 Gerade für den Mittwochstermin ist dies bedeutend, da somit eine Weitergabe an die Teilnehmer des Samstagstermins ausgeschlossen werden konnte.

469 Vgl. Oehler et al. (2016a).

470 Es wird dabei auf die gleichen Messinstrumente wie bei der Befragung zurückgegriffen. Vgl. hierzu die Beschreibung in Kapitel 7.1.3. und 7.1.4.

471 Vgl. dazu Kapitel 9.2 und insbesondere Tabelle 4 (Panel A).

Um die durchschnittliche Anzahl der gehaltenen Aktien je Individuum *i* während des Aktienmarkts zu bestimmen, $\bar{A}_i$, wird für die Anzahl an insgesamt zur Verfügung stehenden Aktien *A* in dem jeweiligen Markt bereinigt. $\bar{A}_i$ errechnet sich wie folgt:

$$\bar{A}_i = \frac{\frac{1}{T}\sum_{t=1}^{T} A_{i,t}}{A} \quad (20)$$

wobei $A_{i,t}$ die Anzahl der im Depot befindlichen Aktien von Individuum *i* zum Ende der Handelsrunde *t* angibt und *T* für die Gesamtzahl der Handelsrunden (T=15) steht.

Um die durchschnittlich gezahlten Preise der Individuen *i* für ihre Käufe während des Aktienmarkts zu berechnen, werden diese um den Erwartungswert der zukünftigen Zahlungsströme (Dividendenzahlungen), V_t, der näherungsweise dem Fundamentalwert der Aktien zu Beginn jeder Handelsperiode entspricht, bereinigt ($\bar{P}^q_{i_{AdjV}}$, Gleichung 21). Neben der Bereinigung dieser exogenen Variablen wird zudem berücksichtigt, dass die Teilnehmer das aktuelle (endogene) Preisniveau in dem Markt als Maßstab für ihr Handelsverhalten (in Bezug auf die zu zahlenden Preise) nehmen können. Deshalb erfolgt zudem eine Bereinigung der durchschnittlich gezahlten Kaufpreise um die ex post berechneten durchschnittlichen Handelspreise in der jeweiligen Handelsrunde ($\bar{P}^q_{i_{AdjP}}$, Gleichung 22). Die Bereinigungen bedingen somit, dass jeweils relative Preisabweichungen vom näherungsweisen Fundamentalwert der Aktie sowie von dem Preisniveau in dem Markt analysiert werden.

$$\bar{P}^q_{i_{AdjV}} = \frac{1}{Q_i}\sum_{t=1}^{T}\sum_{n=1}^{q_{i,t}} \frac{P^q_{i,t,n} - V_t}{V_t} \quad (21)$$

$$\bar{P}^q_{i_{AdjP}} = \frac{1}{Q_i}\sum_{t=1}^{T}\sum_{n=1}^{q_{i,t}} \frac{P^q_{i,t,n} - \bar{P}_t}{\bar{P}_t} \quad (22)$$

wobei $P^q_{i,t,n}$ der gezahlte Preis von Individuum *i* für Kauf *n* in Handelsrunde *t* ist, $q_{i,t}$ die Anzahl der Käufe von Individuum *i* in Handelsrunde *t* und Q_i die absolute Anzahl der Käufe von Individuum *i* in sämtlichen Handelsrunden darstellen, V_t für den Erwartungswert der zukünftigen Zahlungsströme (Dividendenzahlungen) steht und eine Approximation für den Fundamentalwert der Aktie zu Beginn jeder

Handelsperiode t ist und $\overline{P_t}$ der durchschnittliche Handelspreis in dem Markt in Handelsrunde t ist.

Dieselbe Methodik wird zur Berechnung der durchschnittlich erhaltenen Verkaufspreise von Individuum i für die Verkäufe während des Aktienmarkts angewendet. Gleichung 23 (mit $\bar{P}^s_{i_{AdjV}}$ als abhängige Variable) zeigt die Bereinigung um den Erwartungswert der zukünftigen Zahlungsströme (Dividendenzahlungen), V_t. Zudem werden die durchschnittlichen Verkaufspreise um die ex post berechneten durchschnittlichen Handelspreise je Handelsrunde bereinigt ($\bar{P}^s_{i_{AdjP}}$, Gleichung 24).

$$\bar{P}^s_{i_{AdjV}} = \frac{1}{S_i} \sum_{t=1}^{T} \sum_{n=1}^{s_{i,t}} \frac{P^s_{i,t,n} - V_t}{V_t} \tag{23}$$

$$\bar{P}^s_{i_{AdjP}} = \frac{1}{S_i} \sum_{t=1}^{T} \sum_{n=1}^{s_{i,t}} \frac{P^s_{i,t,n} - \overline{P_t}}{\overline{P_t}} \tag{24}$$

wobei $P^s_{i,t,n}$ der erhaltene Preis von Individuum i für Verkauf n in Handelsrunde t ist, $s_{i,t}$ die Anzahl der Verkäufe von Individuum i in Handelsrunde t angibt und S_i für die absolute Anzahl der Käufe von Individuum i in sämtlichen Handelsrunden steht.

Es werden zwei Arten von Overpricing unterschieden. Zum einen wird die Anzahl an „überteuerten" Käufen von Individuum i errechnet, wenn der gezahlte Preis der Aktie über dem exogen vorgegebenen Erwartungswert der zukünftigen Zahlungsströme (Dividendenzahlungen), V_t, liegt ($Q^{Prem}_{i_{AdjV}}$, Gleichung 25). Zum anderen werden Käufe als überteuert deklariert und erfasst, wenn der gezahlte Preis der Aktie über den (endogenen) ex post berechneten durchschnittlichen Handelspreisen in der jeweiligen Handelsrunde, $\overline{P_t}$, liegt ($Q^{Prem}_{i_{AdjP}}$, Gleichung 26). Diese Bereinigung wird vorgenommen, da die verhaltenswissenschaftliche Finanzmarktforschung Hinweise liefert, dass Individuen vom neoklassischen Rationalverhalten abweichen und sich dementsprechend nicht an dem Erwartungswert der zukünftigen Zahlungsströme (Dividendenzahlungen) als Vergleichsmaßstab sondern an vorherigen Transaktionen orientieren. Zudem wird um die Anzahl an insgesamt zur Verfügung stehenden Aktien A in dem jeweiligen Markt bereinigt.

$$Q_{i_{AdjV}}^{Prem} = \frac{\sum_{t=1}^{T}\sum_{n=1}^{q_{i,t}} q_{i,t,n}^{Prem}}{A}, \text{ wobei } q_{i,t,n}^{Prem} = \begin{cases} 0 \; if \; P_{i,t,n}^{q} \leq V_t \\ 1 \; if \; P_{i,t,n}^{q} > V_t \end{cases} \quad (25)$$

$$Q_{i_{AdjP}}^{Prem} = \frac{\sum_{t=1}^{T}\sum_{n=1}^{q_{i,t}} q_{i,t,n}^{Prem}}{A}, \text{ wobei } q_{i,t,n}^{Prem} = \begin{cases} 0 \; if \; P_{i,t,n}^{q} \leq \overline{P}_t \\ 1 \; if \; P_{i,t,n}^{q} > \overline{P}_t \end{cases} \quad (26)$$

Derselben Methodik folgend werden zwei Arten von Underpricing definiert. Es wird die Anzahl an Verkäufen von Individuum *i* errechnet, wenn der Verkaufspreis der Aktie günstiger als der Erwartungswert der zukünftigen Zahlungsströme (Dividendenzahlungen), V_t, ist ($S_{i_{AdjV}}^{Disc}$, Gleichung 27). Zudem wird die Anzahl von Verkäufen von Individuum *i* angegeben, wenn der Verkaufspreis der Aktie unter den (endogenen) ex post berechneten durchschnittlichen Handelspreisen in der jeweiligen Handelsrunde, $\overline{P}_t$, liegt ($S_{i_{AdjP}}^{Disc}$, Gleichung 28). Die zweite Bereinigung wird wiederum aufgrund der vermuteten eingeschränkten Rationalität der Teilnehmer vorgenommen. Für beide Variablen wird zudem um die Anzahl an insgesamt zur Verfügung stehenden Aktien *A* in dem jeweiligen Markt bereinigt.

$$S_{i_{AdjV}}^{Disc} = \frac{\sum_{t=1}^{T}\sum_{n=1}^{s_{i,t}} s_{i,t,n}^{Dis}}{A}, \text{ wobei } s_{i,t,n}^{Disc} = \begin{cases} 0 \; if \; P_{i,t,n}^{s} \geq V_t \\ 1 \; if \; P_{i,t,n}^{s} < V_t \end{cases} \quad (27)$$

$$S_{i_{AdjP}}^{Disc} = \frac{\sum_{t=1}^{T}\sum_{n=1}^{s_{i,t}} s_{i,t,n}^{Dis}}{A}, \text{ wobei } s_{i,t,n}^{Disc} = \begin{cases} 0 \; if \; P_{i,t,n}^{s} \geq \overline{P}_t \\ 1 \; if \; P_{i,t,n}^{s} < \overline{P}_t \end{cases} \quad (28)$$

Tabelle 15 gibt einen Überblick und eine Beschreibung der Variablen.

Tabelle 15: Variablenübersicht zum Experiment[472]

Variable	Beschreibung
Panel A: Unabhängige Variablen (Fragebogen)	
AGE_i	Alter in Jahren
$EXTLOC_i$	Grad der externalen Kontrollüberzeugung; Median der beiden Items von Kovaleva et al. (2012)
$EXTRAVERT_i$	Extraversion; Median der beiden Items des BFI-10
$GENDER_i$	Dummy-Variable die den Wert 1 annimmt falls das Individuum *i* männlich ist und andernfalls 0 ist
$INTLOC_i$	Grad der internalen Kontrollüberzeugung; Median der beiden Items von Kovaleva et al. (2012)
$NEGAFFECT_i$	Negative Affekte; Median der drei Items der PANAS
$NEUROT_i$	Neurotizismus; Median der beiden Items des BFI-10
$PAYMENT_i$	Dummy-Variable die den Wert 1 annimmt falls Individuum *i* eine variable Vergütung erhält und andernfalls 0 ist
$POSAFFECT_i$	Positive Affekte; Median der drei Items der PANAS
Panel B: Abhängige Variablen zum Risikoverhalten der Teilnehmer (Aktienmarkt)	
$\bar{A}_i$	Durchschnittliche Anzahl der gehaltenen Aktien von Individuum *i* bereinigt um die Anzahl an insgesamt zur Verfügung stehenden Aktien
$\bar{P}^q_{i_{AdjV}}$	Durchschnittlich gezahlte Kaufpreise von Individuum *i* bereinigt um den Erwartungswert der zukünftigen Zahlungsströme (Dividendenzahlungen)
$\bar{P}^q_{i_{AdjP}}$	Durchschnittlich gezahlte Kaufpreise von Individuum *i* bereinigt um die durchschnittlichen Handelspreise
$\bar{P}^s_{i_{AdjV}}$	Durchschnittlich erhaltene Verkaufspreise von Individuum *i* bereinigt um den Erwartungswert der zukünftigen Zahlungsströme (Dividendenzahlungen)

472 Quelle: Oehler et al. (2016a).

Fortsetzung Tabelle 15

$\bar{P}^{s}_{i_{AdjP}}$	Durchschnittlich erhaltene Verkaufspreise von Individuum *i* bereinigt um die durchschnittlichen Handelspreise
$Q^{Prem}_{i_{AdjV}}$	Anzahl an Käufen von Individuum *i* zu Preisen, die über dem Erwartungswert der zukünftigen Zahlungsströme (Dividendenzahlungen) liegen
$Q^{Prem}_{i_{AdjP}}$	Anzahl an Käufen von Individuum *i* zu Preisen, die über dem durchschnittlichen Handelspreis liegen
$S^{Disc}_{i_{AdjV}}$	Anzahl an Verkäufen von Individuum *i* zu Preisen, die unter dem Erwartungswert der zukünftigen Zahlungsströme (Dividendenzahlungen) liegen
$S^{Disc}_{i_{AdjP}}$	Anzahl an Verkäufen von Individuum *i* zu Preisen, die unter dem durchschnittlichen Handelspreis liegen

Anmerkung: Tabelle 15 gibt einen Überblick und eine Beschreibung der Variablen zu dem Experiment. Panel A enthält die unabhängigen Variablen je Teilnehmer, die mit dem Fragebogen erfasst werden. Panel B zeigt die abhängigen Variablen je Teilnehmer, die sich auf das Risikoverhalten der Teilnehmer im Aktienmarkt beziehen. In der linken Spalte werden die Namen der Variablen in alphabetischer Reihenfolge aufgeführt. In der rechten Spalte erfolgt eine kurze Beschreibung.

Korrelationsanalyse

Zur Überprüfung der Hypothesen werden im Rahmen einer Korrelationsanalyse die nichtparametrischen Rangkorrelationskoeffizienten nach Spearman sowie Kendall's Tau zwischen $EXTRAVERT_i$ und $NEUROT_i$ und den abhängigen Variablen, die das Risikoverhalten der Teilnehmer im Aktienmarkt beschreiben, berechnet.[473]

473 Die Verwendung der nichtparametrischen Korrelationskoeffizienten wird aufgrund der nichtzutreffenden Normalverteilung der Daten gewählt. Ein entsprechender Test auf Normalverteilung (Shapiro-Wilk) wurde vorab durchgeführt.

Regressionsanalyse

Mit der Regressionsanalyse soll der Einfluss von Extraversion und Neurotizismus auf das Risikoverhalten der Teilnehmer im Aktienmarkt unter gleichzeitiger Kontrolle weiterer personaler Einflussvariablen gemessen werden. Die Ergebnisse werden dabei schrittweise für den Einfluss des Geschlechts ($GENDER_i$), der Kontrollüberzeugung ($INTLOCUS_i$ und $EXTLOCUS_i$), der emotionalen Zustände ($POSAFFECT_i$ und $NEGAFFECT_i$), des Alters (AGE_i) sowie der Entlohnung ($PAYMENT_i$) kontrolliert. Zudem werden Regressionen durchgeführt, die alle erklärenden Variablen enthalten.Im Hinblick auf Hypothese *H7*, die den Einfluss von Extraversion auf die Anzahl der gehaltenen Aktien im Depot untersucht, wird die Variable $\bar{A}_i$ auf $EXTRAVERT_i$ sowie die Kontollvariablen regressiert. Gleichung 29 zeigt das gesamte Regressionsmodell.

$$\bar{A}_i = \beta_0 + \beta_1 * EXTRAVERT_i + \beta_2 * GENDER_i + \beta_3 * INTLOCUS_i + \beta_4 * EXTLOCUS_i + \beta_5 * POSAFFECT_i + \beta_6 * NEGAFFECT_i + \beta_7 * AGE_i + \beta_8 * PAYMENT_i + \mathrm{E} \quad (29)$$

Die Regression in Gleichung 29 dient als Grundmodell, um die weiteren Hypothesen zum Einfluss von Extraversion auf das Risikoverhalten zu untersuchen. Um zu analysieren, ob Extraversion einen Einfluss auf die gezahlten Kaufpreise ausübt (Hypothese *H8*), werden $\bar{P}^q_{i_{AdjV}}/\bar{P}^q_{i_{AdjP}}$ als abhängige Variablen in Gleichung 29 eingesetzt. Zur Überprüfung von Hypothese *H9*, dem Einfluss von Extraversion auf die Anzahl gekaufter Aktien zu Preisen, die über dem Erwartungswert der zukünftigen Zahlungsströme oder über dem durchschnittlichen Handelspreis liegen, werden $Q^{Prem}_{i_{AdjV}}/Q^{Prem}_{i_{AdjP}}$ als abhängige Variablen verwendet. Zur Messung des Einflusses von Neurotizismus auf das Risikoverhalten wird analog vorgegangen. Gleichung 30 zeigt das verwendete Basisregressionsmodell mit $\bar{A}_i$ als abhängige Variable (Hypothese *H10*).

$$\bar{A}_i = \beta_0 + \beta_1 * NEUROT_i + \beta_2 * GENDER_i + \beta_3 * INTLOCUS_i + \beta_4 * EXTLOCUS_i + \beta_5 * POSAFFECT_i + \beta_6 * NEGAFFECT_i + \beta_7 * AGE_i + \beta_8 * PAYMENT_i + \mathrm{E} \quad (30)$$

Anstatt der abhängigen Variable $\bar{A}_i$ werden $\bar{P}^s_{i_{AdjV}}/\bar{P}^s_{i_{AdjP}}$ verwendet, um den Einfluss von Neurotizismus auf die erhaltenen Verkaufspreise zu analysieren (Hypothese *H11*). Hypothese *H12* untersucht den Einfluss von Neurotizismus auf die Anzahl an Verkäufen zu Preisen, die über dem Erwartungswert der zukünftigen Zahlungsströme oder über dem durchschnittlichen Handelspreis liegen. Als abhängige Variablen dienen $S^{Disc}_{i_{AdjV}}/S^{Disc}_{i_{AdjP}}$.

Die Regressionen werden mit zwei unterschiedlichen Methoden durchgeführt. Für die abhängigen Variablen $\bar{A}_i$, $Q^{Prem}_{i_{AdjV}}$, $Q^{Prem}_{i_{AdjP}}$, $S^{Disc}_{i_{AdjV}}$ und $S^{Disc}_{i_{AdjP}}$, die keine negativen Werte annehmen können, werden Tobit-Regressionen verwendet. Tobit-Regressionen werden dabei speziell zur Analyse von abhängigen Variablen genutzt, die auf einen bestimmten Wertebereich determiniert sind. Die Schätzung der Regressionskoeffizienten erfolgt dabei mittels der Maximum-Likelihood-Methode.[474] Für die Regressionen mit $\bar{P}^q_{i_{AdjV}}$, $\bar{P}^q_{i_{AdjP}}$, $S^{Disc}_{i_{AdjV}}$ und $S^{Disc}_{i_{AdjP}}$ als abhängige Variablen wird die OLS-Methodik verwendet. Analog zu den Regressionen im Rahmen der Befragung wird für Multikollinearität zwischen den unabhängigen Variablen mittels dem VIF kontrolliert. Die entsprechenden Werte sind deutlich kleiner als 10, woraus geschlussfolgert wird, dass Multikollinearität keinen nennenswerten Einfluss auf die Ergebnisse ausübt.

Robustheitsuntersuchung

Zur Robustheitsuntersuchung der Ergebnisse werden zusätzlich verschiedene Teildatensätze gebildet. Analog zum Vorgehen bei der Befragung werden die Teilnehmer je nach ihren Ausprägungen in Extraversion und Neurotizismus den Top- oder Bottom-Quintilen zugeordnet. Die Ergebnisse in Bezug auf das Risikoverhalten zwischen den Teilnehmern mit den höchsten und niedrigsten Werten in Extraversion beziehungsweise Neurotizismus werden anschließend miteinander verglichen und auf Unterschiede untersucht.

474 Vgl. Tobin (1958b). Vgl. hierzu auch Amemiya (1984), Schnedler (2005).

10.3 Ergebnisse

Deskriptive Statistiken

Tabelle 16 enthält deskriptive Statistiken zu den personalen Eigenschaften der Teilnehmer des gesamten Datensatzes (364 Teilnehmer) in Panel A. Im Durchschnitt sind die Teilnehmer 22 Jahre (= Median; Mittelwert: 22,3 Jahre) alt. Der jüngste Teilnehmer ist 19 Jahre alt, der älteste Teilnehmer 31 Jahre. Der Datensatz umfasst mehr Frauen (N=197) als Männer (N=167). Die Werte für $EXTRAVERT_i$ schwanken zwischen 1,5 und 5,0 und für $NEUROT_i$ zwischen 1,0 und 5,0. Der Median von $EXTRAVERT_i$ liegt bei 3,5 (Mittelwert: 3,6). Der Median für $NEUROT_i$ liegt bei 3,0 (Mittelwert: 2,8). Beide Werte sind mit einem Abstand von maximal einer Standardabweichung vergleichbar zu denen von Rammstedt et al. (2012), die für Extraversion einen Mittelwert von 3,7 mit einer Standardabweichung von 0,89 und für Neurotizismus einen Mittelwert von 2,4 mit einer Standardabweichung von 0,84 überliefern. Die Werte beziehen sich auf eine vergleichbare Altersgruppe (18 bis 35 Jahre). Die Werte bei der Befragung sind für $EXTRAVERT_i$ mit einem Median von 3,5 (Mittelwert: 3,5) und für $NEUROT_i$ mit einem Median von 3,0 (Mittelwert: 2,9) fast identisch.[475] Der Median für $INTLOCUS_i$ ist 4,0 (Mittelwert: 4,2), wohingegen der Median für $EXTLOCUS_i$ 2,0 (Mittelwert: 2,2) ist. Im Rahmen der Befragung ergeben sich für $INTLOCUS_i$ (Median: 4,0; Mittelwert: 4,2) identische und für $EXTLOCUS_i$ (Median: 2,0; Mittelwert: 2,2) nur geringfügig abweichende Werte. Die Teilnehmer weisen für die Variable $POSAFFECT_i$ einen Median von 3,3 (Mittelwert: 3,2) und für $NEGAFFECT_i$ einen Median von 1,3 (Mittelwert: 1,5) auf. Die Werte sind verglichen mit der Befragung geringfügig höher ($POSAFFECT_i$: Median von 3,0 und Mittelwert von 3,1; $NEGAFFECT_i$: Median von 1,0 und Mittelwert von 1,5).

Panel B der Tabelle 16 stellt die deskriptiven Statistiken in Bezug auf das Risikoverhalten der Teilnehmer im experimentellen Aktienmarkt dar. Der Median von $\bar{A}_i$ beträgt 0,041 (Mittelwert: 0,047). Die Werte schwanken dabei zwischen 0,005 und 0,154, was bedeutet, dass die Teilnehmer einen Anteil zwischen 0,5% und 15,4% der zur Verfü-

---

475 Vgl. Tabelle 6.

gung stehenden Aktien im Aktienmarkt während des Experiments in ihren Depots halten. Die Mediane von $\bar{P}^q_{i_{AdjV}}$ und $\bar{P}^s_{i_{AdjV}}$ sind 0,566 (Mittelwert: 0,659) und 0,604 (Mittelwert: 0,758). $\bar{P}^q_{i_{AdjP}}$ und $\bar{P}^s_{i_{AdjP}}$ weisen Mediane von -0,021 (Mittelwert: -0,025) und 0,046 (Mittelwert: 0,024) auf. Die Werte deuten darauf hin, dass die Mehrheit der Teilnehmer Aktien unter den durchschnittlichen Handelspreisen kaufen und darüber verkaufen. Da die Durchschnittspreise bereinigt um den Erwartungswert der zukünftigen Zahlungsströme (Dividendenzahlungen) höhere Mediane und Mittelwerte haben als die Durchschnittspreise, die um die durchschnittlichen Handelspreise bereinigt werden, kann geschlussfolgert werden, dass die Handelspreise in den meisten Handelsrunden und Aktienmärkten über dem Erwartungswert der zukünftigen Zahlungsströme liegen. Die Mediane für $Q^{Prem}_{i_{AdjV}}$ und $Q^{Prem}_{i_{AdjP}}$ betragen 0,105 (Mittelwert: 0,118) und 0,054 (Mittelwert: 0,069). Das bedeutet, dass die Anzahl an Käufen, bei denen der Handelspreis den Erwartungswert der zukünftigen Zahlungsströme (Dividendenzahlungen) übersteigt, größer ist als die Anzahl an Käufen, bei denen der Preis über dem durchschnittlichen Handelspreis liegt. In Bezug auf die Verkäufe, bei denen der Verkaufspreis unter dem Erwartungswert der zukünftigen Zahlungsströme (Dividendenzahlungen) liegt, ergibt sich für $S^{Disc}_{i_{AdjV}}$ ein Median von 0,023 (Mittelwert: 0,036) und für $S^{Disc}_{i_{AdjP}}$ ein Median von 0,054 (Mittelwert: 0,066). Dies deutet darauf hin, dass nur wenige Teilnehmer Aktien zu Preisen, die unter dem Erwartungswert der zukünftigen Zahlungsströme (Dividendenzahlungen) liegen, verkaufen.

Tabelle 16: Deskriptive Statistiken zum Experiment[476]

Panel A: Unabhängige Variablen (Fragebogen)

	N	Mittelwert	Median	Max	Min	Std
$GENDER_i$	364					
male	167					
female	197					
AGE_i	361	22,3	22,0	31,0	19,0	2,0
$EXTRAVERT_i$	364	3,6	3,5	5,0	1,5	0,9
$NEUROT_i$	364	2,8	3,0	5,0	1,0	0,9
$INTLOCUS_i$	364	4,2	4,0	5,0	2,5	0,5
$EXTLOCUS_i$	364	2,2	2,0	4,5	1,0	0,6
$POSAFFECT_i$	364	3,2	3,3	5,0	1,0	0,8
$NEGAFFECT_i$	364	1,5	1,3	4,0	1,0	0,6

Panel B: Abhängige Variablen zum Risikoverhalten der Teilnehmer (Aktienmarkt)

	Mittelwert	Median	Max	Min	Std
$\bar{A}_i$	0,047	0,041	0,154	0,005	0,028
$\bar{P}^q_{i_{AdjV}}$	0,659	0,566	5,964	-0,851	0,737
$\bar{P}^q_{i_{AdjP}}$	-0,025	-0,021	0,768	-0,881	0,241
$\bar{P}^s_{i_{AdjV}}$	0,758	0,604	3,947	-0,666	0,718
$\bar{P}^s_{i_{AdjP}}$	0,024	0,046	1,200	-0,585	0,238
$Q^{Prem}_{i_{AdjV}}$	0,118	0,105	0,435	0,000	0,077
$Q^{Prem}_{i_{AdjP}}$	0,069	0,054	0,323	0,000	0,057
$S^{Disc}_{i_{AdjV}}$	0,036	0,023	0,185	0,000	0,039
$S^{Disc}_{i_{AdjP}}$	0,066	0,054	0,308	0,000	0,054

Anmerkung: Tabelle 16 gibt in Panel A eine deskriptive Beschreibung der Variablen zu den personalen Eigenschaften (unabhängige Variablen) der Teilnehmer. Panel B führt die abhängigen Variablen zum Risikoverhalten der Teilnehmer im Aktienmarkt auf. Für jede Variable wird die Anzahl (N), der Mittelwert und Median, das Maximum (Max) und das Minimum (Min) sowie die Standardabweichung (Std) angegeben. Beispiel: Der Medianwert für Neurotizismus beträgt 3,0.

476 Quelle: Oehler et al. (2016a).

Tabelle 17 enthält die Rangkorrelationskoeffizienten nach Spearman sowie Kendall's Tau zwischen den unabhängigen Variablen. Ähnlich zu den Ergebnissen der Befragung korrelieren $EXTRAVERT_i$ und $NEUROT_i$ statistisch signifikant negativ (Spearman: -0,171; Kendall's Tau: -0,133).[477] Zudem korreliert $EXTRAVERT_i$ mit $INTLOCUS_i$ und $POSAFFECT_i$ positiv, wohingegen zu $EXTLOCUS_i$, $NEGAFFECT_i$ und $GENDER_i$ negative Korrelationen bestehen. Für $NEUROT_i$ ergeben sich negative Korrelationen zu $INTLOCUS_i$, $GENDER_i$, AGE_i und $POSAFFECT_i$ sowie positive Korrelationen zu $EXTLOCUS_i$ und $NEGAFFECT_i$. Alle genannten Korrelationen zwischen den Persönlichkeitsfaktoren und den weiteren unabhängigen Variablen sind mindestens auf dem 10-Prozent-Niveau statistisch signifikant.

Korrelationsanalyse

Tabelle 18 zeigt die Rangkorrelationskoeffizienten nach Spearman sowie Kendall's Tau zwischen $EXTRAVERT_i$ (Panel A) und $NEUROT_i$ (Panel B) und den Variablen, die das Risikoverhalten der Teilnehmer im Aktienmarkt beschreiben. Zwischen $EXTRAVERT_i$ und $\bar{A}_i$ besteht eine negative insignifikante Korrelation, die somit keine Unterstützung für Hypothese *H7* darstellt. Die positiven Korrelationen zwischen $EXTRAVERT_i$ und $\bar{P}^q_{i_{AdjV}}$ und $\bar{P}^q_{i_{AdjP}}$ unterstützen Hypothese *H8*, wonach Anleger mit höheren Werten in Extraversion höhere Preise für Aktien zahlen als Anleger mit niedrigeren Werten in Extraversion. Die Korrelationen sind mindestens auf dem 10-Prozent-Niveau statistisch signifikant. Die positiven und statistischen Korrelationen zwischen $EXTRAVERT_i$ und $Q^{Prem}_{i_{AdjV}}$ und $Q^{Prem}_{i_{AdjP}}$ stellen eine Unterstützung von Hypothese *H9* dar. Je höher der Grad an Extraversion bei Anlegern ist, desto mehr Aktien werden zu Preisen gekauft, die über dem Erwartungswert der zukünftigen Zahlungsströme (Dividendenzahlungen) beziehungsweise den durchschnittlichen Handelspreisen liegen. Bezüglich des Einflusses von Neurotizismus auf das Risikoverhalten von Anlegern im Aktienmarkt liegt eine negative Korrelation zwischen $NEUROT_i$ und $\bar{A}_i$ vor, die auf dem 5-Prozent-Niveau statistisch

477 Vgl. auch Borkenau/Ostendorf (1993), Körner/Geyer/Brähler (2002), Roth (2002), Rammstedt/John (2005), Mayfield/Perdue/ Wooten (2008).

signifikant ist. Die negative Korrelation deutet darauf hin, dass Teilnehmer mit höheren Werten in Neurotizismus tendenziell weniger Aktien in ihren Depots halten als Teilnehmer mit niedrigeren Werten in Neurotizismus. Die negative Korrelation stützt somit Hypothese *H10*. Die Ergebnisse zu Hypothese *H11*, zum Einfluss von Neurotizismus auf die erhaltenen Verkaufspreise, sind nicht eindeutig.

Tabelle 17: Korrelationen zwischen den personalen Eigenschaftsvariablen der Experimentteilnehmer[478]

	$GENDER_i$	AGE_i	$EXTRAVERT_i$	$NEUROT_i$	$INTLOCUS_i$	$EXTLOCUS_i$	$POSAFFECT_i$	$NEGAFFECT_i$
$GENDER_i$		0,142***	-0,210***	-0,259***	-0,006	-0,040	0,013	0,061
AGE_i	0,124***		0,018	-0,132**	0,088*	0,056	0,010	0,009
$EXTRAVERT_i$	-0,185***	0,013		-0,171**	0,290***	-0,164***	0,251***	-0,096*
$NEUROT_i$	-0,228***	-0,101**	-0,133***		-0,180***	0,238***	-0,118**	0,180***
$INTLOCUS_i$	-0,005	0,070*	0,235***	-0,146***		-0,191***	0,209***	-0,150***
$EXTLOCUS_i$	-0,036	0,044	-0,132***	0,193***	-0,162***		-0,045	0,176***
$POSAFFECT_i$	0,012	0,007	0,206***	-0,100**	0,181***	-0,039		0,024
$NEGAFFECT_i$	0,059	0,007	-0,082*	0,154***	-0,134***	0,156***	0,023	

Anmerkung: Tabelle 17 zeigt die Rangkorrelationskoeffizienten nach Spearman (über der Diagonalen) sowie Kendall's Tau (unter der Diagonalen) zwischen den unabhängigen Variablen. Die Symbole *, ** und *** kennzeichnen statistische Signifikanz auf dem 10-, 5- und 1-Prozent-Niveau. Beispiel: Der Rangkorrelationskoeffizient nach Spearman zwischen $NEUROT_i$ und $INTLOCUS_i$ ist -0,180 und auf dem 1-Prozent-Niveau statistisch signifikant.

478 Quelle: Oehler et al. (2016a).

Die negativen Korrelationen zwischen *NEUROT*$_i$ und $\bar{P}^s_{i_{AdjV}}$ und $\bar{P}^s_{i_{AdjP}}$ deuten darauf hin, dass ein höherer Grad an Neurotizismus mit geringeren Verkaufspreisen einhergeht. Jedoch ist nur die negative Korrelation zwischen *NEUROT*$_i$ und $\bar{P}^s_{i_{AdjV}}$ auf dem 5-Prozent-Niveau statistisch signifikant. *NEUROT*$_i$ korreliert positiv mit $S^{Disc}_{i_{AdjV}}$. Die Korrelation ist auf dem 5-Prozent-Niveau statistisch signifikant, was als Unterstützung für Hypothese *H12* zu interpretieren ist, wonach ein positiver Zusammenhang zwischen dem Grad an Neurotizismus und der Anzahl an Verkäufen zu niedrigen Preisen vermutet wird. Zudem besteht eine positive Korrelation zwischen *NEUROT*$_i$ und $S^{Disc}_{i_{AdjP}}$, die jedoch nicht signifikant ist.

Tabelle 18: Korrelationen zwischen Extraversion und Neurotizismus und den Variablen zum Risikoverhalten[479]

Panel A: Extraversion

	$\bar{A}_i$	$\bar{P}^q_{i_{AdjV}}$	$\bar{P}^q_{i_{AdjP}}$	$Q^{Prem}_{i_{AdjV}}$	$Q^{Prem}_{i_{AdjP}}$
EXTRAVERT$_i$	-0,068 (-0,047)	0,094* (0,067*)	0,120** (0,084**)	0,090* (0,064*)	0,115** (0,084**)
N	364	364	364	364	364

Panel B: Neurotizismus

	$\bar{A}_i$	$\bar{P}^s_{i_{AdjV}}$	$\bar{P}^s_{i_{AdjP}}$	$S^{Disc}_{i_{AdjV}}$	$S^{Disc}_{i_{AdjP}}$
NEUROT$_i$	-0,108** (-0,079**)	-0,125** (-0,091**)	-0,079 (-0,059)	0,100** (0,087**)	0,080 (0,048)
N	364	364	364	364	364

Anmerkung: Tabelle 18 listet die Rangkorrelationskoeffizienten nach Spearman sowie Kendall's Tau (in Klammern) zwischen Extraversion und Neurotizismus und den Variablen, die das Risikoverhalten der Teilnehmer im Aktienmarkt beschreiben, auf. Die Symbole *, ** und *** kennzeichnen statistische Signifikanz auf dem 10-, 5- und 1-Prozent-Niveau. Beispiel: Der Rangkorrelationskoeffizient nach Spearman zwischen *EXTRAVERT*$_i$ und $\bar{P}^q_{i_{AdjP}}$ ist 0,120 und auf dem 5-Prozent-Niveau statistisch signifikant.

479 Quelle: Oehler et al. (2016a).

Regressionsanalyse

Die Ergebnisse zur Regressionsanalyse mit $\bar{A}_i$ als abhängige Variable (Hypothese *H7*) sind in Tabelle 19 dargestellt. Für alle Regressionsmodelle kann kein signifikanter Einfluss von $EXTRAVERT_i$ auf $\bar{A}_i$ festgestellt werden. Die Kontrollvariable $GENDER_i$ übt einen positiven Einfluss auf $\bar{A}_i$ aus, der jeweils auf dem 1-Prozent-Niveau statistisch signifikant ist. Das Ergebnis deutet darauf hin, dass Männer während dem Experiment tendenziell mehr Aktien in ihren Depots halten als Frauen. In der Spezifikation, die die emotionalen Zustände mit Extraversion separat kombiniert, ist zudem $POSAFFECT_i$ statistisch auf dem 10-Prozent-Niveau signifikant. Daraus lässt sich ableiten, dass Teilnehmer mit höheren positiven Affekten tendenziell mehr Aktien in ihren Depots halten. Der signifikante Einfluss verschwindet jedoch im Gesamtmodell.

Tabelle 19: Ergebnisse der Regressionsanalyse zum Einfluss von Extraversion auf die Anzahl gehaltener Aktien[480]

Abhängige Variable: $\bar{A}_i$, durchschnittliche Anzahl der gehaltenen Aktien von Individuum *i* bereinigt um die Anzahl an insgesamt zur Verfügung stehenden Aktien

β_0	0,052***	0,044***	0,0451***	0,0477***	0,052***	0,052***	0,038**
EXTRAVERT$_i$	-0,002	-0,000	-0,001	-0,002	-0,002	-0,002	-0,001
GENDER$_i$		0,010***					0,010***
INTLOCUS$_i$			0,001				-0,001
EXTLOCUS$_i$			0,002				0,003
POSAFFECT$_i$				0,003*			0,003
NEGAFFECT$_i$				-0,002			-0,002
AGE$_i$					-0,000		-0,000
PAYMENT$_i$						0,004	0,004
Likelihood Ratio (LR) Chi-Square	0,85	11,49***	1,45	3,97	1,10	1,92	17,14**

Anmerkung: Tabelle 19 stellt die Regressionskoeffizienten sowie die Likelihood Ratio (LR) Chi-Square-Werte für die in Gleichung (29) beschriebene Regression mit $\bar{A}_i$ als abhängige Variable dar. Aufgrund der Nichtnegativität von $\bar{A}_i$ wird ein Tobit-Regressionsmodell verwendet. *EXTRAVERT*$_i$ wird dabei schrittweise mit den anderen erklärenden Variablen kombiniert. Die letzte Spalte umfasst die Ergebnisse des gesamten Regressionsmodells. Die Symbole *, ** und *** kennzeichnen statistische Signifikanz auf dem 10-, 5- und 1-Prozent-Niveau. Beispiel: Die Regression von $\bar{A}_i$ auf *EXTRAVERT*$_i$ als einzige unabhängige Variable ergibt einen Regressionskoeffizienten von -0,002 für *EXTRAVERT*$_i$, der statistisch insignifikant ist.

Tabelle 20 zeigt die Ergebnisse der Regressionsanalyse zum Einfluss von Extraversion auf die gezahlten Kaufpreise der Teilnehmer. Panel A (B) enthält die Ergebnisse für die Regressionen mit $\bar{P}^q_{i_{AdjV}}$ ($\bar{P}^q_{i_{AdjP}}$) als abhängige Variable. In beiden Panels sind die Regressionskoeffizienten für *EXTRAVERT*$_i$ durchgehend positiv. Das bedeutet, dass Teilnehmer mit höheren Werten in Extraversion höhere Kaufpreise zahlen und unterstützt die Vermutung in Hypothese *H8*. Die Regressionskoeffizienten in Panel B (abhängige Variable: $\bar{P}^q_{i_{AdjP}}$) sind mehrheitlich signifikant, wohingegen die Koeffizienten in Panel A (abhängige Variable: $\bar{P}^q_{i_{AdjV}}$) nicht signifikant sind. Unter Hinzunahme

480 Quelle: Oehler et al. (2016a).

der Variable $GENDER_i$ wird der Einfluss von $EXTRAVERT_i$ schwächer und weniger statistisch signifikant, bleibt jedoch im Gesamtmodell auf dem 10-Prozent-Niveau (Panel B) statistisch signifikant. Der negative Regressionskoeffizient für $GENDER_i$ indiziert, dass Männer im Durchschnitt ihre Aktien zu geringeren Preisen kaufen als Frauen. Sowohl für die Regression mit $\bar{P}^q_{i_{AdjV}}$ als auch mit $\bar{P}^q_{i_{AdjP}}$ sind zudem die Regressionskoeffizienten für $POSAFFECT_i$ negativ und mindestens auf dem 10-Prozent-Niveau statistisch signifikant. Die Ergebnissse implizieren, dass Teilnehmer, die während des Experiments weniger positive Affekte verspüren, höhere Preise für Aktien zahlen. Die beiden Regressionskoeffizienten für $PAYMENT_i$ sind in Panel A zudem jeweils auf dem 1-Prozent-Niveau statistisch signifikant. Die negativen Koeffizienten deuten darauf hin, dass die Teilnehmer, die eine variable Entlohnung erhalten, niedrigere Preise für gekaufte Aktien bezahlen.

Tabelle 20: Ergebnisse der Regressionsanalyse zum Einfluss von Extraversion auf die gezahlten Kaufpreise[481]

Panel A: Abhängige Variable: $\bar{P}^q_{i_{AdjV}}$, durchschnittlich gezahlte Kaufpreise von Individuum *i* bereinigt um den Erwartungswert der zukünftigen Zahlungsströme (Dividendenzahlungen)

β_0	0,449***	0,700***	0,440	0,729***	0,403	0,483***	0,537
EXTRAVERT	0,059	0,025	0,056	0,088*	0,059	0,069	0,043
GENDER_i		-0,282***					-0,298***
INTLOCUS_i			0,011				0,072
EXTLOCUS_i			0,012				-0,019
POSAFFECT_i				-0,118**			-0,106**
NEGAFFECT_i				-0,001			0,009
AGE_i					0,002		0,020
PAYMENT_i						-0,317***	-0,340***
R^2 (adj.)	0,002	0,034	-0,003	0,013	-0,001	0,031	0,070

Panel B: Abhängige Variable: $\bar{P}^q_{i_{AdjP}}$, durchschnittlich gezahlte Kaufpreise von Individuum *i* bereinigt um die durchschnittlichen Handelspreise

β_0	-0,148***	-0,040	-0,103	-0,065	-0,165	-0,145***	-0,098
$EXTRAVERT_i$	0,034**	0,020	0,041***	0,043***	0,034**	0,035**	0,030*
GENDER_i		-0,121***					-0,120***
INTLOCUS_i			-0,025				-0,012
EXTLOCUS_i			0,017				0,012
POSAFFECT_i				-0,035**			-0,029*
NEGAFFECT_i				0,000			0,000
AGE_i					0,001		0,007
PAYMENT_i						-0,028	-0,034
R^2 (adj.)	0,012	0,070	0,012	0,020	0,009	0,012	0,070

Anmerkung: Tabelle 20 enthält die Regressionskoeffizienten sowie die angepassten R^2-Werte für die in Gleichung (29) beschriebene Regression mit $\bar{P}^q_{i_{AdjV}}$ (Panel A) und $\bar{P}^q_{i_{AdjP}}$ (Panel B) als abhängige Variable. $EXTRAVERT_i$ wird dabei schrittweise mit den anderen erklärenden Variablen kombiniert. Die letzte Spalte umfasst die Ergebnisse des gesamten Regressionsmodells. Die Symbole *, ** und *** kennzeichnen statistische Signifikanz auf dem 10-, 5- und 1-Prozent-Niveau. Beispiel: Die Regression von $\bar{P}^q_{i_{AdjV}}$ auf $EXTRAVERT_i$ als einzige unabhängige Variable ergibt einen Regressionskoeffizienten von 0,059 für $EXTRAVERT_i$, der statistisch insignifikant ist.

481 Quelle: Oehler et al. (2016a).

Tabelle 21 enthält die Ergebnisse zum Einfluss von Extraversion auf die Anzahl an Käufen, die zu Preisen durchgeführt werden, die entweder über dem Erwartungswert der zukünftigen Zahlungsströme (Panel A, $\bar{P}^{q}_{i_{AdjV}}$) oder über dem durchschnittlichen Handelspreis (Panel B, $\bar{P}^{q}_{i_{AdjP}}$) liegen. Die positiven Regressionskoeffizienten für $EXTRAVERT_i$ in Panel A deuten darauf hin, dass Teilnehmer mit höheren Werten in Extraversion eine höhere Anzahl von Aktien kaufen, die zu Preisen über den erwartenden Dividendenzahlungen notieren. Die statistische Signifikanz der Regressionskoeffizienten in Panel A ist jedoch wesentlich schwächer als in Panel B. Die positiven Regressionskoeffizienten für $EXTRAVERT_i$ in Panel B sind in fast allen Spezifikationen mindestens auf dem 10-Prozent-Niveau statistisch signifikant und unterstützen somit Hypothese *H9.* Die Regressionskoeffizienten für $GENDER_i$ sind in beiden Panels jeweils negativ und auf dem 1-Prozent-Niveau statistisch signifikant. Das bedeutet, dass Männer weniger Aktien kaufen als Frauen, wenn die Preise über dem Erwartungswert der zukünftigen Zahlungsströme (Dividendenzahlungen) beziehungsweise den durchschnittlichen Handelspreisen liegen. Neben dem starken Einfluss von $GENDER_i$ kann jedoch konstatiert werden, dass sowohl $EXTRAVERT_i$ als auch $NEGAFFECT_i$ einen statistisch signifikanten Einfluss auf $Q^{Prem}_{i_{AdjP}}$ haben.

Tabelle 21: Ergebnisse der Regressionsanalyse zum Einfluss von Extraversion auf die Anzahl an Käufen[482]

Panel A: Abhängige Variable: $Q_{i_{AdjV}}^{Prem}$, Anzahl an Käufen von Individuum *i* zu Preisen, die über dem Erwartungswert der zukünftigen Zahlungsströme liegen							
β_0	0,085***	0,0104***	0,130***	0,061**	0,085***	0,083***	0,129***
$EXTRAVERT_i$	0,009*	0,006	0,010*	0,009*	0,009*	0,008*	0,006
$GENDER_i$		-0,022***					-0,023***
$INTLOCUS_i$			-0,008				-0,008
$EXTLOCUS_i$			-0,007				-0,011
$POSAFFECT_i$				0,002			0,003
$NEGAFFECT_i$				0,012*			0,014**
AGE_i					0,000		-0,000
$PAYMENT_i$						0,016	0,016*
Likelihood Ratio (LR) Chi-Square	3,39*	10,21***	4,84	6,95*	3,48	6,04**	19,5**
Panel B: Abhängige Variable: $Q_{i_{AdjP}}^{Prem}$, Anzahl an Käufen von Individuum *i* zu Preisen, die über dem durchschnittlichen Handelspreis liegen							
β_0	0,038***	0,064***	0,057*	0,039**	0,038***	0,037***	0,077**
$EXTRAVERT_i$	0,008**	0,005	0,010**	0,010***	0,008**	0,008**	0,007*
$GENDER_i$		-0,029***					-0,029***
$INTLOCUS_i$			-0,007				-0,005
$EXTLOCUS_i$			0,003				-0,001
$POSAFFECT_i$				-0,006			-0,005
$NEGAFFECT_i$				0,008			0,009*
AGE_i					0,000		-0,000
$PAYMENT_i$						0,007	0,007
Likelihood Ratio (LR) Chi-Square	4,77**	26,23***	6,54*	9,34**	4,87*	5,67*	32,46***

Anmerkung: Tabelle 21 zeigt die Regressionskoeffizienten sowie die Likelihood Ratio (LR) Chi-Square-Werte für die in Gleichung (29) beschriebene Regression mit $Q_{i_{AdjV}}^{Prem}$ (Panel A) und $Q_{i_{AdjP}}^{Prem}$ (Panel B) als abhängige Variable. Aufgrund der Nichtnegativität von $Q_{i_{AdjV}}^{Prem}$ und $Q_{i_{AdjP}}^{Prem}$ wird ein Tobit-Regressionsmodell angewendet. $EXTRAVERT_i$ wird dabei schrittweise mit den anderen erklärenden Variablen kombiniert. Die letzte Spalte umfasst die Ergebnisse des gesamten Regressionsmodells. Die Symbole *, ** und *** kennzeichnen statistische Signifikanz auf dem 10-, 5- und 1-Prozent-Niveau. Beispiel: Die Regression von $Q_{i_{AdjV}}^{Prem}$ auf $EXTRAVERT_i$ als einzige unabhängige Variable ergibt einen Regressionskoeffizienten von 0,009 für $EXTRAVERT_i$, der auf dem 10-Prozent-Niveau statistisch signifikant ist.

482 Quelle: Oehler et al. (2016a).

In Tabelle 22 sind die Ergebnisse der Regression mit $\bar{A}_i$ als abhängige Variable und mit *NEUROT*$_i$ als unabhängige Variable dargestellt. Die negativen Regressionskoeffizienten für *NEUROT*$_i$ sind in allen Spezifikationen mindestens auf dem 10-Prozent-Niveau statistisch signifikant und unterstützen somit Hypothese *H10*, wonach neurotischere Anleger weniger Aktien in ihren Depots halten. Der Einfluss bleibt auch unter Hinzunahme der Variable *GENDER*$_i$ signifikant.

Tabelle 22: Ergebnisse der Regressionsanalyse zum Einfluss von Neurotizismus auf die Anzahl gehaltener Aktien[483]

Abhängige Variable: $\bar{A}_i$, durchschnittliche Anzahl der gehaltenen Aktien von Individuum *i* bereinigt um die Anzahl an insgesamt zur Verfügung stehenden Aktien

β_0	0,059***	0,051***	0,060***	0,052***	0,059***	0,058***	0,049***
NEUROT$_i$	-0,004**	-0,003*	-0,005***	-0,004**	-0,004***	-0,004**	-0,003*
GENDER$_i$		0,009***					0,009***
INTLOCUS$_i$			-0,002				-0,003
EXTLOCUS$_i$			0,004				0,004
POSAFFECT$_i$				0,002			0,002
NEGAFFECT$_i$				-0,000			-0,002
AGE$_i$					-0,000		-0,000
PAYMENT$_i$						0,003	0,004
Likelihood Ratio (LR) Chi-Square	6,37**	14,28***	8,90**	7,50*	6,87**	7,22**	20,15***

Anmerkung: Tabelle 22 stellt die Regressionskoeffizienten sowie die Likelihood Ratio (LR) Chi-Square-Werte für die in Gleichung (30) beschriebene Regression mit $\bar{A}_i$ als abhängige Variable dar. Aufgrund der Nichtnegativität von $\bar{A}_i$ wird ein Tobit-Regressionsmodell angewendet. *NEUROT*$_i$ wird dabei schrittweise mit den anderen erklärenden Variablen kombiniert. Die letzte Spalte umfasst die Ergebnisse des gesamten Regressionsmodells. Die Symbole *, ** und *** kennzeichnen statistische Signifikanz auf dem 10-, 5- und 1-Prozent-Niveau. Beispiel: Die Regression von $\bar{A}_i$ auf *NEUROT*$_i$ als einzige unabhängige Variable ergibt einen Regressionskoeffizienten von -0,004 für *NEUROT*$_i$, der auf dem 5-Prozent-Niveau statistisch signifikant ist.

483 Quelle: Oehler et al. (2016a).

Die Ergebnisse zum Einfluss von Neurotizismus auf die Verkaufspreise in Tabelle 23 sind nicht eindeutig. In Panel A ($\bar{P}^s_{i_{AdjV}}$) sind die Regressionskoeffizienten für $NEUROT_i$ in den meisten Spezifikationen signifikant negativ. Im Gesamtmodell ist der Regressionskoeffizient für $NEUROT_i$ jedoch insignifikant. Die Regressionskoeffizienten für $NEUROT_i$ bezüglich des Einflusses auf $\bar{P}^s_{i_{AdjP}}$ (Panel B) sind in allen Spezifikationen negativ, jedoch überwiegend insignifikant. Obwohl somit ein tendenziell negativer Einfluss von Neurotizismus auf die Verkaufspreise besteht, der grundsätzlich Hypothese *H11* unterstützt, ist die Unterstützung aufgrund der teilweise insignifikanten Regressionskoeffizienten lediglich als schwach einzustufen.

Tabelle 23: Ergebnisse der Regressionsanalyse zum Einfluss von Neurotizismus auf die erzielten Verkaufspreise[484]

Panel A: Abhängige Variable: $\bar{P}^{s}_{i_{AdjV}}$, durchschnittlich erhaltene Verkaufspreise von Individuum *i* bereinigt um den Erwartungswert der zukünftigen Zahlungsströme (Dividendenzahlungen)							
β_0	1,044***	0,842***	1,047***	1,206***	1,627***	1,130***	1,314**
$NEUROT_i$	-0,102**	-0,068	-0,088*	-0,109**	-0,112**	-0,107**	-0,066
$GENDER_i$		0,231***					0,231***
$INTLOCUS_i$			0,028				0,097
$EXTLOCUS_i$			-0,074				-0,062
$POSAFFECT_i$				-0,050			-0,051
$NEGAFFECT_i$				0,014			0,014
AGE_i					-0,025		-0,024
$PAYMENT_i$						-0,337***	-0,329***
R^2 (adj.)	0,012	0,039	0,011	0,010	0,016	0,048	0,071
Panel B: Abhängige Variable: $\bar{P}^{s}_{i_{AdjP}}$, durchschnittlich erhaltene Verkaufspreise von Individuum *i* bereinigt um die durchschnittlichen Handelspreise							
β_0	0,082*	0,001	0,070	0,069	0,371**	0,085**	0,227
$NEUROT_i$	-0,021	-0,007	-0,017	-0,021	-0,025*	-0,021	-0,007
$GENDER_i$		0,092***					0,101***
$INTLOCUS_i$			0,008				0,021
$EXTLOCUS_i$			-0,015				-0,012
$POSAFFECT_i$				-0,002			-0,001
$NEGAFFECT_i$				0,007			0,007
AGE_i					-0,012**		-0,015**
$PAYMENT_i$						-0,015	-0,012
R^2 (adj.)	0,003	0,035	-0,001	-0,002	0,013	0,001	0,042

Anmerkung: Tabelle 23 zeigt die Regressionskoeffizienten sowie die angepassten R^2-Werte für die in Gleichung (30) beschriebene Regression mit $\bar{P}^{s}_{i_{AdjV}}$ (Panel A) und $\bar{P}^{s}_{i_{AdjP}}$ (Panel B) als abhängige Variable. $NEUROT_i$ wird dabei schrittweise mit den anderen erklärenden Variablen kombiniert. Die letzte Spalte umfasst die Ergebnisse des gesamten Regressionsmodells. Die Symbole *, ** und *** kennzeichnen statistische Signifikanz auf dem 10-, 5- und 1-Prozent-Niveau. Beispiel: Die Regression von $\bar{P}^{q}_{i_{AdjV}}$ auf $NEUROT_i$ als einzige unabhängige Variable ergibt einen Regressionskoeffizienten von -0,102 für $NEUROT_i$ der auf dem 5-Prozent-Niveau statistisch signifikant ist.

484 Quelle: Oehler et al. (2016a).

In beiden Panels sind die Regressionskoeffizienten für $GENDER_i$ jeweils positiv und auf dem 1-Prozent-Niveau statistisch signifikant. Männer verkaufen ihre Aktien zu höheren Preisen als Frauen. Die signifikanten negativen Regressionskoeffizienten für $PAYMENT_i$ in Panel A deuten an, dass Teilnehmer, die eine variable Entlohnung erhalten, ihre Aktien tendenziell zu niedrigeren Preisen verkaufen. Der signifikante Effekt verschwindet in Panel B. Zudem sind die Regressionskoeffizienten für AGE_i in Panel B signifikant, was darauf hindeutet, dass ältere Teilnehmer ihre Aktien zu geringeren Preisen verkaufen.

Die Ergebnisse in Tabelle 24 in Bezug auf den Einfluss von Neurotizismus auf die Anzahl der Aktienverkäufe, falls die Verkaufspreise unter dem Erwartungswert der zukünftigen Zahlungsströme (abhängige Variable: $S_{i_{AdjV}}^{Disc}$, Panel A) oder unter dem durchschnittlichen Handelspreis (abhängige Variable: $S_{i_{AdjP}}^{Disc}$, Panel B) liegen, deuten an, dass $NEUROT_i$ kein signifikanter Einflussfaktor ist. Obwohl in einigen Regressionsspezifikationen in Panel A die Regressionskoeffizienten für $NEUROT_i$ statistisch signifikant und positiv sind und somit grundsätzlich Hypothese *H12* unterstützen, sind die Ergebnisse dahingehend nicht überzeugend, da der Regressionskoeffizient für $NEUROT_i$ im Gesamtmodel insignifikant ist. In Panel B sind die Regressionskoeffizienten für $NEUROT_i$ durchgehend nicht signifikant. $S_{i_{AdjV}}^{Disc}$ (Panel A) wird weiterhin von $INTLOCUS_i$ beeinflusst. Die Regressionskoeffizienten für $INTLOCUS_i$ sind negativ und jeweils auf dem 5-Prozent-Niveau statistisch signifikant, was bedeutet, dass Teilnehmer mit einem höheren Grad an internaler Kontrollüberzeugung weniger Aktien zu Preisen, die unter dem Erwartungswert der zukünftigen Zahlungsströme der Aktie gehandelt werden, verkaufen. Sowohl in Panel A als auch in Panel B sind die Regressionskoeffizienten für $GENDER_i$ negativ und jeweils auf dem 1-Prozent-Niveau statistisch signifikant. Die Ergebnisse deuten an, dass Frauen im Vergleich zu Männern eine größere Anzahl ihrer Aktien zu Preisen unter dem Erwartungswert der zukünftigen Zahlungsströme und unter dem durchschnittlichen Handelspreis, verkaufen. Der Regressionskoeffizient für $NEGAFFECT_i$ in Panel B ist zudem schwach signifikant und positiv.

Tabelle 24: Ergebnisse der Regressionsanalyse zum Einfluss von Neurotizismus auf die Anzahl an Verkäufen[485]

Panel A: Abhängige Variable: $S_{i_{AdjV}}^{Disc}$, Anzahl an Verkäufen zu Preisen, die unter dem Erwartungswert der zukünftigen Zahlungsströme liegen							
β_0	0,012	0,031***	0,060**	0,007	0,012	0,012	0,078***
$NEUROT_i$	0,007**	0,003	0,006*	0,006**	0,007**	0,006**	0,001
$GENDER_i$		-0,022***					-0,023***
$INTLOCUS_i$			-0,010**				-0,011**
$EXTLOCUS_i$			-0,002				-0,003
$POSAFFECT_i$				0,000			0,002
$NEGAFFECT_i$				0,004			0,006
AGE_i					0,000		-0,000
$PAYMENT_i$						-0,000	-0,001
Likelihood Ratio (LR) Chi-Square	4,94**	22,77***	8,84**	6,14	4,98*	4,95*	30,63***
Panel B: Abhängige Variable: $S_{i_{AdjP}}^{Disc}$, Anzahl an Verkäufen zu Preisen, die unter dem durchschnittlichen Handelspreis liegen							
β_0	0,053***	0,076***	0,087***	0,051***	0,053***	0,054***	0,110***
$NEUROT_i$	0,004	0,000	0,004	0,003	0,004	0,004	-0,001
$GENDER_i$		-0,026***					-0,028***
$INTLOCUS_i$			-0,006				-0,007
$EXTLOCUS_i$			-0,003				-0,004
$POSAFFECT_i$				-0,001			-0,001
$NEGAFFECT_i$				0,006			0,008*
AGE_i					0,000		-0,000
$PAYMENT_i$						-0,003	-0,004
Likelihood Ratio (LR) Chi-Square	1,52	20,74***	2,86	3,18	1,57	1,70	26,40***

Anmerkung: Tabelle 24 zeigt die Regressionskoeffizienten sowie die Likelihood Ratio (LR) Chi-Square-Werte für die in Gleichung (30) beschriebene Regression mit $S_{i_{AdjV}}^{Disc}$ (Panel A) und $S_{i_{AdjP}}^{Disc}$ (Panel B) als abhängige Variable. Aufgrund der Nichtnegativität von $S_{i_{AdjV}}^{Disc}$ und $S_{i_{AdjP}}^{Disc}$ wird ein Tobit-Regressionsmodell angewendet. $NEUROT_i$ wird dabei schrittweise mit den anderen erklärenden Variablen kombiniert. Die letzte Spalte umfasst die Ergebnisse des gesamten Regressionsmodells. Die Symbole *, ** und *** kennzeichnen statistische Signifikanz auf dem 10-, 5- und 1-Prozent-Niveau. Beispiel: Die Regression von $S_{i_{AdjV}}^{Disc}$ auf $NEUROT_i$ als einzige unabhängige Variable ergibt einen Regressionskoeffizienten von 0,007 für $EXTRAVERT_i$, der auf dem 5-Prozent-Niveau statistisch signifikant ist.

485 Quelle: Oehler et al. (2016a).

Robustheitsuntersuchung

Tabelle 25 enthält die Ergebnisse für die Teildatensätze je nach Grad der Ausprägung von Extraversion und Neurotizismus der Teilnehmer. Panel A (B) zeigt die Ergebnisse zum paarweisen Gleichheitstest (Wilcoxon-Mann-Whitney-U-Test) zwischen den Teilnehmern mit den höchsten Werten (Top-Quintil) und den niedrigsten Werten (Bottom-Quintil) in Extraversion (Neurotizismus). Für Extraversion besteht zwischen den beiden Gruppen in Bezug auf die durchschnittliche Anzahl gehaltener Aktien während des Aktienmarkts ($\bar{A}_i$) kein statistisch signifikanter Unterschied. Die Mittelwerte und Mediane der Variablen $\bar{P}^q_{i_{AdjV}}$, $\bar{P}^q_{i_{AdjP}}$, $Q^{Prem}_{i_{AdjV}}$ und $Q^{Prem}_{i_{AdjP}}$ sind bei den Teilnehmern mit den höchsten Ausprägungen in Extraversion signifikant höher als bei den Teilnehmern mit den niedrigsten Ausprägungen. Die Unterschiede sind dabei mindestens auf dem 5-Prozent-Niveau statistisch signifikant. Die Ergebnisse deuten an, dass die Teilnehmer mit den höchsten Werten in Extraversion höhere Preise zahlen und mehr Käufe zu überteuerten Preisen durchführen als die Teilnehmer mit den niedrigsten Werten. Die Ergebnisse unterstützen die Hypothesen *H8* und *H9*.

Für Neurotizismus (Panel B) sind die Mittelwerte und Mediane für $\bar{A}_i$, $\bar{P}^s_{i_{AdjV}}$ und $\bar{P}^s_{i_{AdjP}}$ im Top-Quintil niedriger als im Bottom-Quintil. Die Differenzen sind mindestens auf dem 10-Prozent-Niveau statistisch signifikant. Die Ergebnisse implizieren, dass die Teilnehmer mit den höchsten Werten in Neurotizismus weniger Aktien in ihren Depots halten und diese für geringere Preise verkaufen als die Teilnehmer mit den niedrigsten Werten. Die Befunde unterstützen die Hypothesen *H10* und *H11*. Die Ergebnisse in Bezug auf Hypothese *H12* deuten an, dass die Teilnehmer des Top-Quintils mehr Aktien zu Preisen verkaufen, die unter dem Erwartungswert der zukünftigen Zahlungsströme und unter dem durchschnittlichen Handelspreis liegen, als die Teilnehmer des Bottom-Quintils und stellen somit Unterstützung für Hypothese *H12* dar. Die Unterschiede der Mittelwerte und Mediane für $S^{Disc}_{i_{AdjV}}$ und $S^{Disc}_{i_{AdjP}}$ sind mindestens auf dem 5-Prozent-Niveau statistisch signifikant.

Tabelle 25: Ergebnisse zum paarweisen Gleichheitstest des Risikoverhaltens zwischen den Teilnehmern des Top- und Bottom-Quintils[486]

	Top		Bottom		
	Mittelwert	Median	Mittelwert	Median	U-Test
Panel A: Extraversion					
$\bar{A}_i$	0,042	0,038	0,048	0,045	
$\bar{P}^q_{i_{AdjV}}$	0,754	0,646	0,515	0,467	**
$\bar{P}^q_{i_{AdjP}}$	0,046	0,053	-0,069	-0,035	***
$Q^{Prem}_{i_{AdjV}}$	0,127	0,115	0,103	0,086	**
$Q^{Prem}_{i_{AdjP}}$	0,077	0,069	0,058	0,046	**
Panel B: Neurotizismus					
$\bar{A}_i$	0,041	0,038	0,055	0,049	**
$\bar{P}^s_{i_{AdjV}}$	0,558	0,463	0,948	0,790	***
$\bar{P}^s_{i_{AdjP}}$	-0,028	-0,016	0,043	0,056	*
$S^{Disc}_{i_{AdjV}}$	0,048	0,031	0,029	0,015	***
$S^{Disc}_{i_{AdjP}}$	0,079	0,062	0,061	0,046	**

Anmerkung: In Tabelle 25 sind in Panel A (B) die Mittelwerte und Mediane des Risikoverhaltens für das Top- und Bottom-Quintil für Extraversion (Neurotizismus) enthalten. Die letzte Spalte stellt die Ergebnisse des paarweisen Gleichheitstests (U-Test) dar. Die Symbole *, ** und *** kennzeichnen statistische Signifikanz auf dem 10-, 5- und 1-Prozent-Niveau. Beispiel: Der Mittelwert für $\bar{A}_i$ bei den Teilnehmern im Top-Quintil von Neurotizismus beträgt 0,041, wohingegen der Mittelwert für $\bar{A}_i$ der Teilnehmer im Bottom-Quintil von Neurotizismus 0,055 ist. Die Differenz ist auf dem 5-Prozent-Niveau statistisch signifikant.

486 Quelle: Oehler et al. (2016a).

10.4 Diskussion und Zusammenfassung derErgebnisse

Die Ergebnisse in Bezug auf Extraversion lassen vermuten, dass stärker extravertierte Anleger höhere Preise für Aktien zahlen und mehr Käufe zu überteuerten Preisen tätigen. Die Ergebnisse stützen somit die Hypothesen *H8* und *H9*, wobei angemerkt sei, dass die Ergebnisse zum Teil nicht eindeutig sind oder nur eine schwache Unterstützung darstellen. Die Ergebnisse bringen zum Ausdruck, dass stärker extravertierte Anleger grundsätzlich ein riskanteres Handelsverhalten in Finanzmärkten zeigen. Wie die Ergebnisse der Befragung andeuten, kann das beobachtete Verhalten grundsätzlich auf eine geringere Risikoaversion dieser Anleger zurückgeführt werden.[487] Für die Hypothese *H7*, den vermuteten positiven Einfluss von Extraversion auf die Anzahl gehaltener Aktien, können keine Hinweise gefunden werden.

Die Ergebnisse des Experiments liefern zudem Hinweise, dass Anleger mit höheren Werten in Neurotizismus weniger Aktien in ihren Depots halten als Anleger mit niedrigeren Werten in Neurotizismus. Die Ergebnisse unterstützen die Hypothese *H10* und sind grundsätzlich vereinbar mit den Ergebnissen der Befragung, die auf einen positiven Zusammenhang zwischen Risikoaversion und Neurotizismus hindeuten, die ursächlich für die weniger risikoreiche Zusammenstellung der Portfolios sein kann. Darüber hinaus sind die Ergebnisse grundsätzlich mit denen von Cloninger (2000), Nicholson et al. (2005), Mayfield/Perdue/Wooten (2008), Lommen/Engelhard/Van den Hout (2010), Becker et al. (2012) und Niszczota (2014) vereinbar, die ebenfalls eine höhere Risikoaversion beziehungsweise ein weniger riskantes Verhalten bei Personen mit höheren Werten in Neurotizismus dokumentieren.[488] Die Ergebnisse in Bezug auf die Hypothesen *H11* und *H12* sind hingegen weniger eindeutig und zum Teil widersprüchlich. Es kann jedoch grundsätzlich konstatiert werden, dass neurotischere Anleger ihre Aktien zu niedrigeren Preisen verkaufen

487 Vgl. hierzu auch die Ergebnisse von Nicholson et al. (2005), Becker et al. (2012), Pan/Statman (2013).

488 Aus den Arbeiten von Durand/Newby/Sanghani (2008) und Durand et al. (2013a) lassen sich hingegen kaum Hinweise für diese Zusammenhänge ableiten.

und selbst dann vermehrt Aktien verkaufen, wenn ihre Preise – bemessen an einem objektiven und subjektiven Maßstab – zu günstig sind. Die Ergebnisse der Robustheitsuntersuchung zeigen ähnliche Zusammenhänge auf.

Die Ergebnisse des Experiments deuten an, dass das Geschlecht der Anleger einen bedeutenden Einfluss auf ihre Anlageentscheidungen hat. Männer halten demnach mehr Aktien in ihren Portfolios als Frauen, was auf ein riskanteres Anlageverhalten hindeutet. Jianakoplos/Bernasek (1998), Hariharan, Chapman/Domian (2000), Mayfield/Perdue/Wooten (2008) kommen diesbezüglich grundsätzlich zu ähnlichen Resultaten. Weiterhin deuten die Ergebnisse an, dass das Handelsverhalten von Männern und Frauen grundsätzlich unterschiedlich zu sein scheint.[489] Männer zahlen geringere Kaufpreise für ihre Aktien und tätigen weniger Käufe zu hohen Preisen als Frauen. Zudem verkaufen Frauen ihre Aktien zu niedrigeren Preisen und verkaufen vermehrt Aktien zu niedrigen Preisen als Männer.

489 Vgl. zum Beispiel Barber/Odean (2001).

11 Einfluss von Extraversion und Neurotizismus auf die Preisbildung[490]

11.1 Empirische Methodik

Forschungsleitfrage 4, die zum Gegenstand die Untersuchung des Einflusses von Extraversion und Neurotizismus auf die Preisbildung in Finanzmärkten hat, wird ebenfalls mit einem computerbasierten Aktienmarkt untersucht.[491] Zur Überprüfung der Hypothesen zum Einfluss von Extraversion und Neurotizismus auf die Preisbildung in Finanzmärkten werden Gleichheitstests zwischen Aktienmärkten, in denen Teilnehmer mit signifikanten Unterschieden in Extraversion und Neurotizismus handeln, sowie Korrelationsanalysen durchgeführt. Das Niveau von Extraversion und Neurotizismus der Teilnehmer in einem Markt wird unter anderem mittels Clusteranalysen bestimmt. Im Folgenden werden die verwendeten Variablen erläutert und es erfolgt eine Beschreibung der empirischen Analysemethoden.

Variablenbeschreibung

Die Ausprägungen von Extraversion und Neurotizismus der Teilnehmer werden mit dem BFI-10 erfasst.[492] Für jeden Aktienmarkt wird das durchschnittliche Niveau von Neurotizismus und Extraversion auf Gesamtmarktebene bestimmt ($mean_{Neurot}$ und $mean_{Extravert}$). Zudem werden die Mediane der Persönlichkeitsfaktoren Neurotizismus und Extraversion (med_{Neurot} und $med_{Extravert}$) je Aktienmarkt bestimmt. Weiterhin wird eine Clusteranalyse durchgeführt, um Teilnehmer dahingehend zu unterscheiden, ob diese tenden-

490 Dieses Kapitel basiert auf dem Beitrag Oehler et al. (2016b).

491 Vgl. die Ausführungen zum Ablauf des Experiments in Kapitel 10.1.

492 Vgl. Rammstedt/John (2007) und Rammstedt et al. (2012). Vgl. hierzu auch die Ausführungen in Kapitel 7.1.3.

ziell neurotisch oder extravertiert sind.[493] Folglich wird der Anteil an Teilnehmern je Aktienmarkt bestimmt, die als neurotisch oder extravertiert kategorisiert werden können (w_{Neurot} und $w_{Extravert}$).[494] Um potenzielle Effekte zu berücksichtigen, die zwischen Neurotizismus und Extraversion und den anderen Persönlichkeitsfaktoren (Gewissenhaftigkeit, Offenheit für Erfahrungen und Verträglichkeit) bestehen, wird zudem eine Clusteranalyse angewendet, die alle fünf Persönlichkeitsfaktoren als Clusterkriterien berücksichtigt.[495] Demnach geben die Variablen w_{Neurot}^{BF} und $w_{Extravert}^{BF}$ den jeweiligen Anteil an Teilnehmern im Aktienmarkt an, die auf Grundlage der fünf Persönlichkeitsfaktoren als neurotisch und extravertiert eingestuft werden können.[496]

---

493 Extraversion und Neurotizismus scheinen einen grundsätzlich gegenläufigen Einfluss auf die Erwartungen (Optimismus und Pessimismus) sowie die emotionalen Zustände von Individuen auszuüben, vgl. zum Beispiel Williams (1992), Costa/McCrae 1980, Larsen/Ketelaar (1989). Die signifikante negative Korrelation zwischen Extraversion und Neurotizismus (-0,17 beziehungsweise -0,13 für Spearman- oder Kendall-Korrelationskoeffizienten) erscheint jedoch nicht stark genug, um Neurotizismus und Extraversion als dieselbe (gegenläufige) Variable zu behandeln, weswegen eine Clusteranalyse angewendet wird.

494 Als Clustervariablen werden ausschließlich Neurotizismus und Extraversion verwendet. Zwischen w_{Neurot} und $w_{Extravert}$ gilt die folgende Beziehung: $w_{Extravert} = 1 - w_{Neurot}$.

495 Als Clustermethode wird sowohl auf das *partionierende* als auch das *hierarchische* (unter Ver-wendung des *Ward-Algorithmus*) *Clusterverfahren* zurückgegriffen. Die abgeleiteten Cluster des hierarchischen Verfahrens entsprechen dabei den angenommenen Clustern des partionierenden Verfahrens. Für einen Überblick zu den Verfahren vgl. Herberger (2013), S. 206ff.

496 Zwischen den beiden Clustern gilt: $w_{Extravert}^{BF} = 1 - w_{Neurot}^{BF}$. Um beurteilen zu können, ob die verschiedenen Maße zur Messung der Persönlichkeit auf Marktebene konsistente Ergebnisse liefern, werden die Korrelationen zwischen den durchschnittlichen Werten für Neurotizismus und Extraversion ($mean_{Neurot}$ und $mean_{Extravert}$) und den Anteilen an hauptsächlich neurotischen oder extravertierten Teilnehmern der jeweiligen Cluster (w_{Neurot}, $w_{Extravert}$, w_{Neurot}^{BF} und $w_{Extravert}^{BF}$) berechnet. Es existiert auf dem 1-Prozent-Niveau eine statistisch signifikante positive Korrelation zwischen $mean_{Neurot}$ und w_{Neurot} und eine insignifikante positive Korrelation zwischen $mean_{Neurot}$ und w_{Neurot}^{BF}. Die positive Korrelation zwischen $mean_{Extravert}$ und $w_{Extravert}^{BF}$ ist auf dem 10-Prozent-Niveau statistisch signifikant. Die positive Korrelation zwischen $mean_{Extravert}$ und $w_{Extravert}$

Zudem wird das Geschlecht der Teilnehmer erfasst, da angenommen wird, dass der Anteil an Frauen und Männern je Aktienmarkt einen Einfluss auf das Entstehen und das Ausmaß von Preisblasen haben kann. Diese Annahme wird durch die Ergebnisse von Eckel/Füllbrunn (2015) begründet, die zeigen, dass in Märkten mit Männern größere Preisblasen auftreten als in Märkten mit Frauen. Booth/Nolen (2014) finden Hinweise, dass in Experimenten, in denen nur Frauen oder nur Männer teilnehmen, sich Frauen grundsätzlich risikoreicher verhalten als Männer. Im Allgemeinen deuten empirische Forschungsarbeiten an, dass Frauen weniger häufig handeln (zum Beispiel Barber/Odean 2001) und weniger risikoreich an Finanzmärkten agieren als Männer (zum Beispiel Jianakoplos/Bernasek 1998, Hariharan/Chapman/Domian 2000).

Um Preisblasen im computerbasierten Aktienmarkt zu identifizieren, wird grundlegend dem Vorgehen von Stöckl/Huber/Kirchler (2010) und Palan (2013b) gefolgt. Während Stöckl/Huber/Kirchler (2010) Preisblasen aufgrund von Kennzahlen charakterisieren, die sich auf Preisabweichungen und Handelsaktivität beziehen, gibt Palan (2013b) einen Literaturüberblick über Maße, die sich auf die Amplitude, Abweichung, Dauer, Streuung und Handelsaktivität beziehen. Das Ausmaß an Preisblasen wird separat für alle 17 Aktienmärkte gemessen, wozu das Maß der *relativen Abweichung* (*Relative Deviation, RD*) von Stöckl/Huber/Kirchler (2010) verwendet wird, das die Überbewertung in Form von Abweichungen vom Erwartungswert der zukünftigen Zahlungsströme (Dividendenzahlungen) misst:

$$RD = \frac{1}{T}\sum_{t=1}^{T}\frac{(\bar{P}_t - V_t)}{\bar{V}} \qquad (31)$$

wobei $\overline{P_t}$ für den durchschnittlichen Handelspreis in dem Markt während Handelsrunde *t* steht, *T* die Gesamtzahl der Handelsrunden (T=15) angibt, V_t den Erwartungswert der zukünftigen Zahlungsströme (Dividendenzahlungen), der näherungsweise dem Fundamental-

weist keine statistische Signifikanz auf. Aufgrund der teilweisen Heterogenität der Ergebnisse werden im weiteren Verlauf der Arbeit alle drei Ansätze zur Messung der Persönlichkeitsfaktoren auf Marktebene verfolgt.

wert der Aktien zu Beginn jeder Handelsperiode entspricht,[497] ausdrückt und $\bar{V}$ der durchschnittliche Erwartungswert der zukünftigen Zahlungsströme (Dividendenzahlungen) während des gesamten Aktienmarkts ist.[498]

In Anlehnung an Palan (2009, 2013b) wird die Anzahl an Transaktionen in dem Markt bestimmt, die über den maximal möglichen verbleibenden Zahlungsströmen (Dividendenzahlungen) liegen (*OverpricedTransactions*).[499]

$$OverpricedTransactions = \frac{\sum_{t=1}^{T}\sum_{i_t=1}^{I_t} x_{i_t}^{max}}{q_s},$$

$$\text{wobei } x_{i_t}^{max} = \begin{cases} 0 \; if \; P_{i_t} \leq V_t^{max} \\ 1 \; if \; P_{i_t} > V_t^{max} \end{cases} \qquad (32)$$

wobei P_{i_t} der Preis von Transaktion *i* in Handelsrunde *t* ist, I_t die Gesamtzahl an Transaktionen in Handelsrunde *t* darstellt, V_t^{max} das Maximum der Dividendenzahlungen[500] angibt und q_s für die Gesamtzahl an Transaktionen über alle Handelsrunden in dem jeweiligen Aktienmarkt steht. Käufe zu Preisen über dem Erwartungswert der zukünftigen Zahlungsströme (Dividendenzahlungen) aber unter den maximal möglichen Dividendenzahlungen lassen zumindest die Mög-

---

497 Da die Teilnehmer zusätzlich eine Art risikolose Vergütung in Form von Zinszahlungen auf ihren Kassenbestand erhalten (0,10%), werden zudem die diskontierten Werte des Erwartungswerts der zukünftigen Zahlungsströme als Näherungswert für den Fundamentalwert der Aktien berechnet. Da sich jedoch keine Unterschiede zur Berechnung mit den nichtdiskontierten Werten ergeben, wird auf eine separate Darstellung an dieser Stelle verzichtet.

498 Um $\bar{V}$ zu berechnen, wird der Erwartungswert der zukünftigen Zahlungsströme (24 Einheiten der Experimentalwährung je Handelsrunde) mit der Gesamtzahl der Handelsrunden (T=15) multipliziert. Stöckl/Huber/Kirchler (2010) führen die Bereinigung mit $\bar{V}$ durch um eine Verzerrung von extremen (relativen) Preisabweichungen in Handelsrunden, in denen der Fundamentalwert der Aktien nur sehr gering ist, zu vermeiden.

499 Vgl. dazu auch Lei/Noussair/Plott (2001), Ackert et al. (2006).

500 V_t^{max} wird durch Multiplikation der maximal möglichen Dividendenzahlung pro Handelsrunde (60 Einheiten der Experimentalwährung) mit der verbleibenden Anzahl an Handelsrunden errechnet.

lichkeit, dass die zukünftigen Dividenden den Kaufpreis amortisieren, wohingegen dieses Szenario bei Käufen zu Preisen über den maximal möglichen Dividendenzahlungen nicht eintreten kann. Der gezahlte Kaufpreis kann somit nur durch höhere zukünftige Verkaufspreise ausgeglichen werden. Es wird vermutet, dass Preisblasen, die durch Preise über dem Maximum der möglichen Dividendenzahlungen gekennzeichnet sind, auf das Vorliegen von Overconfidence seitens der Marktteilnehmer hindeuten und potenzielle Dividendenzahlungen der Aktien in den Überlegungen der Teilnehmer zeitweise keine Rolle mehr in ihren Kaufentscheidungen spielen.[501]

Die Dauer von Preisblasen wird anhand der Anzahl an Handelsperioden gemessen, in denen die Aktien über dem Erwartungswert der Zahlungsströme (Dividendenzahlungen) gehandelt werden. In Anlehnung an Haruvy/Noussair (2006) wird die längste ununterbrochene Anzahl an Handelsrunden, in denen der Median der Handelspreise je Handelsrunde und Aktienmarkt über dem Erwartungswert der verbleibenden Dividendenzahlungen liegt, *BoomDuration*, wie folgt gemessen:

$$BoomDuration = \left(\max_{t,m}\left(m: \tilde{P}_t > V_t, \tilde{P}_{t+1} > V_{t+1}, \dots, \tilde{P}_{t+m} > V_{t+m}\right) + 1\right) \qquad (33)$$

wobei $\tilde{P}_t$ der Median der Handelspreise je Aktienmarkt in Handelsrunde *t* ist.

Darüber hinaus werden die ersten Handelspreise und Limit-Orders der ersten Handelsrunde erfasst, da Hinweise vorliegen, dass die ersten Handelspreise maßgeblich die weitere Preisentwicklung und das Entstehen von Preisblasen beeinflussen.[502] Es wird deshalb der Mittelwert der ersten drei Handelspreise je Markt, *P3*, berechnet. Dieselbe Methodik wird zur Errechnung der Mittelwerte der ersten drei Ver-

501 Stattdessen könnte für diese Teilnehmer – losgelöst von Rendite-Risiko-Überlegungen – die Teilnahme am Aktienmarkt und die damit verbundene Freude und Aufregung im Vordergrund stehen.

502 Vgl. Baghestanian/Walker (2015).

kaufslimits, $L3_{sell}$, Kauflimits, $L3_{buy}$, sowie Limits (Kombination aus Verkaufs- und Kauflimits), $L3_{all}$, angewendet.[503]

Korrelationsanalyse und paarweiser Gleichheitstest

Um den Einfluss von Extraversion und Neurotizismus auf das Auftreten und das Ausmaß von Preisblasen zu untersuchen, werden zum einen Korrelationsanalysen durchgeführt. Aufgrund der Datenbeschaffenheit (keine Normalverteilung) werden die nichtparametrischen Rangkorrelationskoeffizienten nach Spearman verwendet.[504] Es werden die Korrelationskoeffizienten zwischen den durchschnittlichen Werten für Neurotizismus und Extraversion auf Marktebene ($mean_{Neurot}$ und $mean_{Extravert}$) und den Kennzahlen für Preisblasen (*RD*, *OverpricedTransactions* und *BoomDuration*) sowie den ersten drei Transaktionen und Limits (*P3*, $L3_{all}$, $L3_{sell}$ und $L3_{buy}$) berechnet. Zudem werden die Korrelationskoeffizienten zwischen den Anteilen der Teilnehmer je Markt, die als tendenziell neurotisch eingestuft werden (w_{Neurot} und w_{Neurot}^{BF}), und den Kennzahlen zu den Preisblasen und Transaktionen beziehungsweise Limits ermittelt.[505]

Neben den Korrelationsanalysen werden zudem die Ergebnisse der Aktienmärkte miteinander verglichen, in denen die Mittelwerte für Neurotizismus und Extraversion ($mean_{Neurot}$ und $mean_{Extravert}$) mindestens eine Standardabweichung über den jeweiligen Mittelwer-

503 Zwischen *P3* und den Kennzahlen für Preisblasen werden dabei hauptsächlich signifikante positive Korrelationen gefunden. Im Speziellen unterstützt die positive Korrelation zwischen *P3* und *RD*, die auf dem 5-Prozent-Niveau statistisch signifikant ist, die Ergebnisse von Baghestanian/Walker (2015), wonach die ersten Transaktionen in einem Markt als Referenzwerte für den weiteren Preisverlauf dienen. Die positiven Korrelationen zwischen den Limit-Orders und den Kennzahlen für Preisblasen sind hingegen schwächer und statistisch weniger signifikant.

504 Die Korrelationskoeffizienten nach Kendall's Tau werden ebenfalls errechnet und liefern ähnliche Ergebnisse.

505 Da die Teilnehmer entweder als neurotisch oder als extravertiert eingestuft werden, sind die Korrelationen zwischen $w_{Extravert}$ ($w_{Extravert}^{BF}$) und den Variablen, die das Marktergebnis beschreiben, genau der negative Wert der Korrelation zwischen w_{Neurot} (w_{Neurot}^{BF}) und den Variablen des Marktergebnisses. Im weiteren Verlauf der Arbeit wird auf die Korrelationen zu w_{Neurot} (w_{Neurot}^{BF}) fokussiert.

ten sämtlicher Aktienmärkte liegen. Dieses Vorgehen wird gewählt, um zu analysieren, ob sich Märkte mit überwiegend neurotischen Marktteilnehmern in Bezug auf das Marktergebnis (Ausmaß von Preisblasen sowie die ersten Transaktionen und Limit-Orders) von Märkten mit überwiegend extravertierten Teilnehmern unterscheiden. Die Ergebnisse der Märkte werden anhand des nichtparametrischen Wilcoxon-Mann-Whitney-U-Tests auf Unterschiede untersucht. Eine ähnliche Vorgehensweise findet im Rahmen der Clusteranalyse Anwendung. Dazu werden die Aktienmärkte ausgewählt, deren Anteil an neurotischen Teilnehmern mindestens eine Standardabweichung über dem durchschnittlichen Anteil an neurotischen Teilnehmern sämtlicher Aktienmärkte liegt.

Da Frauen und Männer Unterschiede in den Ausprägungen der Persönlichkeitsfaktoren aufweisen,[506] werden zudem die Korrelationen zwischen dem Anteil an Männern in den Märkten und den Marktergebnissen erfasst, um zu analysieren, ob Unterschiede in der Zusammensetzung der Aktienmärkte hinsichtlich des Geschlechts der Teilnehmer einen Einfluss auf das Marktergebnis haben. Um einen möglichen Einfluss der Vergütungsstruktur auf das Marktergebnis zu berücksichtigen, erfolgt ein Vergleich zwischen den Teilnehmergruppen, die eine variable oder fixe Vergütung erhalten haben.[507]

506 Vgl. zum Beispiel Rammstedt et al. (2012).

507 Zwischen den Marktergebnissen der Teilnehmer mit variabler oder fixer Entlohnung kann kein signifikanter Unterschied festgestellt werden. Dies deutet darauf hin, dass die Vergütungsstruktur keinen Einfluss auf das Marktergebnis zu haben scheint. Die Ergebnisse werden nicht separat berichtet.

11.2 Ergebnisse

Deskriptive Statistiken

Tabelle 26 enthält die deskriptiven Statistiken zu den einzelnen Aktienmärkten. Der gesamte Datensatz besteht aus insgesamt 17 Aktienmärkten, die im Durchschnitt mehr Frauen als Männer umfassen.[508] Die Teilnehmerzahl je Markt schwankt dabei zwischen 15 und 26 Teilnehmern, wobei der Anteil an Frauen in den Märkten zwischen 39% und 75% liegt. Die Teilnehmer in den Aktienmärkten 1 bis 13 erhielten eine feste Vergütung, wohingegen den Teilnehmern der Märkte 14 bis 17 eine erfolgsabhängige Entlohnung ausgezahlt wurde.[509] Der Mittelwert für Neurotizismus je Aktienmarkt variiert zwischen 2,5 und 3,1 (Median: 2,5 und 3,0) mit einer Standardabweichung von 0,15. Die Mittelwerte für Extraversion je Aktienmarkt schwanken zwischen 3,2 und 3,9 (Median: 3,5 und 4,0) mit einer Standardabweichung von 0,20. Für alle Aktienmärkte sind die Mittelwerte für Neurotizismus und Extraversion 2,79 beziehungsweise 3,55. Von den insgesamt 17 Aktienmärkten können drei Märkte als „stark neurotisch" (Aktienmärkte 4, 8 und 13) klassifiziert werden, da die Mittelwerte in diesen Märkten den Mittelwert für alle Märkte (2,79) um mindestens eine Standardabweichung überschreiten. Mit derselben Methodik können zwei Märkte als „stark extravertiert" (Aktienmärkte 9 und 17) identifiziert werden.

---

508 Vgl. hierzu auch die deskriptive Beschreibung in Kapitel 10.3.

509 Vgl. hierzu die Ausführungen zur Entlohnung in Kapitel 7.2.2 (*Ausgestaltung des computerbasierten Aktienmarkts*).

Tabelle 26: Deskriptive Statistiken der Aktienmärkte[510]

Aktien-markt	Anzahl an Teilnehmern	$mean_{Neurot}$ (med_{Neurot})	$mean_{Extravert}$ ($med_{Extravert}$)	Anteil Männer/ Frauen	Vergütung
1	26	2,7 (2,5)	3,3 (3,5)	0,50/0,50	Fix
2	22	2,8 (2,8)	3,4 (3,5)	0,45/0,55	Fix
3	17	2,5 (2,5)	3,6 (3,5)	0,53/0,47	Fix
4	22	*3,0* (2,8)	3,7 (3,8)	0,45/0,55	Fix
5	21	2,6 (2,5)	3,5 (3,5)	0,43/0,57	Fix
6	23	2,9 (3,0)	3,4 (3,5)	0,52/0,48	Fix
7	23	2,7 (2,5)	3,7 (4,0)	0,61/0,39	Fix
8	21	*3,1*(3,0)	3,2 (3,5)	0,38/0,62	Fix
9	20	2,7 (2,8)	*3,8* (4,0)	0,40/0,60	Fix
10	21	2,7 (2,5)	3,5 (4,0)	0,57/0,43	Fix
11	24	2,8 (3,0)	3,6 (3,5)	0,54/0,46	Fix
12	17	2,8 (3,0)	3,2 (3,5)	0,47/0,53	Fix
13	26	*3,0* (3,0)	3,7 (4,0)	0,31/0,69	Fix
14	15	2,8 (3,0)	3,4 (3,5)	0,53/0,47	Variabel
15	23	2,7 (3,0)	3,7 (4,0)	0,48/0,52	Variabel
16	20	2,7 (2,5)	3,6 (3,5)	0,25/0,75	Variabel
17	23	2,8 (3,0)	*3,9* (4,0)	0,39/0,61	Variabel
Mittel-wert	21,4	2,79	3,55	0,46/0,54	
Std	3,0	0,15	0,20	0,09	

Anmerkung: Tabelle 26 enthält deskriptive Statistiken zu den Aktienmärkten. Für jeden Markt werden die Anzahl an Teilnehmern, die Mittelwerte und Mediane (in der Tabelle in Klammern) für Neurotizismus und Extraversion ($mean_{Neurot}$, med_{Neurot} und $med_{Extravert}$, $mean_{Extravert}$), der Anteil an Männern und Frauen sowie die Vergütungsstruktur dargestellt. Die zwei untersten Zeilen der Tabelle zeigen die Mittelwerte und Standardabweichungen (Std) für alle Aktienmärkte. Die mit dem Symbol * gekennzeichneten Werte geben die Märkte an, in denen die Mittelwerte für Neurotizismus und Extraversion mindestens eine Standardabweichung über dem Mittelwert sämtlicher Aktienmärkte liegen. Beispiel: Der Mittelwert für Extraversion ($mean_{Extravert}$) der Teilnehmer in Aktienmarkt 2 beträgt 3,4 mit einem Median ($med_{Extravert}$) von 3,5.

510 Quelle: Oehler et al. (2016b).

In Tabelle 27 sind die Mittelwerte der Persönlichkeitsfaktoren der Teilnehmer für die Aktienmärkte dargestellt, die hohe Anteile neurotischer und extravertierter Teilnehmer haben. In Panel A sind die Ergebnisse der Clusteranalyse aufgeführt, bei der nur Neurotizismus und Extraversion als Clustervariablen verwendet werden, wohingegen Panel B die Ergebnisse zeigt, bei der alle fünf Persönlichkeitsfaktoren berücksichtigt werden. In Panel A ist der Mittelwert unter den 59 Teilnehmern der Aktienmärkte 6, 8 und 14 (hoher Anteil neurotischer Teilnehmer) für Neurotizismus (Extraversion) 2,9 (3,3), wohingegen der Mittelwert für Extraversion (Neurotizismus) der 81 Teilnehmer in den Märkten mit einem hohen Anteil extravertierter Teilnehmer 3,6 (2,6) beträgt. Die Märkte 3, 5, 15 und 16 enthalten hohe Anteile extravertierter Teilnehmer. Die Unterschiede der Mittelwerte für Extraversion und Neurotizismus sind jeweils auf dem 5-Prozent-Niveau statistisch signifikant. Weiterhin ist der Mittelwert für Gewissenhaftigkeit in den Märkten mit den stärker extravertierten Teilnehmern auf dem 5-Prozent-Niveau statistisch signifikant höher als in den Märkten mit den stärker neurotischen Teilnehmern.

In Panel B enthalten die Aktienmärkte 1, 6 und 8 hohe Anteile neurotischer Teilnehmer. Der Mittelwert in diesen Märkten beträgt für Neurotizismus (Extraversion) 2,9 (3,3). In den Märkte 3 und 9 sind die Anteile extravertierter Teilnehmer besonders hoch. Die Teilnehmer in diesen Märkten haben einen Mittelwert in Extraversion (Neurotizismus) von 3,7 (2,6). Zudem sind die Mittelwerte für Offenheit für Erfahrungen und Gewissenhaftigkeit in den Märkten 3 und 9 höher als in den Märkten 1, 6 und 8, wohingegen der Mittelwert für Verträglichkeit niedriger ist. Alle aufgelisteten Unterschiede zwischen den Persönlichkeitsfaktoren sind auf dem 10-Prozent-Niveau statistisch signifikant. Zusammenfassend beurteilt sind die Ergebnisse des Clusteransatzes nicht vollständig konsistent zu den Ergebnissen der Methodik basierend auf den Mittelwerten. Innerhalb der einzelnen Panels sind jedoch die Persönlichkeitsfaktoren überwiegend signifikant verschieden voneinander.

Tabelle 27: Mittelwerte der Persönlichkeitsfaktoren der Teilnehmer in Aktienmärkten mit hohem Anteil neurotischer und extravertierter Teilnehmer[511]

Panel A: Clustervariable: Neurotizismus und Extraversion

	Aktienmärkte mit hohem Anteil neurotischer Teilnehmer	Aktienmärkte mit hohem Anteil extravertierter Teilnehmer	p-Werte
Extraversion	3,3	3,6	0,034**
Neurotizismus	2,9	2,6	0,034**
Offenheit für Erfahrungen	3,3	3,4	0,480
Gewissenhaftigkeit	3,4	3,8	0,034**
Verträglichkeit	3,1	3,1	1,0
Anzahl an Teilnehmern	59	81	

Panel B: Clustervariable: Alle fünf Persönlichkeitsfaktoren

	Aktienmärkte mit hohem Anteil neurotischer Teilnehmer	Aktienmärkte mit hohem Anteil extravertierter Teilnehmer	p-Werte
Extraversion	3,3	3,7	0,083*
Neurotizismus	2,9	2,6	0,083*
Offenheit für Erfahrungen	3,0	3,6	0,083*
Gewissenhaftigkeit	3,4	3,8	0,083*
Verträglichkeit	3,2	3,0	0,083*
Anzahl an Teilnehmern	70	37	

Anmerkung: Tabelle 27 enthält die Mittelwerte der fünf Persönlichkeitsfaktoren der Teilnehmer in den Aktienmärkten, deren Anteile neurotischer oder extravertierter Teilnehmer mindestens eine Standardabweichung über dem Durchschnitt der Anteile sämtlicher Aktienmärkte liegen. Panel A zeigt die Mittelwerte der Persönlichkeitsfaktoren für die Aktienmärkte mit einem hohen Anteil neurotischer Teilnehmer (Aktienmärkte 6, 8 und 14) und einem hohen Anteil an extravertierten Teilnehmern (Aktienmärkte 3, 5, 15 und 16), die auf Grundlage der Clustervariablen Neurotizismus und Extraversion identifiziert werden. Panel B enthält die Mittelwerte der Persönlichkeitsfaktoren für die Aktienmärkte mit einem hohen Anteil neurotischer Teilnehmer (Aktienmärkte 1, 6 und 8) und einem hohen Anteil extravertierter Teilnehmer (Aktienmärkte 3 und 9), die auf Grundlage der fünf Persönlichkeitsfaktoren mit der Clusteranalyse identifiziert werden. Die letzte Spalte enthält die p-Werte des U-Tests. Die Symbole * und ** kennzeichnen statistische Signifikanz auf dem 10- und 5-Prozent-Niveau. Beispiel: Die Mittelwerte für Extraversion in den Märkten mit hohem Anteil neurotischer Teilnehmer und hohem Anteil extravertierter Teilnehmer in Panel A sind 3,3 und 3,6. Der Unterschied ist auf dem 5-Prozent-Niveau statistisch signifikant.

511 Quelle: Oehler et al. (2016b).

Abbildung 9 zeigt die durchschnittlichen absoluten Handelspreise (in Einheiten der Experimentalwährung) sämtlicher Aktienmärkte je Handelsrunde sowie die Werte der durchschnittlichen Handelspreise je Handelsrunde zuzüglich und abzüglich einer Standardabweichung. Die durchschnittlichen Handelspreise der 17 Aktienmärkte weichen dabei deutlich vom Erwartungswert der zukünftigen Zahlungsströme (Dividendenzahlungen) der Aktien über alle Handelsrunden hinweg ab. Der durchschnittliche Handelspreise in der ersten Handelsrunde (318 Einheiten der Experimentalwährung) liegt unter dem Erwartungswert der zukünftigen Dividendenzahlungen (360 Einheiten der Experimentalwährung). Nach der ersten Handelsrunde ist ein Anstieg der durchschnittlichen Handelspreise bis zu einem Preisniveau von ungefähr 395 Einheiten der Experimentalwährung zu erkennen. Dieses Niveau wird von Handelsrunde 3 bis 5 gehalten. Von Handelsrunde 5 bis 9 fallen die Preise moderat. Ab der Handelsrunde 10 bis 15 beschleunigt sich der Preisverfall deutlich.

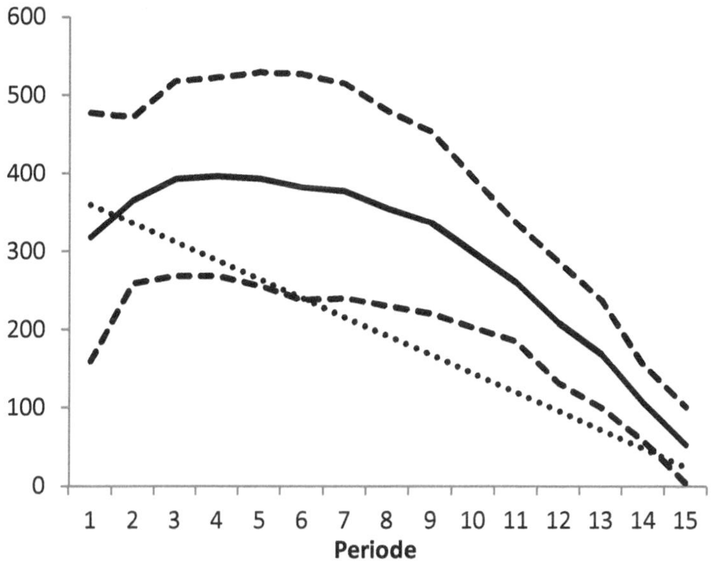

Anmerkung: Abbildung 9 zeigt die durchschnittlichen absoluten Handelspreise (in Einheiten der Experimentalwährung) sämtlicher Aktienmärkte je Handelsrunde (durchgezogene Linie) sowie die Werte der durchschnittlichen Handelspreise je Handelsrunde zuzüglich und abzüglich einer Standardabweichung (gestrichelte Linien). Die gepunktete Linie zeigt den Erwartungswert der zukünftigen Zahlungsströme (Dividendenzahlungen).

Abbildung 9: Absolute durchschnittliche Handelspreise der gesamten Aktienmärkte[512]

Abbildung 10 zeigt die durchschnittlichen Handelspreise (in Prozent) für alle Märkte je Handelsrunde relativ zum Erwartungswert der zukünftigen Zahlungsströme (Dividendenzahlungen) sowie die relativen Werte zuzüglich und abzüglich einer Standardabweichung. Nach der ersten Handelsrunde steigen die relativen Handelspreise fast stetig bis zur 13. Handelsrunde an. Das Hoch liegt hier circa 137% über dem

512 Quelle: Oehler et al. (2016b).

Erwartungswert der zukünftigen Zahlungsströme. Der durchschnittliche Handelspreis ist in dieser Handelsrunde (169 Einheiten der Experimentalwährung) mehr als zweimal so hoch wie der Erwartungswert der zukünftigen Zahlungsströme (72 Einheiten der Experimentalwährung). Danach fallen die relativen Preise, bleiben aber deutlich über dem Erwartungswert der zukünftigen Zahlungsströme. Die in Abbildung 9 und 10 dargestellten Preisverläufe entsprechen grundsätzlich den Preisverläufen vorheriger Studien, in denen das Grunddesign von Smith/Suchanek/Williams (1988) verwendet wird.[513]

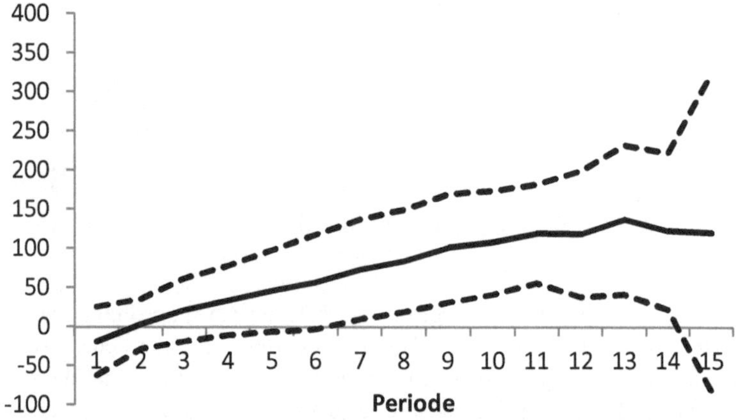

Anmerkung: Abbildung 10 zeigt die relativen durchschnittlichen Handelspreise (in Prozent) für alle Märkte je Handelsrunde zum Erwartungswert der zukünftigen Zahlungsströme (Dividendenzahlungen) in Prozent (durchgezogene Linie) sowie die relativen Werte zuzüglich und abzüglich einer Standardabweichung (gestrichelte Linien). Beispiel: Ein Wert von 100% zeigt an, dass der durchschnittliche Handelspreis den Erwartungswert zukünftiger Zahlungsströme (Dividendenzahlungen) um 100% überschreitet.

Abbildung 10: Relative durchschnittliche Handelspreise der gesamten Aktienmärkte[514]

513 Vgl. zum Beispiel Palan (2013a, b).

514 Quelle: Oehler et al. (2016b).

Tabelle 28 beinhaltet deskriptive Statistiken zu den Kennzahlen der Preisblasen sowie der ersten Transaktionen und Limits. Die Kennzahlen zur Identifikation von Preisblasen signalisieren, dass die Handelspreise in jedem Aktienmarkt vom Erwartungswert der zukünftigen Dividendenzahlungen abweichen. Dabei bestehen zwischen den verschiedenen Aktienmärkten zum Teil deutliche Unterschiede. Die Werte zur Kennzahl der relativen Abweichung der Handelspreise vom Erwartungswert zukünftiger Zahlungsströme, *RD,* schwanken zwischen -0,14 (Aktienmarkt 12) und 1,45 (Aktienmarkt 6). Der Mittelwert für alle Aktienmärkte beträgt 0,50 bei einer Standardabweichung von 0,45. Das bedeutet beispielsweise, dass das durchschnittliche Preisniveau im Aktienmarkt 12 in sämtlichen Handelsrunden um 14% niedriger als der Erwartungswert der zukünftigen Zahlungsströme (in Form von Dividendenzahlungen) ist. Die Ergebnisse für die Kennzahl *OverpricedTransactions* stimmen weitestgehend mit den Ergebnissen für *RD* überein. Nur 1% der gesamten Transaktionen in Aktienmarkt 12 hat einen höheren Handelspreis als die maximal möglichen zukünftigen Dividendenzahlungen, wohingegen dies zum Beispiel bei 57% der Transaktionen in Aktienmarkt 6 der Fall ist. Die Anzahl an aufeinanderfolgenden Handelsrunden mit einem durchschnittlichen Handelspreis (Median), der den Erwartungswert zukünftiger Dividendenzahlungen übersteigt, variiert zwischen 7 (Aktienmarkt 12) und 15 (Aktienmarkt 3) mit einem Mittelwert von ungefähr 12 Handelsrunden und einer Standardabweichung von circa 2 Handelsrunden. Die Werte für *P3* stimmen grundsätzlich mit Palan (2013a) überein, wonach die ersten Handelspreise weitestgehend unter dem Fundamentalwert liegen.[515] Insgesamt zeigt sich dieses Muster bei 12 Aktienmärkten. Die Werte für $L3_{all}$, $L3_{sell}$ und $L3_{buy}$ deuten an, dass starke Abweichungen der Limit-Orders im Vergleich zu den ersten drei Handelspreisen (*P3*) bestehen. Dies deutet darauf hin, dass die ersten Gebote der Probanden zum Teil dazu dienen, sich mit dem Mechanismus des Aktienmarkts auseinanderzusetzen und gegebenenfalls zum Teil als „spielerische" Übung genutzt werden.

---

515 Vgl. Palan (2013a), S. 571. Der beobachtete Preisverlauf gilt dabei für Teilnehmer, die über keine Erfahrung im Umgang mit Aktienmärkten nach dem Design von Smith/Suchanek/Williams (1988) verfügen.

Tabelle 28: Ergebnisse der Aktienmärkte[516]

Aktien-markt	*RD*	*Overpriced Transactions*	*Boom Duration*	*P3*	$L3_{all}$	$L3_{sell}$	$L3_{buy}$
1	1,06	0,43	13	33	153	150	30
2	-0,13	0,06	8	53	67	190	50
3	1,26	0,39	15	834	2.466	2.466	10
4	0,22	0,03	10	199	253	199	200
5	0,36	0,16	14	400	393	417	400
6	1,45	0,57	14	317	483	433	350
7	0,68	0,21	14	167	217	267	200
8	0,55	0,24	13	150	100	150	50
9	0,87	0,49	12	400	150	450	100
10	0,03	0,06	8	163	460	453	50
11	0,26	0,14	12	150	250	250	250
12	-0,14	0,01	7	25	117	25	300
13	0,28	0,02	14	233	183	500	200
14	0,68	0,09	11	600	666	766	200
15	0,31	0,03	13	147	133	133	2,000
16	0,47	0,05	14	391	487	783	10
17	0,36	0,09	11	357	350	1,600	290
Mittelwert	0,50	0,18	11,94	272	408	543	276
Std	0,45	0,18	2,44	212	557	618	461

Anmerkung: Tabelle 28 enthält die Resultate zu den Marktergebnissen je Aktienmarkt. Für jeden Aktienmarkt wird die relative Preisabweichung, *RD*, der Anteil an Transaktionen, bei denen die Preise über den maximal möglichen zukünftigen Zahlungsströmen (Dividendenzahlungen) liegen, *OverpricedTransactions*, die längste Anzahl an Handelsrunden, bei denen die Mediane der Handelspreise über dem Erwartungswert der zukünftigen Zahlungsströme liegen, *BoomDuration*, der Mittelwert der ersten drei Transaktionen, *P3*, Limits, $L3_{all}$, Kauflimits, $L3_{buy}$ sowie Verkaufslimits, $L3_{sell}$, dargestellt. Zudem werden die Mittelwerte sowie die Standardabweichungen der Kennzahlen für alle Aktienmärkte angegeben. Beispiel: Der Mittelwert der ersten drei Transaktionen, *P3*, in Aktienmarkt 1 beträgt 33 Einheiten der Experimentalwährung.

516 Quelle: Oehler et al. (2016b).

Korrelationsanalyse und paarweiser Gleichheitstest

Tabelle 29 fasst die Ergebnisse zwischen den aggregierten Persönlichkeitsvariablen ($mean_{Neurot}$, w_{Neurot}, w_{Neurot}^{BF} und $mean_{Extravert}$), und den Kennzahlen zu den Marktergebnissen zusammen.[517] In Bezug auf den Einfluss von Extraversion auf das Marktergebnis werden zwischen $mean_{Extravert}$ und *P3* und $L3_{sell}$ positive Korrelationen gefunden, die jeweils auf dem 10-Prozent-Niveau statistisch signifikant sind. Die Ergebnisse lassen vermuten, dass in Märkten, in denen die Marktteilnehmer hohe Werte in Extraversion haben, die ersten drei Handelspreise sowie Verkaufslimits signifikant höher sind.[518] Dies kann dahingehend interpretiert werden, dass in diesen Märkten die Marktteilnehmer höhere Erwartungen hinsichtlich zukünftiger Aktienpreise haben. Die Korrelationen zu den Kennzahlen, die das Ausmaß an Preisblasen messen, sind hingegen weniger eindeutig (insbesondere in Bezug auf $mean_{Extravert}$). Dabei ist nur die positive Korrelation von 0,50 zwischen $w_{EXTRAVERT}$ und *BoomDuration* auf dem 5-Prozent-Niveau statistisch signifikant und impliziert, dass es in Märkten mit höheren Anteilen extravertierter Teilnehmer längere Phasen gibt, in denen die Handelspreise über dem Fundamentalwert (Erwartungswert der Zahlungsströme) liegen. Aufgrund der Heterogenität der Ergebnisse lässt sich jedoch nur wenig Unterstützung für Hypothese *H13* ableiten, wonach angenommen wird, dass es in Märkten, in denen Anleger höhere Werte in Extraversion aufweisen, auch größere und länger andauernde Preisblasen gibt.

Die Korrelationskoeffizienten zwischen $mean_{Neurot}$ und den Kennzahlen zum Marktergebnis sind ohne Ausnahme negativ und unterstützen somit grundsätzlich die in Hypothese *H14* geäußerte Erwartung zum Einfluss von Neurotizismus auf die Preisbildung in Finanzmärkten. Jedoch ist keine der Korrelationen statistisch signifikant. Die Korrelationen zwischen dem Anteil neurotischer Teilnehmer

517 In den Tabellen werden nur die Ergebnisse basierend auf dem Anteil neurotischer Teilnehmer dargestellt. Die Korrelationskoeffizienten für den Anteil extravertierter Teilnehmer entsprechen dem jeweiligen negativen Wert der Korrelationskoeffizienten zwischen dem Anteil neurotischer Teilnehmer und den Kennzahlen zu den Marktergebnissen.

518 Dieses Ergebnis wird von den positiven und signifikanten Korrelationen zwischen $w_{Extravert}^{BF}$ und *P3* und *L3sell* unterstützt.

(w_{Neurot} und w_{Neurot}^{BF}) und den Marktergebnissen sind – bis auf *OverpricedTransactions* – negativ und signalisieren somit ebenfalls Unterstützung für Hypothese *H14*, wonach in Märkten mit einer höheren Anzahl neurotischer Anleger weniger starke und kürzere Preisblasen entstehen. Aufgrund der unterschiedlichen Clusteransätze unterscheiden sich der Grad und die Signifikanzen der Korrelationen zum Teil deutlich. Die negativen Korrelationen zwischen w_{Neurot} und *BoomDuration* und zwischen w_{Neurot}^{BF} und *P3* und $L3_{sell}$ sind jeweils auf dem 5-Prozent-Niveau statistisch signifikant. Im Vergleich zu Extraversion sind die Ergebnisse für Neurotizismus einheitlicher und lassen vermuten, dass in Märkten mit mehrheitlich neurotischen Teilnehmern weniger starke und kürzere Preisblasen auftreten.

In Bezug auf einen potenziellen Einfluss des Teilnehmergeschlechts auf das Marktergebnis werden keine signifikanten Korrelationen gefunden. Jedoch deuten die negativen Korrelationen darauf hin, dass die Preisblasen in Aktienmärkten mit einer höheren Anzahl an Männern weniger stark und von kürzerer Dauer sind. Zudem sind die ersten Handelspreise sowie Limits (bis auf die Kauflimits, $L3_{buy}$) in Aktienmärkten mit einem höheren Anteil an Männern geringer. Die Ergebnisse weisen somit eine grundsätzliche Diskrepanz zu Eckel/Füllbrunn (2015) auf, die für experimentelle Aktienmärkte mit einem ähnlichen Design Hinweise finden, dass in Märkten mit Männern die Preisabweichungen vom Erwartungswert der zukünftigen Zahlungsströme größer und per se somit die Preisblasen stärker sind als in Märkten mit Frauen.

Tabelle 29: Korrelationen zwischen den Persönlichkeitsvariablen und den Kennzahlen zu den Marktergebnissen[519]

	$mean_{Neurot}$	w_{Neurot}	w_{Neurot}^{BF}	$mean_{Extravert}$	*Gender*
RD	-0,24	-0,02	-0,03	-0,14	-0,40
OverpricedTransactions	-0,15	0,13	0,11	-0,02	-0,36
BoomDuration	-0,36	-0,50**	-0,01	0,24	-0,15
P3	-0,24	-0,16	-0,51**	0,42*	-0,33
$L3_{all}$	-0,24	-0,12	-0,19	0,17	-0,21
$L3_{sell}$	-0,16	-0,10	-0,51**	0,48*	-0,43
$L3_{buy}$	-0,14	-0,25	-0,06	0,38	0,18

Anmerkung: Tabelle 29 beinhaltet die Korrelationskoeffizienten zwischen den Kennzahlen der Persönlichkeitsfaktoren und den Kennzahlen zum Marktergebnis. Zudem werden die Korrelationen zwischen dem Anteil männlicher Teilnehmer (*Gender*) und den Kennzahlen zum Marktergebnis aufgeführt. Da die Teilnehmer tendenziell als neurotisch oder extravertiert charakterisiert werden, sind die Korrelationskoeffizienten zwischen $w_{Extravert}$ ($w_{Extravert}^{BF}$) und den Kennzahlen zum Marktergebnis der negative Wert der Korrelationen zwischen w_{Neurot} (w_{Neurot}^{BF}) und den Kennzahlen zum Marktergebnis. In der Tabelle werden nur die Ergebnisse zu w_{Neurot} und w_{Neurot}^{BF} dargestellt. Die Symbole * und ** kennzeichnen statistische Signifikanz auf dem 10- und 5-Prozent-Niveau. Beispiel: Der Korrelationskoeffizient zwischen dem Mittelwert für Neurotizismus $mean_{Neurot}$ und dem durchschnittlichen Preis der ersten drei Transaktionen, *P3*, beträgt -0,24 und ist statistisch insignifikant.

Tabelle 30 zeigt die Ergebnisse zum paarweisen Gleichheitstest zwischen den Aktienmärkten 4, 8 und 13 (Teilnehmer mit den durchschnittlich höchsten Werten in Neurotizismus) mit den Aktienmärkten 9 und 17 (Teilnehmer mit den durchschnittlich höchsten Werten in Extraversion). Die Auswahl der Märkte basiert auf den in Tabelle 26 aufgeführten Mittelwerten für Neurotizismus und Extraversion. Die Werte für RD und *OverpricedTransactions* unterstützen die Vermutung der Hypothesen *H13* und *H14*. Die Werte für *OverpricedTransactions* können dahingehend interpretiert werden, dass in den Aktienmärkten mit Teilnehmern mit den höchsten durchschnittlichen Werten in Extraversion fast dreimal so viele Transaktionen zu Preisen, die die maximal möglichen verbleibenden Zahlungsströme (Dividendenzahlungen) der Aktien übersteigen, stattfinden als in Märkten mit

519 Quelle: Oehler et al. (2016b).

Teilnehmern mit den höchsten durchschnittlichen Werten in Neurotizismus. Der Wert für *BoomDuration* ist entgegen den Erwartungen für Märkte mit Teilnehmern mit den höchsten Werten in Neurotizismus geringfügig höher als für Märkte mit Teilnehmern mit den höchsten Werten in Extraversion. Die höheren Werte in *P3*, $L3_{all}$ und $L3_{sell}$ für die Märkte 9 und 17 unterstützen die Hypothesen *H13* und *H14*. Die Differenz in Bezug auf *P3* ist auf dem 10-Prozent-Niveau statistisch signifikant. Insgesamt betrachtet deuten die Ergebnisse an, dass in Märkten mit stärker neurotischen Teilnehmern die Preisblasen geringer und kürzer sind als in Märkten, in denen die Teilnehmer stärker extravertiert sind.

Tabelle 30: Ergebnisse zum paarweisen Gleichheitstest der Marktergebnisse zwischen den Aktienmärkten mit den Teilnehmern mit den durchschnittlich höchsten Werten in Neurotizismus und Extraversion[520]

	Aktienmärkte mit Teilnehmern mit dem höchsten Durchschnitt in Neurotizismus	Aktienmärkte mit Teilnehmern mit dem höchsten Durchschnitt in Extraversion	p-Werte
RD	0,35	0,62	0,248
OverpricedTransactions	0,10	0,29	0,248
BoomDuration	12,33	11,50	0,564
P3	194	378	0,083*
$L3_{all}$	179	250	0,564
$L3_{sell}$	283	1.024	0,248
$L3_{buy}$	172	167	0,767

Anmerkung: Tabelle 30 enthält die Mittelwerte der Kennzahlen zum Marktergebnis für die Aktienmärkte, in denen die Teilnehmer mit den durchschnittlich höchsten Werten in Neurotizismus und Extraversion sind. Die Mittelwerte für Neurotizismus (Extraversion) übersteigen dabei die Mittelwerte sämtlicher Aktienmärkte um mindestens eine Standardabweichung. Die Aktienmärkte mit Teilnehmern mit dem höchsten Durchschnitt in Neurotizismus sind die Märkte 4, 8 und 13; die Aktienmärkte mit Teilnehmern mit dem höchsten Durchschnitt in Extraversion sind die Märkte 9 und 17. Die letzte Spalte enthält die p-Werte des U-Tests. Das Symbol * kennzeichnet statistische Signifikanz auf dem 10-Prozent-Niveau. Beispiel: Der Mittelwert der durchschnittlichen Preise der ersten drei Transaktionen, *P3*, in den Märkten 4, 8 und 13 beträgt 194 Einheiten der Experimentalwährung und 378 für die Märkte 9 und 17. Die Differenz ist auf dem 10-Prozent-Niveau statistisch signifikant.

520 Quelle: Oehler et al. (2016b).

Tabelle 31 zeigt die Ergebnisse zum paarweisen Gleichheitstest zwischen den Aktienmärkten mit mehrheitlich neurotischen und extravertierten Teilnehmern, die mit den beiden Clustermethoden identifiziert werden. Panel A zeigt die Ergebnisse der Märkte mit dem höchsten Anteil neurotischer Teilnehmer (Aktienmärkte 6, 8 und 14) und dem höchsten Anteil extravertierter Teilnehmer (Aktienmärkte 3, 5, 15 und 16), die aufgrund der beiden Clustervariablen Neurotizismus und Extraversion ausgewählt werden. Die Ergebnisse sind nicht eindeutig und zum Teil widersprüchlich. Für die Märkte 6, 8 und 14 (hoher Anteil neurotischer Teilnehmer) ist der Mittelwert für *BoomDuration* geringer als für die Märkte 3, 5, 15 und 16 (hoher Anteil extravertierter Teilnehmer). Die Ergebnisse für *RD* und *OverpricedTransactions* sind jedoch gegensätzlich und stellen somit keine Unterstützung für die Hypothesen *H13* und *H14* dar. Die Werte für *P3*, $L3_{all}$, $L3_{sell}$ und $L3_{buy}$ sind in den Märkten mit einem hohen Anteil neurotischer Teilnehmer geringer als in den Märkten mit einem hohen Anteil extravertierter Teilnehmer und entsprechen somit grundsätzlich den formulierten Erwartungen der Hypothesen. Keine der Differenzen ist jedoch statistisch signifikant. In Panel B werden die Ergebnisse der Märkte mit dem höchsten Anteil neurotischer Teilnehmer (Aktienmärkte 1, 6, und 8) und dem höchsten Anteil extravertierter Teilnehmer (Aktienmärkte 3 und 9) dargestellt.[521] Alle Kennzahlen sind für die Märkte mit einem hohen Anteil neurotischer Teilnehmer niedriger als für die Märkte mit einem hohen Anteil extravertierter Teilnehmer und unterstützen somit grundsätzlich die in den Hypothese *H13* und *H14* formulierten Erwartungen. Die Differenzen sind dabei jedoch zum Teil sehr gering und statistisch überwiegend nicht signifikant. Die Unterschiede zwischen *P3* und $L3_{sell}$ sind jeweils auf dem 10-Prozent-Niveau statistisch signifikant.

---

521 Die Auswahl basiert auf der Clusteranalyse mit den fünf Persönlichkeitsfaktoren.

Tabelle 31: Ergebnisse zum paarweisen Gleichheitstest der Marktergebnisse zwischen den Aktienmärkten mit den höchsten Anteilen neurotischer und extravertierter Teilnehmer[522]

Panel A: Clustervariable: Neurotizismus und Extraversion

	Aktienmärkte mit hohem Anteil neurotischer Teilnehmer	Aktienmärkte mit hohem Anteil extravertierter Teilnehmer	p-Werte
RD	0,89	0,60	0,157
OverpricedTransactions	0,30	0,16	0,289
BoomDuration	12,67	14,00	0,195
P3	355	442	0,724
$L3_{all}$	416	869	0,724
$L3_{sell}$	449	949	0,724
$L3_{buy}$	205	414	0,289

Panel B: Clustervariable: Alle fünf Persönlichkeitsfaktoren

	Aktienmärkte mit hohem Anteil neurotischer Teilnehmer	Aktienmärkte mit hohem Anteil extravertierter Teilnehmer	p-Werte
RD	1,02	1,07	1,0
OverpricedTransactions	0,41	0,44	1,0
BoomDuration	13,33	13,50	1,0
P3	167	617	0,083*
$L3_{all}$	246	1,308	0,564
$L3_{sell}$	244	1,458	0,076*
$L3_{buy}$	165	253	0,248

Anmerkung: Tabelle 31 beinhaltet die Mittelwerte der Kennzahlen zum Marktergebnis für die Aktienmärkte, in denen der Anteil neurotischer und extravertierter Teilnehmer am höchsten ist. Die Anteile neurotischer und extravertierter Teilnehmer in den dargestellten Aktienmärkten übersteigen dabei die Anteile neurotischer und extravertierter Teilnehmer sämtlicher Aktienmärkte um mindestens eine Standardabweichung. In Panel A haben die Aktienmärkte 6, 8, und 14 die höchsten Anteile an neurotischen Teilnehmern, wohingegen die Aktienmärkte 3, 5, 15 und 16 den höchsten Anteil extravertierter Teilnehmer haben. Die Auswahl beruht auf den beiden Clustervariablen Neurotizismus und Extraversion. Panel B enthält die Ergebnisse für die Aktienmärkte 1, 6 und 8, (höchste Anteile neurotischer Teilnehmer) und für die Aktienmärkte 3 und 9 (höchste Anteile extravertierter Teilnehmer). Als Clustervariablen dienen alle fünf Persönlichkeitsfaktoren. Die letzte Spalte zeigt die p-Werte des U-Tests. Das Symbol * kennzeichnet statistische Signifikanz auf dem 10-Prozent-Niveau. Beispiel: In Panel A beträgt der durchschnittliche Preis der ersten drei Transaktionen, *P3*, in den Märkten 6, 8 und 14 (höchste Anteile neurotischer Teilnehmer) 355 Einheiten der Experimentalwährung und 442 für die Märkte 3, 5, 15 und 16 (höchste Anteile extravertierter Teilnehmer). Der Unterschied ist statistisch insignifikant.

522 Quelle: Oehler et al. (2016b).

11.3 Diskussion und Zusammenfassung der Ergebnisse

Es kann konstatiert werden, dass die Ergebnisse in Bezug auf Extraversion nicht eindeutig sind und nur eine geringe Unterstützung für Hypothese *H13* darstellen. Obwohl die Preise der ersten Transaktionen sowie die ersten Limit-Orders in Märkten mit stärker extravertierten Teilnehmern höher sind und somit auch größere und längere Preisblasen vermuten lassen, sind die Ergebnisse in Bezug auf die Kennzahlen zur Bestimmung von Preisblasen zum Teil widersprüchlich und heterogen. Die Ergebnisse variieren zum Teil deutlich je nach angewendeter Clustermethode. Die Ergebnisse in Bezug auf Neurotizismus deuten an, dass in Märkten mit neurotischeren Teilnehmern Preisblasen weniger stark ausgeprägt und von kürzerer Dauer sind. Zudem sind die Preise der ersten Transaktionen und Limits niedriger. Die Ergebnisse unterstützen somit grundsätzlich Hypothese *H14*, wonach in Märkten mit neurotischeren Anlegern beziehungsweise einer hohen Anzahl neurotischer Anleger weniger starke und kürzere Preisblasen entstehen. Jedoch sei darauf hingewiesen, dass die Ergebnisse zum Teil nicht oder nur schwach signifikant sind. Ein Grund dafür kann die niedrige Anzahl an untersuchten Aktienmärkten (N=17) sein.

Über den positiven Einfluss von Neurotizismus und den negativen Einfluss von Extraversion auf den Grad der Risikoaversion[523] lassen sich Anknüpfungspunkte zur Studie von Breaban/Noussair (2014) herstellen. Die Ergebnisse scheinen dabei grundsätzlich die Aussagen von Breaban/Noussair (2014) zu unterstützen, die einen negativen Einfluss von Risikoaversion auf das Preisniveau in experimentellen Märkten nachweisen. Weiterhin liegt sowohl im Rahmen der Befragung als auch des experimentellen Aktienmarkts ein positiver Zusammenhang zwischen Neurotizismus und negativen Emotionen und zwischen Extraversion und positiven Emotionen vor.[524] Die Ergebnisse sind damit grundsätzlich mit den Ergebnissen von Hargreaves-

523 Vgl. zum Beispiel Borghans et al. (2009), Becker et al. (2012) und die Ergebnisse der Befragung.

524 Vgl. hierzu auch die Ergebnisse von Costa/McCrae (1980), Larsen/Ketelaar (1989) und die Ausführungen in Kapitel 4.3.

Heap/Zizzo (2011) und Lahav/Meer (2012) vereinbar, die in experimentellen Aktienmärkten, in denen Teilnehmer vermehrt positive Emotionen empfinden, ein höheres Preisniveau beziehungsweise stärkere Preisübertreibungen dokumentieren.[525]

525 Vgl. auch die Ergebnisse von Breaban/Noussair (2013), Andrade/Odean/Lin (2016).

V Schlussbetrachtungen

12 Überblick und Zusammenfassung der wesentlichen Ergebnisse der Arbeit

Gegenstand der vorliegenden Arbeit ist es, den Einfluss der Persönlichkeit auf das Risikoverhalten von Anlegern in Finanzmärkten zu untersuchen. Dazu wurden empirische Analysen (unter anderem Korrelations- und Regressionsanalysen sowie ein Strukturgleichungsmodell) durchgeführt, die sich maßgeblich auf Daten stützen, die mittels zwei unterschiedlichen Untersuchungsmethoden generiert wurden. Zum einen wurde eine schriftliche Befragung mit 342 Teilnehmer durchgeführt. Die Befragung dient dabei zur Beantwortung von Forschungsleitfrage 1.

1. Beeinflussen die Persönlichkeitsfaktoren Extraversion und Neurotizismus die Risikoeinstellung, die Risikowahrnehmung sowie die Renditeerwartung von Anlegern in Finanzmärkten?

In Bezug auf Forschungsleitfrage 1 werden eindeutige Hinweise gefunden, dass sich Anleger mit höheren Werten in Extraversion weniger risikoavers verhalten als Anleger mit niedrigeren Werten in Extraversion. In Bezug auf Neurotizismus kann festgestellt werden, dass höhere Werte in Neurotizismus mit einer höheren Risikoaversion einhergehen. Die Ergebnisse der Befragung liefern hingegen kaum Hinweise, dass Extraversion und Neurotizismus die Risikowahrnehmung von Anlegern beeinflussen.

Bezüglich der Renditeerwartung lässt sich aus den Ergebnissen allenfalls ein schwacher negativer Zusammenhang zu Neurotizismus ableiten.Zum anderen wurde ein Experiment mit 364 Teilnehmern durchgeführt, bei der ein computerbasierter Aktienmarkt modelliert wurde. Das Experiment dient dabei zur Untersuchung der Forschungsleitfragen 2 bis 4. Anhand der Forschungsleitfragen 2 und 3 wird untersucht, wie Extraversion und Neurotizismus auf das individuelle Risikoverhalten von Anlegern in Finanzmärkten wirken.

2. Haben unterschiedliche Ausprägungen in Extraversion und Neurotizismus bei Anlegern Auswirkungen auf die Zusammensetzung ihrer Portfolios?

Aus den Ergebnissen des Experiments lässt sich schlussfolgern, dass neurotischere Anleger weniger risikobehaftete Finanztitel (in Form von Aktien) in ihren Portfolios halten. Die Ergebnisse zu Extraversion lassen keinen Zusammenhang zwischen dem Grad an Extraversion eines Anlegers und der Zusammensetzung seines Portfolios erkennen.

3. Beeinflusst der Grad an Extraversion und Neurotizismus von Anlegern ihr Handelsverhalten?

Die Ergebnisse zum Einfluss von Extraversion und Neurotizismus von Anlegern auf ihr Handelsverhalten sind zum Teil nicht eindeutig. Die Ergebnisse zu Extraversion deuten an, dass stärker extravertierte Anleger höhere Preise für Aktien zahlen und mehr Käufe von überteuerten Aktien tätigen. Dieses Ergebnis legt den Schluss nahe, dass sich diese Anleger grundsätzlich risikoreicher bei ihren Handelsentscheidungen verhalten. Jedoch sei an dieser Stelle einschränkend angemerkt, dass die Ergebnisse der einzelnen Regressionsgleichungen zum Teil insignifikant oder nur schwach signifikant sind. Die Ergebnisse für Neurotizismus deuten einen Einfluss auf das Handelsverhalten an. Dabei lässt sich aus den Ergebnissen schlussfolgern, dass neurotischere Anleger ihre Aktien zu niedrigeren Preisen verkaufen und selbst dann vermehrt Aktien verkaufen, wenn die Verkaufspreise unter den durchschnittlichen Handelspreisen oder dem Erwartungswert der zukünftigen Dividendenzahlungen liegen. Jedoch sind auch hier die Ergebnisse zum Teil nur schwach signifikant oder insignifikant.

Das Experiment gibt zudem Aufschluss darüber, ob sich das Finanzmarktergebnis (in Form der Preisbildung) in Abhängigkeit von den Ausprägungen in Extraversion und Neurotizismus der Marktteilnehmer unterscheidet. Die Untersuchung dieses Zusammenhangs ist Gegenstand von Forschungsleitfrage 4.

4. Haben unterschiedliche Ausprägungen in Extraversion und Neurotizismus bei Anlegern Auswirkungen auf das Finanzmarktergebnis?

Die Ergebnisse im Kontext der vierten Forschungsleitfrage lassen sich dahingehend interpretieren, dass ein hoher Anteil neurotischer oder extravertierter Teilnehmer die Preisbildung und vor allem das Entstehen sowie das Ausmaß von Preisblasen in Finanzmärkten beeinflussen kann. Die Ergebnisse zum Einfluss von Neurotizismus sind eindeutiger als die Ergebnisse zu Extraversion. In Finanzmärkten mit einem höheren Anteil neurotischer Anleger treten Preisblasen weniger stark auf und sind von kürzerer Dauer. Für Extraversion kann abgeleitet werden, dass ein höherer Anteil extravertierter Anleger zu stärkeren und längeren Preisblasen führen kann. Es sei diesbezüglich jedoch einschränkend erwähnt, dass die Ergebnisse zum Teil nur schwach oder nicht signifikant sind. Daher können die Ergebnisse sowie die daraus resultierenden Schlussfolgerungen lediglich Tendenzen bezüglich des Einflusses von Extraversion und Neurotizismus auf das Finanzmarktergebnis andeuten.

13 Kritische Würdigung der Ergebnisse der Arbeit

Abschließend werden verschiedene Aspekte der Arbeit kritisch diskutiert, wobei insbesondere das methodische Vorgehen sowie die Ergebnisse und deren Aussagekraft im Mittelpunkt stehen. In Bezug auf das methodische Vorgehen in der Arbeit können bei der durchgeführten Befragung sowie des Experiments insbesondere die Wahl der Probanden, die Vergütungsstruktur sowie das Versuchsdesign beziehungsweise der Versuchsaufbau kritisch diskutiert werden.[526] Die Vielzahl möglicher Kritikpunkte resultiert zum einen daraus, dass es für die Ausgestaltung von Befragungen und Experimenten grundsätzliche wissenschaftliche Richtlinien gibt, anhand derer sich der Versuchsleiter orientieren kann, ihm jedoch ein großer Gestaltungsrahmen gestattet wird, innerhalb dessen je nach Forschungsziel und -zweck der Arbeit Einzelfallentscheidungen zu treffen sind. Zum anderen besteht –wie ausgeführt – insbesondere bei Experimenten ein Trade-Off zwischen externer und interner Validität, was es dem Versuchsleiter unmöglich macht, beide Kriterien gleichermaßen zufriedenstellend zu erfüllen.[527] Demzufolge ist dem Versuchsleiter bei der Durchführung und dem Aufbau von Befragungen und Experimenten ein gewisser subjektiver Spielraum zuzugestehen.

Für die Befragung und das Experiment werden Kurzerhebungsskalen zur Messung der personalen Eigenschaften der Teilnehmer (insbesondere Extraversion und Neurotizismus) verwendet. Dieses Vorgehen wird aufgrund des Zeitvorteils gegenüber längeren Instrumenten (wie zum Beispiel des NEO-PI-R) gewählt. Obwohl sowohl die Objektivität, Validität (Gültigkeit) und Reliabilität dieser Skalen nachgewiesen ist,[528] kann kritisiert werden, dass mit längeren Skalen gegebenenfalls eine genauere Messung dieser Konstrukte möglich gewesen

526 Vgl. dazu beispielsweise schon die kritische Diskussion im Rahmen von Kapitel 7.
527 Vgl. Siakantaris (2000), S. 273f.
528 Vgl. zum Beispiel Rammstedt et al. (2012) für das BFI-10.

wäre. Entgegengesetzt kann argumentiert werden, dass bei längeren Skalen die Motivation der Teilnehmer zur Beantwortung sinkt und genau das Gegenteil (eine Verschlechterung der Antwortqualität und somit eine ungenauere Messung der Konstrukte) eintreten kann.[529] Es besteht somit ein Trade-Off zwischen dem zeitlichen Faktor der Untersuchung und der Messgenauigkeit der personalen Konstrukte.

Weiterhin kann die Wahl der Vergütungsstruktur sowohl bei der Befragung als auch beim Experiment kritisiert werden. Die Teilnehmer des Experiments erhalten für ihre Teilnahme eine Vergütung. Dabei wird sowohl eine fixe als auch eine variable Vergütung ausgezahlt. Die Art der Vergütung hat dabei kaum einen Einfluss auf die Ergebnisse. Es kann in diesem Zusammenhang jedoch grundsätzlich kritisiert werden, dass die Vergütung zu gering ist und das Verhalten der Teilnehmer im Experiment somit nicht das tatsächliche Verhalten von Anlegern in Finanzmärkten widerspiegelt, bei dem wesentlich höhere Geldbeträge Gegenstand der Anlageentscheidung sind. Die Kritik adressiert somit eine mangelnde externe Validität des Experiments. Das gleiche Argument kann im Rahmen der Befragung angeführt werden. An dieser Stelle kann zudem kritisiert werden, dass den Teilnehmern kein extrinsischer Motivationsanreiz in Form einer Vergütung in Aussicht gestellt wird. Zusammenfassend lässt sich bei der Frage nach der Art der Vergütung jedoch konstatieren, dass es in der Literatur keinen Konsens zur „richtigen" Wahl der Vergütungsstruktur sowie zum Einfluss der Vergütung auf das Verhalten der Probanden gibt und die unterschiedliche Wahl der Vergütungsmethoden diesem Sachverhalt somit Rechnung trägt.[530]

Ein weiterer Kritikpunkt adressiert die Wahl der Probanden. Aufgrund der beschriebenen Vorteile (unter anderem wegen der leichten Verfügbarkeit dieser Personengruppe) wurden Studierende akquiriert. Obwohl die diskutierten empirischen Studien tendenziell Hinweise dafür liefern, dass Studierende sich grundsätzlich wie „reale" Entscheider (zum Beispiel Anleger oder Manager) verhalten, gleiche

529 Vgl. hierzu die Ergebnisse von Herzog/Bachman (1981) und Helgeson/Ursic (1994), die Hin-weise für einen solchen Zusammenhang entdecken, wohingegen Burchell/Marsh (1992) keinen solchen Effekt finden. Vgl. hierzu auch die Diskussion in Sheatsley (1983), S. 222f.

530 Vgl. dazu die Diskussion in Kapitel 7.4.

Informationsverarbeitungsstrategien anwenden und ähnlichen „Anomalien“ und „Biases“ unterliegen, bleibt letztlich unklar, ob bei der Teilnahme „realer“ Anleger an der Befragung und dem Experiment ähnliche Ergebnisse zu erwarten sind.[531] Neben den erwähnten Punkten kann zudem in Frage gestellt werden, ob das jeweilige Design der Befragung und des Experiments grundsätzlich geeignet ist, das Risikoverhalten und dessen Determinanten von Anlegern in Finanzmärkten zu untersuchen. Beispielsweise kann in Bezug auf die Befragung kritisiert werden, wie aussagekräftig eine subjektive Einschätzung der Teilnehmer in Bezug auf ihre Risikoeinstellung ohne konkreten Bezug zu einer realen Anlageentscheidung ist. Bezüglich des Experiments können Kritiker zudem anzweifeln, ob das Design von Smith/Suchanek/Williams (1988) geeignet ist, um näherungsweise ein reales Geschehen an Finanzmärkten zu modellieren. Insbesondere der wertlose Verfall der Aktien am Ende der letzten Handelsrunde steht im Kontrast zu einigen Finanztiteln (wie zum Beispiel Aktien oder Anleihen) in der Realität.[532] Der Wert der Befragung und des Experiments ist jedoch insbesondere in der Abstraktion und Vereinfachung realer Marktbedingungen zu sehen.

Die erörterten Kritikpunkte verdeutlichen, dass es für die Ausgestaltung von Befragungen und Experimenten keine „Best Practice“-Lösungen gibt. Eine Umsetzung der angedeuteten Kritikpunkte würde vielmehr neue Kritikpunkte und methodische Probleme erzeugen.[533] Die methodischen Kritikpunkte zielen dabei maßgeblich auf die mangelnde Übertragbarkeit der Ergebnisse von Befragung und Experiment ab. Ein potenzieller Lösungsansatz ist grundsätzlich in der Überprüfung der Ergebnisse mittels weiterer experimenteller Untersuchungen oder Felddaten zu sehen.[534] Im Hinblick auf die Überprüfung mit Experimenten besteht für diese jedoch das gleiche Problem der externen Validität wie für das zu überprüfende Experiment. Daraus ergibt

531 Es sei an dieser Stelle nochmals erwähnt, dass angenommen werden kann, dass Studierende mitunter als Anleger in Finanzmärkten agieren.

532 Finanzprodukte wie Optionsscheine, die am Ende der Laufzeit oder unter bestimmten Bedingungen (wie dem Erreichen von vorher definierten Kursschwellen) wertlos verfallen, weisen jedoch einen grundsätzlich ähnlichen Preismechanismus auf.

533 Vgl. beispielsweise die Diskussion in Bezug auf längere Messskalen.

534 Vgl. Siakantaris (2000), S. 270, Guala (2002), S. 262f.

sich das Problem eines infiniten Regress.[535] Eine Validierung mittels Felddaten birgt das Problem abweichender Rahmenbedingungen beider Methoden. Guala (2002) sieht in der Überprüfung mittels Felddaten jedoch generell ein geeignetes Verfahren, Experimentaldaten auf Robustheit zu überprüfen.[536] Falk/Fehr (2003) sehen Experimente nicht als Substitut zu Feldexperimenten, sondern eher als Ergänzung.[537] Plott (1982) merkt in Bezug auf die Kritik an der mangelnden externen Validität von Experimenten an *"[w]hile laboratory processes are simple in comparison to naturally occurring processes, they are real processes in the sense that real people participate for real and substantial profits and follow real rules in doing so. It is precisely because they are real that they are interesting."*[538] und konstatiert Gemeinsamkeiten zu Feldexperimenten.

535 Vgl. Collins (1992), S. 83f. Vgl. dazu auch die Ausführungen in Siakantaris (2000), S. 270.

536 Vgl. Guala (2002), S. 263.

537 Vgl. Falk/Fehr (2003), S. 403.

538 Plott (1982), S. 1486.

14 Implikationen für Forschung und Praxis

Die Ergebnisse der Arbeit lassen Implikationen sowohl für die Forschung als auch die Praxis zu. In Bezug auf die kritische Diskussion im Umgang mit der externen Validität, ergeben sich dahingehend Implikationen für die Forschung, dass die Zusammenhänge zwischen der Persönlichkeit und dem Risikoverhalten von Anlegern in Finanzmärkten insbesondere auch mittels Feldexperimenten weiter untersucht werden sollten. Die Arbeiten von Durand et al. (2008), Kleine/Wagner/Weller (2015) oder Goldfayn (2016) stützen sich beispielsweise auf Befragungen von Anlegern zu ihren Depots und ihrem Handelsverhalten und deuten somit in diese Richtung. Jedoch können die Aussagen von Anlegern zum Teil ungenau sein oder Verzerrungen unterliegen.[539] Deshalb sollte die Forschung darauf abzielen, reale Anlegerdepots als Datenbasis zu nutzen, um den Einfluss der Persönlichkeit auf das Risikoverhalten zu untersuchen.[540]

Weiterhin zeigt die Arbeit, dass insbesondere zwischen den Persönlichkeitsfaktoren Neurotizismus und Extraversion auf der einen Seite, und den emotionalen Zuständen, der Kontrollüberzeugung, dem Geschlecht und „Anomalien und Biases“ (zum Beispiel Overconfidence) von Anlegern auf der anderen Seite, vielfältige Interdependenzen bestehen, die sowohl in Kombination als auch separat einen Einfluss auf das Risikoverhalten haben können. Insbesondere die Forschungsrichtung, die den Einfluss persönlicher Charakteristika von Marktteilnehmern auf das Entstehen und das Ausmaß von Preisblasen untersucht, sollte die angesprochenen Beziehungen zwischen den verschiedenen Konstrukten berücksichtigen. Beispielsweise zeigt die

539 Eine Verzerrung könnte beispielsweise dahingehend vorliegen, sich in Bezug auf die Wertentwicklung des eigenen Depots als übertrieben erfolgreich darzustellen.

540 Beispielsweise wie die Studie von Grinblatt/Keloharju (2001), die Daten zu Anlegerdepots nutzen um das Handelsverhalten von Anlegern zu untersuchen. Die Arbeit von Camgoz/Karan/Ergeneli (2011) zielt in diese Richtung.

Literatur, dass Personen je nach Grad an Extraversion und Neurotizismus emotionale Zustände unterschiedlich wahrnehmen beziehungsweise unterschiedlich häufig und intensiv erleben.[541] Die Erfassung der Persönlichkeitsfaktoren in Kombination mit der Messung beziehungsweise der Simulation emotionaler Zustände[542] könnte somit neue Erkenntnisse und Erklärungen zum Entstehen und dem Ausmaß von Preisblasen liefern.

Ferner lassen sich aus den Ergebnissen der Arbeit Implikationen für Anleger und Finanzintermediäre ableiten. Sowohl Anleger als auch Finanzdienstleistungsberater sollten sich bewusst sein, dass die Persönlichkeit einen Einfluss auf Anlageentscheidungen in Finanzmärkten haben kann. Diesbezüglich liefert die Arbeit beispielsweise Hinweise, dass neurotische Anleger tendenziell weniger risikoreiche Depots bevorzugen und sich risikoaverser verhalten. Finanzdienstleistungsberater sollten daher eine personalisierte Beratung anbieten, die auf die Anlagepräferenzen der Anleger zugeschnitten ist und sich unter anderem an ihrer Persönlichkeit orientiert. Dies kann beispielsweise behilflich sein, um notwendige Regulierungsvorschriften wie die *Markets in Financial Instruments Directive (MiFID)* umzusetzen. Demnach müssen bei der Anlageberatung unter anderem neben der Risikotragfähigkeit sowie den Anlagezielen auch die Risikotoleranz (Risikoeinstellung) der Anleger berücksichtigt werden. Die Messung der Risikoeinstellung wird – wie erörtert – durch eine Vielzahl situativer Faktoren beeinflusst. Eine Erfassung der Persönlichkeitsfaktoren von Anlegern kann diesbezüglich verlässliche Hinweise auf die Risiko-Rendite-Präferenzen von Anlegern liefern. Die grundsätzliche Stabilität der Persönlichkeitsfaktoren im Erwachsenenalter sowie ihre grundsätzliche Situationsunabhängigkeit und Konsistenz bei der Verwendung unterschiedlicher Messmethoden kann als vorteilhaft angesehen werden und könnte im Rahmen einer langjährigen Kundenbeziehung helfen, den Anleger und seine Risiko-Rendite-Präferenzen – unabhängig von kurzfristigen situativen Einflüssen – besser einzuschätzen. Die Erfassung der Persönlichkeitsfaktoren kann auch insbesondere im Rahmen der digitalen beziehungsweise automatisierten

541 Vgl. zum Beispiel Costa/McCrae (1980), Larsen/Ketelaar (1989).
542 Vgl. Andrade/Ariely (2009) oder Lahav/Meer (2012).

Finanzberatung (*Robo-Advisor*) eine Rolle spielen.[543] So könnten beispielsweise die Ausprägungen der Persönlichkeitsfaktoren ein Kriterium darstellen, um Empfehlungen für die Zusammenstellung der Depots von Anlegern abzuleiten.

Weiterhin liefern die Ergebnisse zum Einfluss von Extraversion und Neurotizismus auf die Preisbildung einen Erklärungsgehalt für das Zustandekommen der Ergebnisse in speziellen Marktsituationen wie zum Beispiel Auktionen, in die nur eine begrenzte Anzahl an Marktteilnehmern involviert ist. Als Beispiele aus der Praxis können die Versteigerung von Mobilfunklizenzen oder der Handel mit Emissionszertifikaten genannt werden. Hohe Ausprägungen in Extraversion (Neurotizismus) der Teilnehmer können beispielsweise einen Erklärungsbeitrag für das Zustandekommen von hohen (niedrigen) Limit-Orders und Handelspreisen liefern.

543 Vgl. Oehler (2016a, b), Oehler/Horn/Wendt (2016a, b) zur automatisierten Finanzberatung.

Anhang

Übersicht des Anhangs

Anhang 1: Programmcode in z-tree für den computergestützten Aktienmarkt

Anhang 2: Exemplarischer Fragebogen der Befragung

Anhang 3: Einführungsseite zum Experiment

Anhang 4: Instruktionen zum computerbasierten Aktienmarkt

Anhang 1: Programmcode in z-tree für den computergestützten Aktienmarkt

Übersicht der Gesamtstruktur des Programms

Auktionsstufe (Teil 1)

Auktionsstufe (Teil 2)

```
buy: contracts( (Group == :Group ) & ( Buyer == -1 ) ), sorted by: -p; -contractID
  Verk.angebote: OUT( p )
  kaufen
    Seller != :Subject
    Buyer == -1
    Money >= p
    contracts.do { ... }
        Buyer = :Subject;

        \numTrades = \numTrades +1;
        tradeID = \numTrades ;
        Traded =1;

        :Money = : Money - p;
        :Stock = : Stock +1;
        subjects.do{
          if ( :Seller == Subject ) {
            Money = Money +:p;
            Stock = Stock -1;
          }
        }

        contracts.do {
          if ( Seller == :Seller & Buyer == -1 ) {
            Buyer = -2;
          }
          if ( Seller == -1 & Buyer == :Buyer  ) {
            Seller = -2;
          }
        }
```

Auktionsstufe (Teil 3)

```
container
  make bid: contracts
    Kaufangebot: IN( p )
    Kaufangebot bestätigen
      Money >= p
      contracts(Buyer).do { ... }
        Buyer = :Subject;
        Seller = -1;
        Maker = :Subject;
        Group = :Group;
        \numContracts = \numContracts +1;
        contractID = numContracts;
        Traded =0;
  sell: contracts( (Group == :Group ) & ( Seller == -1 ) ), sorted by: p; -contractID
    Kaufangebote: OUT( p )
    verkaufen
      Buyer != :Subject
      Seller == -1
      Stock>0
      contracts.do { ... }
        Seller = :Subject;

        \numTrades = \numTrades +1;
        tradeID = \numTrades ;
        Traded =1;

        :Money = : Money + p;
        :Stock = : Stock -1;
        subjects.do{
         if ( :Buyer == Subject ) {
           Money = Money -:p;
           Stock = Stock +1;
         }
        }

        contracts.do {
         if ( Seller == :Seller & Buyer == -1 ) {
           Buyer = -2;
         }
         if ( Seller == -1 & Buyer == :Buyer ) {
           Seller = -2;
         }
        }
traded: contracts( (Group == :Group) & (Seller >0 ) & ( Buyer > 0) )
  Handelspreise: OUT( p )
Waitingscreen
```

Gewinnstufe

```
Gewinnanzeige =|= (TimeProfit)
  subjects.do { ... }
    OldMoney = Money;

    TotalDividende = Dividende * Stock;

    Interest = OldMoney * 0.001;

    Money = Money + TotalDividende + Interest;

    Profit = Money - StartMoney;
  summary.do { ... }
    dividend = Dividende;
    value = (15 - Period +1) * 24;
    avP = contracts.average( ( Buyer > 0 ) & ( Seller > 0 ) , p );
    nTrades = contracts.count( ( Buyer > 0 ) & ( Seller > 0 ));
  Active screen
    content
      Guldenstand vor Auszahlung der Dividende und Zinsen: OUT( OldMoney )

      Dividende pro Aktie: OUT( Dividende )
      Anzahl Aktien: OUT( Stock )
      Dividenden: OUT( TotalDividende )
      Zinsen: OUT( Interest )

      aktueller Guldenstand: OUT( Money )
      aktueller Aktienstand: OUT( Stock )
      weiter
  Waitingscreen
```

Anhang 2: Exemplarischer Fragebogen der Befragung[544]

Sehr geehrte Studierende,

mit der nachstehenden kurzen Untersuchung bitten wir Sie, an einer Studie zum Risikoverhalten privater Anleger mitzuwirken. Die Beantwortung der Fragen wird ca. 10 Minuten dauern.

Lesen Sie dazu bitte die nachstehenden Fragen genau durch und beantworten Sie diese dann zügig. Antworten Sie bitte aus Ihrer Sicht, also so, wie Sie es sehen.

Ihre Angaben bleiben vollkommen anonym und werden nach der Auswertung vernichtet.

Bei Interesse an den Ergebnissen wenden Sie sich bitte direkt an Prof. Dr. Oehler per E-Mail (andreas.oehler@uni-bamberg.de).

Herzlichen Dank für Ihre Unterstützung und Mitarbeit!

A) Bitte geben Sie Ihr Geschlecht an (Zutreffendes bitte ankreuzen):

männlich ☐

weiblich ☐

B) Alter: ✐ __________Jahre

544 Die Abschnitte A bis E wurden analog bei dem Experiment zur Erfassung der persönlichen Eigenschaften der Teilnehmer verwendet.

C) Inwieweit treffen die folgenden Aussagen auf Sie zu?

	trifft überhaupt nicht zu	trifft eher nicht zu	weder noch	eher zutreffend	trifft voll und ganz zu
Ich bin eher zurückhaltend, reserviert.	☐	☐	☐	☐	☐
Ich schenke anderen leicht Vertrauen, glaube an das Gute im Menschen.	☐	☐	☐	☐	☐
Ich bin bequem, neige zur Faulheit.	☐	☐	☐	☐	☐
Ich bin entspannt, lasse mich durch Stress nicht aus der Ruhe bringen.	☐	☐	☐	☐	☐
Ich habe nur wenig künstlerisches Interesse.	☐	☐	☐	☐	☐
Ich gehe aus mir heraus, bin gesellig.	☐	☐	☐	☐	☐
Ich neige dazu, andere zu kritisieren.	☐	☐	☐	☐	☐
Ich erledige Aufgaben gründlich.	☐	☐	☐	☐	☐
Ich werde leicht nervös und unsicher.	☐	☐	☐	☐	☐
Ich habe eine aktive Vorstellungskraft, bin fantasievoll.	☐	☐	☐	☐	☐

D) Die folgenden Aussagen können mehr oder weniger auf Sie zutreffen. Bitte geben Sie bei jeder Aussage an, inwieweit diese auf Sie persönlich zutrifft.

	trifft gar nicht zu	trifft wenig zu	trifft etwas zu	trifft ziemlich zu	trifft voll und ganz zu
Ich habe mein Leben selbst in der Hand.	☐	☐	☐	☐	☐
Wenn ich mich anstrenge, werde ich auch Erfolg haben.	☐	☐	☐	☐	☐
Egal ob privat oder im Beruf: Mein Leben wird zum großen Teil von anderen bestimmt.	☐	☐	☐	☐	☐
Meine Pläne werden oft vom Schicksal durchkreuzt.	☐	☐	☐	☐	☐

E) Zuletzt möchten wir noch gerne wissen, wie es Ihnen in diesem Moment geht. Kreuzen Sie hierzu entsprechend die folgenden Beschreibungen an.

Ich fühle mich…	gar nicht	ein bisschen	einigermaßen	erheblich	äußerst
… interessiert	☐	☐	☐	☐	☐
… bedrückt	☐	☐	☐	☐	☐
… nervös	☐	☐	☐	☐	☐
… entschlossen	☐	☐	☐	☐	☐
… durcheinander	☐	☐	☐	☐	☐
… aktiv	☐	☐	☐	☐	☐

F) Wie schätzen Sie allgemein Ihre Bereitschaft ein, Risiken im Rahmen von Geldanlagen einzugehen (Zutreffendes bitte ankreuzen)?

Sehr geringe Bereitschaft				Sehr hohe Bereitschaft
☐	☐	☐	☐	☐

G) Wir sind nun daran interessiert, Ihre persönliche Einschätzung zur Entwicklung von drei Aktien zu erfahren. Zu diesem Zweck zeigen wir Ihnen deren Kursentwicklungen in den vergangenen fünf Jahren. Anhand dieser Informationen sollen Sie drei Schätzungen bezüglich des zukünftigen Kurses der Aktien abgeben. Sie sollen jeweils den **wahrscheinlichsten Kurs** sowie eine **obere** und **untere** Grenze abgeben.

- Die **obere Grenze** gibt an, dass Sie mit hoher Wahrscheinlichkeit (95%) erwarten, dass der zukünftige Kurs unterhalb dieser oberen Grenze liegt.
- Der **wahrscheinlichste Kurs** gibt an, welchen zukünftigen Kurs Sie für die Aktie am wahrscheinlichsten halten.
- Die **untere Grenze** gibt an, dass Sie mit hoher Wahrscheinlichkeit (95%) erwarten, dass der zukünftige Kurs oberhalb dieser unteren Grenze liegt.

Der folgende Chart zeigt Ihnen die Kursentwicklung von Aktie 1 der letzten fünf Jahre. Was ist Ihre Vorhersage für den Kurs von Aktie 1 in einem Jahr? Bitte geben Sie dazu Ihre drei Schätzungen (in Euro) an:

Wie beurteilen Sie das Anlagerisiko von Aktie 1 auf einer Skala von 1 (überhaupt kein Risiko) bis 5 (sehr hohes Risiko). Bitte kreuzen Sie entsprechend an.

Überhaupt kein Risiko				Sehr hohes Risiko
☐	☐	☐	☐	☐

H) Der folgende Chart zeigt Ihnen die Kursentwicklung von Aktie 2 der letzten fünf Jahre. Was ist Ihre Vorhersage für den Kurs von Aktie 2 in einem Jahr? Bitte geben Sie dazu Ihre drei Schätzungen (in Euro) an:

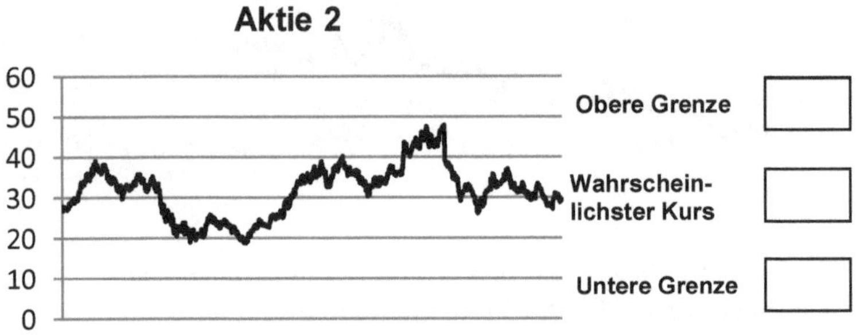

Wie beurteilen Sie das Anlagerisiko von Aktie 2 auf einer Skala von 1 (überhaupt kein Risiko) bis 5 (sehr hohes Risiko). Bitte kreuzen Sie entsprechend an.

Überhaupt kein Risiko				Sehr hohes Risiko
☐	☐	☐	☐	☐

I) Der folgende Chart zeigt Ihnen die Kursentwicklung von Aktie 3 der letzten fünf Jahre. Was ist Ihre Vorhersage für den Kurs von Aktie 3 in einem Jahr? Bitte geben Sie dazu Ihre drei Schätzungen (in Euro) an:

Wie beurteilen Sie das Anlagerisiko von Aktie 3 auf einer Skala von 1 (überhaupt kein Risiko) bis 5 (sehr hohes Risiko). Bitte kreuzen Sie entsprechend an.

Überhaupt kein Risiko				Sehr hohes Risiko
☐	☐	☐	☐	☐

J) Stellen Sie sich bitte vor, Sie würden an einem Experiment teilnehmen. Sie können sich dabei aussuchen, wie Sie für Ihre Teilnahme vergütet werden. Sie können entweder sicher 5 Euro erhalten oder um Ihre Vergütung würfeln. Dabei legt Ihr Wurf Ihren Gewinn fest. Falls Sie die Zahlen 1, 2 oder 3 würfeln, erhalten Sie kein Geld. Bei den Zahlen 4, 5 oder 6 erhalten Sie 10 Euro.

Kreuzen Sie bitte an, welche Variante Sie wählen würden:

☐ Sichere Zahlung von 5 Euro

☐ Würfeln (entweder 0 Euro oder 10 Euro)

☐ Egal welche der beiden Möglichkeiten

Stellen Sie sich nun bitte verschiedene Vergütungsvarianten mit jeweils unterschiedlichen sicheren Zahlungen. Kreuzen Sie bitte in der folgenden Tabelle für jede Vergütungsvariante an, ob Sie entweder die jeweilige sichere Zahlung wählen oder stattdessen würfeln würden. Bitte lassen Sie keine Vergütungsvariante aus. Die Würfelalternative bleibt für alle Vergütungsvarianten gleich.

	Ich bevorzuge die sichere Zahlung von	⚀ ⚁ ⚂ = 0 Euro ⚃ ⚄ ⚅ = 10 Euro (bleibt gleich für alle Vergütungsvarianten)
Vergütungs-variante 1	1 Euro ☐	☐
Vergütungs-variante 2	2 Euro ☐	☐
Vergütungs-variante 3	3 Euro ☐	☐
Vergütungs-variante 4	4 Euro ☐	☐
Vergütungs-variante 5	5 Euro ☐	☐
Vergütungs-variante 6	6 Euro ☐	☐
Vergütungs-variante 7	7 Euro ☐	☐
Vergütungs-variante 8	8 Euro ☐	☐
Vergütungs-variante 9	9 Euro ☐	☐

Herzlichen Dank für Ihre Unterstützung und Mitarbeit!

Anhang 3: Einführungsseite zum Experiment[545]

Experimentelle Untersuchung zum Verhalten privater Anleger am Aktienmarkt

Sehr geehrte Studierende,

herzlichen Dank für Ihre Teilnahme an dem Experiment. Ihre Teilnahme dauert ungefähr eine halbe Stunde; hierfür erhalten Sie eine Entlohnung in Höhe von 5 Euro.[Sie erhalten eine erfolgsabhängige Entlohnung.]

Ziel des Experiments ist es, mehr darüber zu erfahren, wie sich private Anleger am Aktienmarkt verhalten. Hierzu haben wir im Rahmen einer experimentellen Untersuchung einen virtuellen computergestützten Aktienmarkt konzipiert, bei dem Sie als Marktteilnehmer Anlageentscheidungen treffen sollen.

Bevor Sie weitere Informationen zur Handhabung sowie Funktionsweise des computergestützten Aktienmarkts und dem Ablauf des Experiments erhalten, möchten wir von Ihnen mehr über Ihre Person erfahren. Diese Angaben sind notwendig, um ihre Entscheidungen am Aktienmarkt besser beurteilen zu können. Hierzu finden Sie auf den folgenden Seiten einige Fragen und Aussagen, die Sie bitte beantworten. Bitte lassen Sie keine Aussage/Beschreibung aus.

Wenn Sie damit fertig sind, werden die Unterlagen vom Experimentleiter eingesammelt und Sie erhalten weitere Informationen.

545 In den eckigen Klammern sind jeweils die Änderungen und Ergänzungen dargestellt, die sich für die Teilnehmer mit der variablen Entlohnung ergeben haben.

Ihre Angaben bleiben selbstverständlich vollkommen anonym und werden unter Wahrung der Datenschutzbestimmung ausgewertet.

Herzlichen Dank für Ihre Unterstützung und Mitarbeit!

Mit freundlichen Grüßen

Univ.-Prof. Dr. Andreas Oehler, Florian Wedlich, M.Sc.

Damit wir Ihnen nach dem Experiment Ihre Entlohnung auszahlen können, benötigen wir einen Nachweis über Ihre Teilnahme an dem Experiment. Geben Sie deshalb bitte die Nummer des PC-Bildschirms an, mit dem Sie an dem Experiment teilnehmen. Die Nummer finden Sie am unteren linken Bildschirmrand.

Beispiel: Der Student Max Mustermann sitzt vor dem Bildschirm mit der Nummer RZ0004-06. Damit er seine Auszahlung erhält, trägt er die Nummer wie folgt in das dafür vorgesehene Feld ein:

R	Z	0	0	0	4	-	0	6

Tragen Sie nun bitte die Nummer des PC-Bildschirms, vor dem Sie sitzen, in das folgende Feld ein:

R	Z					-		

Anhang 4: Instruktionen zum computerbasierten Aktienmarkt[546]

1 Allgemeines

Lesen Sie bitte sorgfältig die folgenden Instruktionen durch. Bitte stellen Sie sicher, dass Sie die Instruktionen verstanden haben.

[Bitte stellen Sie sicher, dass Sie die Instruktionen verstanden haben, da die Bezahlung für Ihre Teilnahme an dem Experiment maßgeblich von Ihren Entscheidungen abhängt. Die Höhe der Bezahlung kann dabei je nach Teilnehmer variieren und bemisst sich an der Experimentwährung Gulden. Diese Währung wird am Ende des Experiments in Euro umgerechnet und ausgezahlt.]

Der Handel am virtuellen Aktienmarkt findet an den Computern vor Ihnen statt. Falls Sie während dem Experiment eine Frage haben, heben Sie bitte Ihre Hand. Der Experimentleiter wird dann zu Ihnen kommen.

Nachfolgend erhalten Sie Informationen über den Mechanismus des Aktienmarkts sowie eine Beschreibung, wie Sie Aktien kaufen und verkaufen können. Daran anschließend erhalten Sie weitere Informationen über Ihre finanzielle Anfangsausstattung, die Dividendenstruktur der Aktie, die Verzinsung Ihres Kassenbestandes sowie die Dauer des Experiments. Zuletzt möchten wir Sie noch um eine Einschätzung bitten.

2 Der virtuelle Aktienmarkt

2.1 Aufbau des Bildschirms

In der rechten oberen Hälfte des Bildschirms sehen Sie, wie viel Zeit Ihnen in der aktuellen Handelsrunde noch zur Verfügung steht. Im linken oberen Bereich des Bildschirms sehen Sie die aktuelle Handels-

546 Die Instruktionen der Teilnehmer, die eine variable Entlohnung erhielten, enthielten zusätzlich die Informationen in den eckigen Klammern.

runde sowie die Gesamtzahl der Handelsrunden. Darunter finden Sie die aktuelle Anzahl Ihrer Aktien und die Höhe Ihres Kontostandes.

2.2 Kaufen und Verkaufen von Aktien

Sie haben zwei Möglichkeiten Aktien zu kaufen und zu verkaufen. Sie können entweder ein Angebot aufgeben und warten, dass es ein anderer Marktteilnehmer annimmt, oder Sie nehmen direkt ein Angebot von einem anderen Teilnehmer an.

Ein Angebot platzieren: Falls Sie eine Aktie verkaufen möchten, nutzen Sie das Eingabefeld „Verk.angebot" in der zweiten Spalte. Geben Sie hierzu bitte den Verkaufspreis für die Aktie in das Feld ein und bestätigen Ihr Verkaufsangebot für die Aktie mit einem Klick auf den Button „Verk.angebot bestätigen". Ihr ausstehendes Verkaufsangebot wird in der dritten Spalte aufgelistet.

Für Kaufangebote gilt der gleiche Mechanismus. Möchten Sie ein Kaufangebot abgeben, geben Sie bitte unter dem Feld „Kaufangebot" in der rechte Spalte den Kaufpreis ein, den Sie bereit sind, zu zahlen. Bestätigen Sie anschließend Ihr Kaufangebot mit einem Klick auf den Button „Kaufangebot bestätigen".

Bitte beachten Sie, dass Sie mehrere Verkauf- und Kaufangebote abgeben können. Diese Angebote beziehen sich allerdings nur auf den Verkauf bzw. Kauf einer einzelnen Aktie. Falls ein entsprechendes Angebot von Ihnen von einem anderen Teilnehmer angenommen wird, verschwinden die restlichen Angebote automatisch vom Markt. Sie können im Anschluss dann weitere Angebote für eine andere Aktie abgeben.

Ein Angebot annehmen: Falls Sie eine Aktie kaufen möchten, wählen Sie bitte ein entsprechendes Verkaufsangebot aus der Spalte „Verk.angebote" aus und klicken auf den Button „kaufen". Falls Sie hingegen eine Aktie verkaufen möchten, wählen Sie bitte aus der Spalte „Kaufangebote" ein entsprechendes Angebot aus und klicken auf den Button „verkaufen".

Das Kaufen von Aktien senkt Ihren Kassenbestand um den jeweiligen Kaufpreis. Das Verkaufen einer Aktie erhöht Ihren Kassenbestand um den jeweiligen Verkaufspreis. In der Spalte „Handelspreise“ sehen Sie die Preise, zu denen Käufe und Verkäufe während der aktuellen Handelsrunde stattgefunden haben. Bitte beachten Sie, dass keine Historie für Ihre eigenen Transaktionen angezeigt wird.

2.3 Aktien- und Kassenbestand nach jeder Handelsrunde

Ist die Zeit in der aktuellen Handelsrunde abgelaufen, wird die Handelsrunde automatisch geschlossen. Sie erhalten dann Informationen über die Höhe der ausgezahlten Dividende, der gutgeschriebenen Zinsen sowie über Ihren aktuellen Aktien- und Kassenbestand. Um mit der nächsten Handelsrunde beginnen zu können, klicken Sie bitte auf den Button „weiter“. Die nächste Handelsrunde startet dann, sobald alle Teilnehmer bereit sind.

2.4 Dauer der Handelsrunden, Dividendenstruktur der Aktie und Verzinsung

Der Aktienmarkt besteht aus 15 Handelsrunden. Die Experimentwährung ist in Gulden angegeben. Jede Handelsrunde, in der Sie Aktien kaufen und verkaufen können, dauert 60 Sekunden. Die Aktien sind demnach Vermögensgegenstände mit einer Lebensdauer von 15 Handelsrunden. Die Bestände Ihrer Aktien sowie Ihres Kassenbestandes nehmen Sie jeweils in die nächste Handelsrunde mit. Am Ende jeder Handelsrunde erhalten Sie für jede Aktie die Sie besitzen eine Dividende. Die Höhe der Dividende wird dabei je Aktie für die jeweilige Handelsrunde zufällig vom Computer bestimmt. Die Dividenden je Handelsrunde sind dabei voneinander unabhängig. Jede Aktie, die Sie am Ende einer jeden Handelsrunde halten, kann Ihnen folgende mögliche Dividende zahlen:

mit 25% Wahrscheinlichkeit eine Dividende i.H.v. 0 Gulden
mit 25% Wahrscheinlichkeit eine Dividende i.H.v. 8 Gulden
mit 25% Wahrscheinlichkeit eine Dividende i.H.v. 28 Gulden
mit 25% Wahrscheinlichkeit eine Dividende i.H.v. 60 Gulden

Jeder der vier Dividendenwerte kann mit gleicher Wahrscheinlichkeit eintreten (im Durschnitt können somit 24 Gulden je Handelsrunde erwartet werden). Die Dividenden werden automatisch zu Ihrem Kassenbestand hinzugefügt. Nachdem die Dividende für die letzte (15.) Handelsrunde gezahlt wurde, gibt es keine weiteren Zahlungen von den Aktien (sie sind dann wertlos).

Die folgende Tabelle zeigt die Berechnung des durchschnittlichen Wertes einer Aktie. Die erste Spalte gibt den Beginn der jeweiligen Handelsrunde an. Die zweite Spalte zeigt die Anzahl der Handelsrunden, die noch absolviert werden. Die dritte Spalte gibt den erwarteten Durchschnittswert der Dividenden je Aktie an, falls Sie die Aktie bis zur letzten Handelsrunde halten.

Beispiel: Falls Sie eine Aktie von der 7. Handelsrunde bis zur 15. Handelsrunde halten, erhalten Sie für die verbleibenden neun Handelsrunden jeweils pro Runde im Durchschnitt eine Dividende i.H.v. 24 Gulden, also insgesamt 216 (= 9x24). Im Durchschnitt beträgt der Wert der Aktie zu Beginn der 7. Handelsrunde also 216 Gulden.

Beginn der jeweiligen Handelsrunde	Anzahl verbleibender Handelsrunden	Durchschnittswert je Aktie
1	15	360 (= 15x24)
2	14	336
3	13	312
4	12	288
5	11	264
6	10	240
7	9	216 (= 9x24)
8	8	192
9	7	168
10	6	144
11	5	120
12	4	96
13	3	72
14	2	48
15	1	24 (= 1x24)

Ihr Kassenbestand stellt eine Art risikolose Anlage dar, auf den Sie eine fixe Verzinsung erhalten. Der Zins für die kompletten 15 Handelsrunden beträgt dabei 1,5% (pro Handelsrunde erhalten Sie also eine Verzinsung auf Ihren Kassenbestand von 1‰). Die Zinsen pro Handelsrunde errechnen sich aus Ihrem Kassenendbestand der vorherigen Handelsrunde und werden Ihnen nach Abschluss jeder Handelsrunde gutgeschrieben.

2.5 Berechnung des Kassenendbestandes

Mit dem Start des Experiments erhalten Sie 3.000 Gulden sowie 5 Aktien. Der Kassenbestand am Ende errechnet sich wie folgt:

Kassenbestand zum Start des Aktienmarkts (3.000 Gulden)

\+ erhaltene Dividenden
\+ Zinsen auf den Kassenbestand
\+ erhaltene Zahlungen aus dem Verkauf von Aktien
\- geleistete Zahlungen für den Kauf von Aktien
= Kassenbestand nach der letzten Handelsrunde

[Ihr Kassenbestand an Gulden wird am Ende des Experiments in „echte" Euro (EUR) umgerechnet. Dies stellt Ihre Vergütung für die Teilnahme an dem Experiment dar. Für 1.000 Gulden erhalten Sie 1 EUR (um die Auszahlung zu erleichtern, werden die Beträge auf ½ EUR oder ganze EUR abgerundet).

Beispiel: Haben Sie nach der letzten Handelsrunde insgesamt 5.600 Gulden auf Ihrem Konto, so erhalten Sie als Vergütung für Ihre Teilnahme an dem Experiment 5,50 EUR (5.600/1.000).]

Literaturverzeichnis

Ackert, L. F., Charupat, N., Church, B. K., Deaves, R. (2006): Margin, Short Selling, and Lotteries in Experimental Asset Markets. *Southern Economic Journal*, 73 (2), S. 419–436.

Ackert, L. F., Kluger, B. D., Qi, L. (2012): Irrationality and beliefs in a laboratory asset market: Is it me or is it you? *Journal of Economic Behavior & Organization*, 84 (1), S. 278–291.

Ackert, L.F., Church, B.K. (2001): The effects of subject pool and design experience on rationality in experimental asset markets. *Journal of Psychology and Financial Markets*, 2 (1), S. 6–28.

Agans, R. P., Shaffer, L. S. (1994): The Hindsight Bias: The Role of the Availability Heuristic and Perceived Risk. *Basic and Applied Social Psychology*, 15 (4), S. 439–449.

Akerlof, G. A. (1970): The Market for "Lemons": Quality Uncertainty and the Market Mechanism. *Quarterly Journal of Economics*, 84 (3), S. 488–500.

Albert, S., Duffy, J. (2012): Differences in risk aversion between young and older adults. *Neuroscience and Neuroeconomics*, 2012 (1), S. 3–9.

Alchian, A. A., Demsetz, H. (1973): The Property Right Paradigm. *Journal of Economic History*, 33 (1), S. 16–27.

Allemand, M., Zimprich, D., Hendriks, J. (2008): Age Differences in Five Personality Domains Across the Life Spain. *Developmental Psychology*, 44 (3), S. 758–770.

Allen, W. D., Evans, D. A. (2005): Bidding and Overconfidence in Experimental Financial Markets. *Journal of Behavioral Finance*, 6 (3), S. 108–120.

Allport, F. H., Allport, G. W. (1921): Personality traits: Their classification and measurement. *Journal of Abnormal Psychology and Social Psychology*, 16 (1), S. 6–40.

Allport, G. W. (1946): *Personality: A psychological interpretation*. Holt, New York.

Allport, G. W., Odbert, H. S. (1936): Trait-Names. A Psycho-lexical Study. *Psychological Monographs*, 47 (1), S. i–171.

Almlund, M., Duckworth, A. L., Heckman, J. J., Kautz, T. D. (2011): Personality Psychology and Economics. In Hanushek, E., Machin, S., Woessman, L. (Hrsg.): *Handbook of the Economics of Education*. North-Holland, Amsterdam, S. 1–181.

Altmann, S., Dohmen, T., Wibral, M. (2008): Do the Reciprocal Trust Less? *Economics Letters*, 99 (3), S. 454–457.

Amelang, M., Bartussek, D. (2001): *Differentielle Psychologie und Persönlichkeitsforschung.* 3. Aufl., Kohlhammer, Stuttgart.

Amemiya, T. (1984): Tobit models: A survey. *Journal of Econometrics*, 24 (1–2), S. 3–61.

Andrade, E. B., Ariely, D. (2009): The enduring impact of transient emotions on decision making. *Organizational Behavior and Human Decision Processes*, 109 (1), S. 1–8.

Andrade, E. B., Odean, T., Lin, S. (2016): Bubbling with Excitement: An Experiment. *Review of Finance*, 20 (2), S. 447–466.

Andresen, B. (1995): Risikobereitschaft (R) – der sechste Basisfaktor der Persönlichkeit: Konvergenz multivariater Studien und Konstruktexplikation. *Zeitschrift für Differentielle und Diagnostische Psychologie*, 16 (4), S. 210–236.

Anusic, I., Donnellan, M., Lucas, R. (2012): Cross-sectional age differences in personality: Evidence from nationally representative samples from Switzerland and the United States. *Journal of Research in Personality*, 46 (1), S. 116–120.

Arkes, H. R., Blumer, C. (1985): The Psychology of Sunk Cost. *Organizational Behavior and Human Decision Processes*, 35 (1), S. 124–140.

Aronson, E. (1994): *Sozialpsychologie. Menschliches Verhalten und gesellschaftlicher Einfluß.* 1. Aufl., Spektrum, Heidelberg.

Arrow, K. J. (1964): The Role of Securities in the Optimal Allocation of Risk-bearing. *Review of Economic Studies*, 31 (2), S. 91–96.

Arrow, K. J. (1971): *Essays in the theory of risk-bearing.* North-Holland, Amsterdam.

Asendorpf, J. B. (2015): Idiographische und nomothetische Ansätze in der Psychologie. *Zeitschrift für Psychologie (Journal of Psychology)*, 208 (1–2), S. 72–90.

Ashton, R. H., Kramer, S. S. (1980): Students as Surrogates in Behavioral Accounting Research: Some Evidence. *Journal of Accounting Research*, 18 (1), S. 1–15.

Asparouhova, E. N., Bossaerts, P. (2015): Experimental Finance. Presentation at the FMA Annual Meeting.

Babcock, L., Loewenstein, G. (1997): Explaining Bargaining Impasse: The Role of Self-Serving Biases. *Journal of Economic Perspectives*, 11 (1), S. 109–126.

Backhaus, K., Erichson, B., Weiber, R. (2015): *Fortgeschrittene Multivariate Analysemethoden.* 3. Aufl., Springer, Berlin u.a.

Baghestanian, S., Walker, T. B. (2015): Anchoring in Experimental Asset Markets. Working Paper, Indiana University, Bloomington.

Baker, H. K., Nofsinger, J. R. (2010): *Behavioral Finance: Investors, Corporations, and Markets*. Wiley, New York u.a.

Baker, M., Wurgler, J. (2007): Investor Sentiment in the Stock Market. *Journal of Economic Perspectives*, 21 (2), S. 129–152.

Bamberg, G., Coenenberg, A. G., Krapp, M. (2012): *Betriebswirtschaftliche Entscheidungslehre.* 15. Aufl., Vahlen, München.

Bank, M. (1998): *Gestaltung von Finanzierungsbeziehungen. Diversifikation und Liquidität als Aktionsparameter.* Gabler, Wiesbaden.

Barber, B. M., Lee, Y.-T., Liu, Y.-J., Odean, T. (2009): Just How Much Do Individual Investors Lose by Trading? *Review of Financial Studies*, 22 (2), S. 609–632.

Barber, B. M., Odean, T. (1999): The Courage of Misguided Convictions. *Financial Analysts Journal*, 55 (6), S. 41–55.

Barber, B. M., Odean, T. (2000): Trading Is Hazardous to Your Wealth: The Common Stock Investment Performance of Individual Investors. *Journal of Finance*, 55 (2), S. 773–806.

Barber, B. M., Odean, T. (2001): Boys will be boys: Gender, overconfidence, and common stock investment. *Quarterly Journal of Economics*, 116 (1), S. 261–292.

Barenbaum, N. B., Winter, D. G. (2008): History of Modern Personality Theory and Research. In: John, O. P., Robins, R. W., Pervin, L. A. (Hrsg.): *Handbook of Personality: Theory and Research*. 3. Aufl., Guilford, New York, S. 3–26.

Barmettler, F., Fehr, E., Zehnder, C. (2012): Big experimenter is watching you! Anonymity and prosocial behavior in the laboratory. *Games and Economic Behavior*, 75 (1), S. 17–34.

Barnea, A., Cronqvist, H., Siegel, S. (2010): Nature or nurture: What determines investor behavior? *Journal of Financial Economics*, 98 (3), S. 583–604.

Barsky, R. B., Juster, F. T., Kimball, M. S., Shapiro, M. D. (1997): Preference parameters and behavioral heterogeneity: An experimental approach in the health and retirement study. *Quarterly Journal of Economics*, 112 (2), S. 537–579.

Bastini, K., Kasperzak, R. (2013): Erkenntnisfortschritt in der Rechnungslegung durch experimentelle Forschung? – Diskussion methodischer Grundsatzfragen anhand der Entscheidungsnützlichkeit des Performance Reporting. *Schmalenbachs Zeitschrift für betriebswirtschaftliche Forschung (zfbf)*, 65 (7), S. 622–660.

Baucells, M., Villasis, A. (2010): Stability of risk preferences and the reflection effect of prospect theory. *Theory and Decision*, 68 (1), S. 193–211.

Baur, N. (2008): Das Ordinalskalenproblem. In: Baur, N., Fromm, S. (Hrsg.): *Datenanalyse mit SPSS für Fortgeschrittene. Ein Arbeitsbuch.* 2. Aufl., Verlag für Sozialwissenschaften, Wiesbaden, S. 279–289.

Becker, A., Deckers, T., Dohmen, T., Falk, A., Kosse, F. (2012): The Relationship between Economic Preferences and Psychological Personality Measures. IZA Discussion Paper No. 6470, Forschungsinstitut zur Zukunft der Arbeit, Bonn.

Beeler, J. D., Hunton, J. E. (1997): The Influence of Compensation Method and Disclosure Level on Information Search Strategy and Escalation of Commitment. *Journal of Behavioral Decision Making*, 10 (2), S. 77–91.

Benz, M., Meier, S. (2008): Do People Behave in Experiments as in the Field? – Evidence from Donations. *Experimental Economics*, 11 (3), S. 268–281.

Bernasek, A., Shwiff, S. (2001): Gender, Risk and Retirement. Journal of Economic Issues, 35 (2), S. 345–356.

Biais, B., Hilton, D., Mazurier, K., Pouget, S. (2005): Judgemental Overconfidence, Self-Monitoring, and Trading Performance in an Experimental Financial Market. *Review of Economic Studies*, 72 (2), S. 287–312.

Bibby, P. A., Ferguson, E. (2011): The ability to process emotional information predicts loss aversion. *Personality and Individual Differences*, 51 (3), S. 263–266.

Bienert, H. (1996): *Der Marktprozeß an Aktienbörsen.* Gabler, Wiesbaden.

Bitz, M. (1981): *Entscheidungstheorie.* Vahlen, München.

Bitz, M., Oehler, A. (1993): Überlegungen zu einer verhaltenswissenschaftlich fundierten Finanzmarktforschung (Teil I). *Kredit und Kapital*, 26 (3), S. 246–273.

Bitz, M., Stark, G. (2015): *Finanzdienstleistungen.* 9. Aufl., Oldenbourg, München.

Bless, H. (2000): Mood and the Use of General Knowledge Structures. In: Clore, G. L., Martin, L. L., (Hrsg.): *Theories of Mood and Cognition: A User's Guidebook.* Erlbaum, Mahwah, NJ u.a., S. 9–26.

Bloomfield, R., Anderson, A. (2010): Experimental Finance. In: Baker, H. K., Nofsinger, J. R. (Hrsg): *Behavioral Finance. Investors, Corporations, and Markets.* Wiley, New York u.a., S. 113–130.

Bolger, N. (1990): Coping as a Personality Process: A Prospective Study. *Journal of Personality and Social Psychology*, 59 (3), S. 525–537.

Bolton, G. E., Katok, E., Zwick, R. (1998): Dictator game giving: Rules of fairness versus acts of kindness. *International Journal of Game Theory*, 27 (2), S. 269–299.

Booth, A. L., Nolen, P. J. (2014): Can Risk-taking Preferences be Modified? Some Experimental Evidence. Working Paper No. 4751, Center for Economic Studies & Ifo Institute (CESifo), München.

Borghans, L., Duckworth, A. L., Heckman, J. J., Weel, B. t. (2008): The Economics and Psychology of Personality Traits. *Journal of Human Resources*, 43 (4), S. 972–1059.

Borghans, L., Golsteyn, B. H. H., Heckman, J. J., Meijers, H. (2009): Gender differences in risk aversion and ambiguity aversion. *Journal of the European Economic Association*, 7 (2–3), S. 649–658.

Borkenau, P. (1992): Implicit Personality Theory and the Five-Factor Model. *Journal of Personality*, 60 (2), S. 295–327.

Borkenau, P., Ostendorf, F. (1989): Untersuchungen zum Fünf-Faktoren-Modell der Persönlichkeit und seiner diagnostischen Erfassung. *Zeitschrift für Differentielle und Diagnostische Psychologie*, 10 (4), S. 239–251.

Borkenau, P., Ostendorf, F. (1993): *NEO-Fünf-Faktoren-Inventar (NEO-FFI) nach Costa und McCrae (Handanweisung).* Hogrefe, Göttingen u.a.

Breaban, A., Noussair, C. N. (2013): Emotional State and Market Behavior. Discussion Paper No. 2013-031, Center for Economic Research,Tilburg University, Tilburg.

Breaban, A., Noussair, C. N. (2014): Fundamental value trajectories and trader characteristics in an asset market experiment. Discussion Paper No. 2014-010, Center for Economic Research,Tilburg University, Tilburg.

Brockhaus, R. H. Sr. (1980): Risk Taking Propensity of Entrepreneurs. *Academy of Management Journal*, 23 (3), S. 509–520.

Bronner, R. (1993): Entscheidungsverhalten. In: Hauschildt, J., Grün, O. (Hrsg.): *Ergebnisse·empirischer betriebswirtschaftlicher Forschung. Zu einer Realtheorie der Unternehmung.* Schaeffer-Poeschel, Stuttgart, S. 713–745.

Brown, J. (1984): Effects of Induced Mood on Causal Attributions for Success and Failure. *Motivation and Emotion*, 8 (4), S. 343–353.

Brown, S., Taylor, K. (2011): Household Finances and the 'Big Five' Personality Traits. IZA Discussion Paper No. 6191, Forschungsinstitut zur Zukunft der Arbeit, Bonn.

Browne, M. W., Cudeck, R. (1993): Alternative Ways of Assessing Model Fit. In: Bollen, K. A., Long, J. S. (Hrsg.): *Testing Structural Equation Models.* Sage, Newbury Park, CA u.a., S. 136–162.

Burchell, B., Marsh, C. (1992): The effect of questionnaire length on survey response. *Quality & Quantity*, 26 (3), S. 233–244.

Burson, K. A., Larrick, R. P., Klayman, J. (2006): Skilled or unskilled, but still unaware of it: How perceptions of difficulty drive miscalibration in relative comparisons. *Journal of Personality and Social Psychology*, 90 (1), S. 60–77.

Busseri, M. A., Lefcourt, H. M., Kerton, R. R. (1998): Locus of Control for Consumer Outcomes: Predicting Consumer Behavior. *Journal of Applied Social Psychology*, 28 (12), S. 1067–1087.

Butler, S. A. (1986): Anchoring in the Judgmental Evaluation of Audit Samples. *Accounting Review*, 61 (1), S. 101–111.

Butterfield, E. C. (1964): Locus of control, test anxiety, reactions to frustration, and achievement attitudes. *Journal of Personality*, 32 (3), S. 355–370.

Byrne, B. M. (1989): *A primer of LISREL: Basic Applications and Programming for Confirmatory Factor Analytic Models.* Springer, Berlin u.a.

Byrne, B. M. (2010): *Structural Equation Modeling with AMOS. Basic Concepts, Applications, and Programming.* 2. Aufl., Routledge, London/New York.

Caginalp, G., Porter, D., Smith, V. (2001): Financial Bubbles: Excess Cash, Momentum, and Incomplete Information. *Journal of Psychology and Financial Markets*, 2 (2), S. 80–99.

Camerer, C. F. (1989): An Experimental Test of Several Generalized Utility Theories. *Journal of Risk and Uncertainty*, 2 (1), S. 61–104.

Camerer, C. F. (1995): Individual Decision Making. In: Kagel, J. H., Roth, A. E. (Hrsg.): *The Handbook of Experimental Economics.* Princeton University Press, Princeton, S. 587–703.

Camerer, C. F., Hogarth, R. M. (1999): The Effects of Financial Incentives in Experiments: A Review and Capital-Labor-Production Framework. *Journal of Risk and Uncertainty*, 19 (1–3), S. 7–42.

Camgoz, S. M., Karan, M. B., Ergeneli, A. (2011): Relationship between the big-five personality and the financial performance of fund managers. *Current Topics in Management*, 15, S. 137–152.

Cappelen, A. W., Nygaard, K., Sörensen, E. Ö., Tungodden, B. (2015): Social Preferences in the Lab: A Comparison of Students and a Representative Population. *Scandinavian Journal of Economics*, 117 (4), S. 1306–1326.

Cattell, R. B. (1943a): The description of personality. I. Foundations of trait measurement. *Psychological Review*, 50 (6), S. 559–594.

Cattell, R. B. (1943b): The description of personality: Basic traits resolved into clusters. *Journal of Abnormal and Social Psychology*, 38 (4), S. 476–506.

Cattell, R. B. (1946a): Personality structure and measurement. I. The operational determination of trait unities. *British Journal of Psychology*, 36 (2), S. 88–103.

Cattell, R. B. (1946b): Personality structure and measurement. II. The determination and utility of trait modality. *British Journal of Psychology*, 36 (3), S. 159–174.

Cattell, R. B. (1946c): *The Description and Measurement of Personality.* World Book, Oxford.

Cattell, R. B. (1947): Confirmation and clarification of primary personality factors. *Psychometrika*, 12 (3), S. 197–220.

Cattell, R. B. (1973): *Personality and mood by questionnaire. A handbook of interpretive theory, psychometrics and practical procedures.* Jossey-Bass, San Francisco, CA.

Cezanne, W., Mayer, A. (1998): Neue Institutionenökonomik – Ein Überblick. *Wirtschaftsstudium*, 27 (11), S. 1345–1353.

Charness, G., Fehr, E. (2015): From the lab to the real world. Laboratory experiments provide precise quantitative predictions of peer effects in the field. *Science*, 350 (6260), S. 512–513.

Chen, G., Kim, K. A., Nofsinger, J. R., Rui, O. M. (2007): Trading Performance, Disposition Effect, Overconfidence, Representativeness Bias, and Experience of Emerging Market Investors. *Journal of Behavioral Decision Making*, 20 (4), S. 425–451.

Cheung, F. M., Leung, K., Fan, R. M., Song, W.-Z., Zhang, J.-X., Zhang, J.-P.(1996): Development of the Chinese Personality Assessment Inventory. *Journal of Cross-Cultural Psychology*, 27 (2), S. 181–199.

Chin, W. W. (1998a): Issues and Opinion on Structural Equation Modeling. *Management Information Systems Quarterly*, 22 (1), S. 7–16.

Chin, W. W. (1998b): The partial least squares approach for structural equation modeling. In: Marcoulides, G. A. (Hrsg.): *Modern methods for business research.* Erlbaum, Mahwah, NJ u.a., S. 295–336.

Chou, K.-L., Lee, T. M. C., Ho, A. H. Y. (2007): Does Mood State Change Risk Taking Tendency in Older Adults? *Psychology and Aging*, 22 (2), S. 310–318.

Cloninger, R. (2000): A Practical Way to Diagnosis Personality Disorder: A Proposal. *Journal of Personality Disorders*, 14 (2), S. 99–108.

Coase, R. H. (1937): The Nature of the Firm. *Economica*, 4 (16), S. 386–405.

Coase, R. H. (1960): The Problem of Social Cost. *Journal of Law and Economics*, 3 (1), S. 1–44.

Coase, R. H. (1988): *The Firm, the Market, and the Law.* University of Chicago Press, Chicago.

Coates, J. M., Herbert, J. (2008): Endogenous steroids and financial risk taking on a London trading floor. *Proceedings of the National Academy of Sciences (PNAS)*, 105 (16), S. 6167–6172.

Cobb-Clark, D. A., Kassenboehmer, S. C., Sinning, M. G. (2013): Locus of Control and Savings. Ruhr Economic Paper No. 455., Bochum.

Cohen, M. X., Young, J., Baek, J. M., Kessler, C., Ranganath, C. (2005): Individual Differences in Extraversion and Dopamine Genetics Predict Neural Reward Responses. *Cognitive Brain Research*, 25 (3), S. 851–861.

Cohn, R. A., Lewellen, W. G., Lease, R. C., Schlarbaum, G. G. (1975): Individual Investor Risk Aversion and Investment Portfolio Composition. *Journal of Finance*, 30 (2), S. 605–620.

Collins, H. M. (1992): *Changing Order: Replication and Induction in Scientific Practice.* 2. Aufl., University of Chicago Press, Chicago u.a.

Cooper, D. J., Kagel, J. H., Lo, W., Gu, Q. L. (1999): Gaming against Managers in Incentive Systems: Experimental Results with Chinese Students and Chinese Managers. *American Economic Review*, 89 (4), S. 781–804.

Costa, P. T. Jr., McCrae, R. R. (1980): Influence of Extraversion and Neuroticism on Subjective Well-Being: Happy and Unhappy People. *Journal of Personality and Social Psychology*, 38 (4), S. 668–678.

Costa, P. T. Jr., McCrae, R. R. (1988): Personality in adulthood: A six-year longitudinal study of self-reports and spouse ratings on the NEO Personality Inventory. *Journal of Personality and Social Psychology*, 54 (5), S. 853–863.

Costa, P. T. Jr., McCrae, R. R. (1992a): *Revised NEO Personality Inventory (NEO PI-R) and NEO Five-Factor Inventory (NEO-FFI).* Psychological Assessment Resources, Odessa, FL.

Costa, P. T. Jr., McCrae, R. R. (1992b): Multiple uses for longitudinal personality data. European *Journal of Personality*, 6 (2), S. 85–102.

Costa, P. T. Jr., McCrae, R. R. (1992c): Four ways five factors are basic. *Personality and Individual Differences*, 13 (6), S. 653–665.

Costa, P. T. Jr., McCrae, R. R. (1994): Stability and change in personality from adolescence through adulthood. In: Halverson, C. F. Jr., Kohnstamm, G. A., Martin, R. P. (Hrsg.): *The developing structure of temperament and personality from infancy to adulthood.* Erlbaum, Hillsdale, NJ u.a., S. 139–150.

Craik, F. I. M. (1970): The Fate of Primary Memory Items in Free Recall. *Journal of Verbal Learning and Verbal Behavior*, 9 (2), S. 143–148.

Croson, R., Gneezy, U. (2009): Gender Differences in Preferences. *Journal of Economic Literature*, 47 (2), S. 448–474

Cyders, M. A., Smith, G. T. (2008): Clarifying the role of personality dispositions in risk for increased gambling behavior. *Personality and Individual Differences*, 45 (6), S. 503–508.

Dahlbom, L., Jakobsson, A., Jakobsson, N., Kotsadam, A. (2011): Gender and overconfidence: are girls really overconfident? *Applied Economics Letters*, 2011, 18 (4), S. 325–327.

Davey, J., George, C. (2011): Personality and Finance: The Effects of Personality on Financial Attitudes and Behaviour. *International Journal of Interdisciplinary Social Sciences*, 5 (9), S. 275–293.

De Bondt, W. F. M. (1993): Betting on trends: Intuitive forecasts of financial risk and return. *International Journal of Forecasting*, 9 (3), S. 355–371.

De Bondt, W. F. M. (2002): Bubble psychology. In: Hunter, W., Kaufman, G. (Hrsg.): *Asset Price Bubbles: Implications for Monetary, Regulatory, and International Policies.* MIT Press, Cambridge, MA, S. 205–216.

De Bondt, W. F. M., Muradoglu, Y. G., Shefrin, H., Staikouras, S. K. (2008): Behavioral finance: Quo vadis? *Journal of Applied Finance*, 18 (2), S. 7–21.

De Raad, B., Perugini, M., Hrebícková, M., Szarota, P. (1998): Lingua Franca of Personality: Taxonomies and Structures Based on the Psycholexical Approach. *Journal of Cross-Cultural Psychology*, 29 (1), S. 212–232.

Deaves, R., Lüders, E., Luo, G. Y. (2009): An Experimental Test of the Impact of Overconfidence and Gender on Trading Activity. *Review of Finance*, 13 (3), S. 555–575.

Deaves, R., Lüders, E., Schröder, M. (2010): The dynamics of overconfidence: Evidence from stock market forecasters. *Journal of Economic Behavior & Organization*, 75 (3), S. 402–412.

Debreu, G. (1959): *Theory of Value. An Axiomatic Analysis of Economic Equilibrium*. Yale University Press, New Haven/London.

Debreu, G. (1976): *Werttheorie: Eine axiomatische Analyse des ökonomischen Gleichgewichts.* Springer, Berlin u.a.

Deldin, P. J., Levin, I. P. (1986): The effect of mood induction in a risky decision-making task. *Bulletin of the Psychonomic Society*, 24 (1), S. 4–6.

Demsetz, H. (1964): The Exchange and Enforcement of Property Rights. *Journal of Law and Economics*, 7 (1), S. 11–26.

Deutsche Bundesbank (2015): Das Spar- und Anlageverhalten privater Haushalte in Deutschland vor dem Hintergrund des Niedrigzinsumfelds. Monatsbericht Oktober, S. 13–32.

Deutsche Bundesbank (2016): Vermögen und Finanzen privater Haushalte in Deutschland: Ergebnisse der Vermögensbefragung 2014. Monatsbericht Oktober, S. 61–86.

Digman, J. M. (1990): Personality structure: Emergence of the five-factor model. *Annual Review of Psychology*, 41 (1), S. 417–440.

Dittrich, D. A. V., Güth, W., Maciejovsky, B. (2005): Overconfidence in Investment Decisions: An Experimental Approach. *European Journal of Finance*, 11 (6), S. 471–491.

Dohmen, T., Falk, A., Huffman, D., Schupp, J., Sunde, U., Wagner, G. G. (2011): Individual Risk Attitudes: Measurement, Determinants, and Behavioral Consequences. *Journal of the European Economic Association*, 9 (3), S. 522–550.

Dohmen, T., Falk, A., Huffman, D., Sunde, U. (2010): Are Risk Aversion and Impatience Related to Cognitive Ability? *American Economic Review*, 100 (3), S. 1238–1260.

Dominitz, J., Manski, C. F. (2011): Measuring and Interpreting Expectations of Equity Returns. *Journal of Applied Econometrics*, 26 (3), S. 352–370.

Dorn, D., Huberman, G. (2005): Talk and Action: What Individual Investors Say and What They Do. *Review of Finance*, 9 (4), S. 437–481.

Duckworth, A. L., Weir, D. R. (2011): Personality and Response to the Financial Crisis. Michigan Retirement Research Center Research Paper No. WP 2011-260, University of Michigan, Ann Arbor.

Durand, R. B., Newby, R., Peggs, L., Siekierka, M. (2013a; zitiert als Durand et al. 2013a): Personality. *Journal of Behavioral Finance*, 14 (2), S. 116–133.

Durand, R. B., Newby, R., Sanghani, J. (2008): An Intimate Portrait of the Individual Investor. *Journal of Behavioral Finance*, 9 (4), S. 193–208.

Durand, R. B., Newby, R., Tant, K., Trepongkaruna, S. (2013b; zitiert als Durand et al. 2013a): Overconfidence, overreaction and personality. *Review of Behavioral Finance*, 5 (2), S. 104–133.

Eckel, C. C., Füllbrunn, S. C. (2015): Thar "SHE" Blows? Gender, Competition, and Bubbles in Experimental Asset Markets. *American Economic Review*, 105 (2), S. 906–920.

Eisenführ, F., Weber, M. (1999): *Rationales Entscheiden.* 3. Aufl., Springer, Berlin u.a.

Elkemali, V. B. T. (2014): Does uncertainty boost overconfidence? The case of financial analysts' forecasts. *Managerial Finance*, 40 (3), S. 300–324.

Endler, N.S., Magnusson, D. (1976): Toward an Interactional Psychology of Personality. *Psychological Bulletin*, 83 (5), S. 956–974.

Erlei, M., Leschke, M., Sauerland, D. (1999): *Neue Institutionenökonomik.* 1. Aufl., Schäffer-Poeschel, Stuttgart.

Eysenck, H. J. (1966): *Dimensions of Personality.* 6. Aufl., Routledge, London/New York.

Eysenck, H. J. (1967): *The biological basis of personality.* Thomas, Springfield, IL.

Eysenck, H. J. (1970): *The structure of human personality.* 3. Aufl., Methuen, London.

Eysenck, H. J. (1990): Biological Dimensions of Personality. In: Pervin, L. A. (Hrsg.): *Handbook of Personality: Theory and research.* Guilford, New York u.a., S. 244–276.

Eysenck, H. J. (1992a): The definition and measurement of psychoticism. *Personality and Individual Differences*, 13 (7), S. 757–785.

Eysenck, H. J. (1992b): Four ways five factors are not basic. *Personality and Individual Differences*, 13 (6), S. 667–673.

Eysenck, H. J. (1992c): A reply to Costa and McCrae. P or A and C – The role of theory. *Personality and Individual Differences*, 13 (8), S. 867–868.

Eysenck, H. J., Eysenck, M. W. (1985): *Personality and individual differences: A natural science approach.* Plenum Press, New York u.a.

Falk, A., Fehr, E. (2003): Why labour market experiments? *Labour Economics*, 10 (4), S. 399–406.

Falk, A., Meier, S., Zehnder, C. (2013): Do lab experiments misrepresent social preferences? The case of self-selected student samples. *Journal of the European Economic Association*, 11 (4), S. 839–852.

Fama, E. F. (1965): The Behavior of Stock-Market Prices. *Journal of Business*, 38 (1), S. 34–105.

Fama, E. F. (1970): Efficient Capital Markets: A Review of Theory and Empirical Work. *Journal of Finance*, 25 (2), S. 383–417.

Fama, E. F. (1980a): Agency Problems and the Theory of the Firm. *Journal of Political Economy*, 88 (2), S. 288–307.

Fama, E. F. (1980b): Banking in the Theory of Finance. *Journal of Monetary Economics*, 6 (1), S. 39–57.

Fama, E. F. (1991): Efficient Capital Markets: II. *Journal of Finance*, 46 (5), S. 1575–1617.

Fama, E. F. (1998): Market efficiency, long-term returns, and behavioral finance. *Journal of Financial Economics*, 49 (3), S. 283–306.

Fama, E. F., French, K. R. (2004): The Capital Asset Pricing Model: Theory and Evidence. *Journal of Economic Perspectives*, 18 (3), S. 25–46.

Fama, E. F., Jensen, M. C. (1983): Separation of Ownership and Control. *Journal of Law and Economics*, 26 (2), S. 301–325.

Fehr, E., List, J. A. (2004): The Hidden Costs and Returns of Incentives-Trust and Trustworthiness among CEOs. *Journal of the European Economic Association*, 2 (5), S. 743–771.

Fehr, E., Rangel, A. (2011): Neuroeconomic Foundations of Economic Choice—Recent Advances. *Journal of Economic Perspectives*, 25 (4), S. 3–30.

Fehr-Duda, H., Epper, T., Bruhin, A., Schubert, R. (2011): Risk and rationality: The effects of mood and decision rules on probability weighting. *Journal of Economic Behavior & Organization*, 78 (1–2), S. 14–24.

Fellner, G., Maciejovsky, B. (2007): Risk attitude and market behavior: Evidence from experimental asset markets. *Journal of Economic Psychology*, 28 (3), S. 338–350.

Felton, J., Gibson, B., Sanbonmatsu, D. M. (2003): Preference for Risk in Investing as a Function of Trait Optimism and Gender. *Journal of Behavioral Finance*, 4 (1), S. 33–40.

Festinger, L. (1978): *Theorie der kognitiven Dissonanz.* Huber, Bern.

Figlewski, S. (1982): Information Diversity and Market Behavior. *Journal of Finance*, 37 (1), S. 87–102.

Filbeck, G., Hatfield, P., Horvath, P. (2005): Risk Aversion and Personality Type. *Journal of Behavioral Finance*, 6 (4), S. 170–180.

Fischbacher, U. (2007): z–Tree: Zurich toolbox for ready–made economic experiments. *Experimental Economics*, 10 (2), S. 171–178.

Fischbacher, U., Bendrick, K., Schmid, S. (2015): z-Tree 3.5. Tutorial and Reference Manual. Abgerufen am 28.09.2016 unter: https://www.uzh.ch/cmsssl/ztree/en/support.html.

Fischhoff, B. (1975): Hindsight ≠ Foresight: The Effect of Outcome Knowledge on Judgment Under Uncertainty. *Journal of Experimental Psychology: Human Perception and Performance*, 1 (3), S. 288–299.

Fisher, K. L., Statman, M. (2002): Blowing Bubbles. *Journal of Psychology and Financial Markets*, 3 (1), S. 53–65.

Fiske, D. W. (1949): Consistency of the factorial structures of personality ratings from different sources. *Journal of Abnormal and Social Psychology*, 44 (3), S. 329–344.

Fisseni H.-J. (2003): *Persönlichkeitspsychologie. Ein Theorienüberblick.* 5. Aufl., Hogrefe, Göttingen u.a.

Floury, J. D., Manuck, S. B., Matthews, K. A., Muldoon, M. F. (2004): Serotonergic Function in the Central Nervous System is Associated with Daily Ratings of Positive Mood. *Journal of Psychiatric Research*, 129 (1), S. 11–19.

Foad, H. (2010): Familiarity Bias. In: Baker, H. K., Nofsinger, J. R. (Hrsg): *Behavioral Finance. Investors, Corporations, and Markets.* Wiley, New York u.a., S. 277–294.

Ford, J. K., MacCallum, R. C., Tait, M. (1986): The application of exploratory factor analysis in applied psychology: A critical review and analysis. *Personnel Psychology*, 39 (2), S. 291–314.

Forgas, J. P. (1995): Mood and Judgment: The Affect Infusion Model (AIM). *Psychological Bulletin*, 117 (1), S. 39–66.

Franke, G. (1983): Kapitalmarkt und Separation. *Journal of Business Economics*, 53 (3), S. 239–260.

Franke, G., Hax, H. (2009): *Finanzwirtschaft des Unternehmens und Kapitalmarkt.* 6. Aufl., Springer, Berlin u.a.

Frazzini, A. (2006): The Disposition Effect and Underreaction to News. *Journal of Finance*, 61 (4), S. 2017–2046.

Freixanet, G. M. (1991): Personality profile of subjects engaged in high physical risk sports. *Personality and Individual Differences*, 12 (10), S. 1087–1093.

Friedman, D., Cassar, A. (2003): Economists go to the laboratory: Who, what, when, and why. In: Friedman, D., Cassar, A. (Hrsg.): *Economics Lab. An intensive course in experimental economics.* Routledge, London/New York, S. 12–22.

Friedman, D., Sunder, S. (1994): *Experimental Methods. A Primer for Economists.* Cambridge University Press, Cambridge.

Friend, I., Blume, M. E. (1975): The Demand for Risky Assets. *American Economic Review*, 65 (5), S. 900–922.

Frino, A., Johnstone, D., Zheng, H. (2004): The propensity for local traders in futures markets to ride losses: Evidence of irrational or rational behavior? *Journal of Banking & Finance*, 28 (2), S. 353–372.

Frühwirth, M. (2013): Behavioral Finance als Ergänzung der Standard-Finanzierungstheorie. Empirische Ergebnisse zur Rationalität in der österreichischen Finanzwirtschaft. *BankArchiv*, 61 (10), S. 728–745.

Fulker, D. W. (1981): The Genetic and Environmental Architecture of Psychoticism, Extraversion and Neuroticism. In: Eysenck, H. J. (Hrsg.): *A Model for Personality*. Springer, Berlin u.a., S. 88–122.

Fuller, R. J. (1996): Amos Tversky, Behavioral Finance, and Nobel Prizes. *Financial Analysts Journa*l, 52 (4), S. 7–8.

Gambetti, E., Giusberti, F. (2012): The effect of anger and anxiety traits on investment decisions. *Journal of Economic Psychology*, 33 (6), S. 1059–1069.

Ganzach, Y. (2000): Judging Risk and Return of Financial Assets. *Organizational Behavior and Human Decision Processes*, 83 (2), S. 353–370.

Geen, R. G. (1984): Preferred stimulation levels in introverts and extraverts: Effects on arousal and performance. *Journal of Personality and Social Psychology*, 46 (6), S. 1303–1312.

Gervais, S., Odean, T. (2001): Learning to Be Overconfident. *Review of Financial Studies*, 14 (1), S. 1–27.

Glanzer, M., Cunitz, A. R. (1966): Two Storage Mechanisms in Free Recall. *Journal of Verbal Learning and Verbal Behavior*, 5 (4), S. 351–360.

Glaser, M., Langer, T., Reynders, J., Weber, M. (2007): Framing Effects in Stock Market Forecasts: The Difference Between Asking for Prices and Asking for Returns. *Review of Finance*, 11 (2), S. 325–357.

Glaser, M., Schmitz, P. (2007): Privatanleger am Optionsscheinmarkt. *Zeitschrift für Bankrecht und Bankwirtschaft (ZBB)*, 19 (3), S. 214–230.

Glaser, M., Weber, M. (2005): September 11 and Stock Return Expectations of Individual Investors. *Review of Finance*, 9 (2), S. 243–279.

Glaser, M., Weber, M. (2007): Overconfidence and trading volume. *Geneva Risk Insurance Review*, 32 (1), S. 1–36.

Glimcher, P. W., Camerer, C. F., Fehr, E., Poldrack, R. A. (2009): Introduction: A brief history of neuroeconomics. In: Glimcher, P. W., Camerer, C. F., Fehr, E., Poldrack, R. A. (Hrsg.): *Neuroeconomics. Decision Making and the Brain.* Academic Press, New York, S. 1–12.

Goetzmann, W. N., Kumar, A. (2008): Equity Portfolio Diversication. *Review of Finance*, 12 (3), S. 433–463.

Goldberg, L. R. (1981): Language and individual differences: The search for universals in personality lexicons. In: Wheeler, L. (Hrsg.): *Review of Personality and social psychology.* Vol. 2, Sage, Beverly Hills, CA u.a., S. 141–165.

Goldberg, L. R. (1990): An Alternative “Description of Personality”: The Big-Five Factor Structure. *Journal of Personality and Social Psychology*, 59 (6), S. 1216–1229.

Goldberg, L. R. (1993): The Structure of Phenotypic Personality Traits. *American Psychologist*, 48 (1), S. 26–34.

Goldberg, L. R. (1999): A broad-bandwith, public-domain, personality inventory measuring the lower-level facets of several Five-Factor models. In: Mervielde, I., Deary, I. J., De Fruyt, F., Ostendorf, F. (Hrsg.): *Personality Psychology in Europe*. Tilburg University Press, Tilburg, S. 7–28.

Goldfayn, O. (2016): Personality traits and financial decisions of the households. Working Paper, Goethe University Frankfurt, Frankfurt.

Gordon, M. E., Slade, L. A., Schmitt, N. (1986): The "Science of Sophomore" Revisited: from Conjecture to Empiricism. *Academy of Management Review*, 11 (1), S. 191–207.

Gosling, S. D., Rentfrow, P. J., Swann, W. B. Jr. (2003): A very brief measure of the Big-Five personality domains. *Journal of Research in Personality*, 37 (6), S. 504–528.

Grable, J. E., Roszkowski, M. J. (2008): The influence of mood on the willingness to take financial risks. *Journal of Risk Research*, 11 (7), S. 905–923.

Gray, J. A. (1981): A Critique of Eysenck's Theory of Personality. In: Eysenck H. J. (Hrsg.): *A model for personality*. Springer, Berlin u.a., S. 246–277.

Greenwood, R., Nagel, S. (2009): Inexperienced investors and bubbles. *Journal of Financial Economics*, 93 (2), S. 239–258.

Griffin, D., Tversky, A. (1992): The Weighing of Evidence and the Determinants of Confidence. *Cognitive Psychology*, 24 (3), S. 411–435.

Griffin, J. M., Harris, J. H., Shu, T., Topaloglu, S. (2011): Who Drove and Burst the Tech Bubble? *Journal of Finance*, 66 (4), S. 1251–1290.

Grinblatt, M., Keloharju, M. (2001): What Makes Investors Trade? *Journal of Finance*, 56 (2), S. 589–616.

Grinblatt, M., Keloharju, M. (2009): Sensation Seeking, Overconfidence, and Trading Activity. *Journal of Finance*, 64 (2), S. 549–578

Guala, F. (1999): The problem of external validity (or "parallelism") in experimental economics. *Social Science Information*, 38 (4), S. 555–573.

Guala, F. (2002): On the scope of experiments in economics: comments on Siakantaris. *Cambridge Journal of Economics*, 26 (2), S. 261–267.

Haddock, G., Maio, G. R. (2007): Einstellungen: Inhalt, Struktur und Funktionen. In: Jonas, K., Stroebe, W., Hewstone, M. (2007): *Sozialpsyhologie. Eine Einführung*. 5. Aufl., Springer, Berlin u.a., S. 187–224.

Hair, J. F. Jr., Black, W. C., Babin, B. J., Anderson, R. E. (2014): *Multivariate Data Analysis*. 7. Aufl., Pearson, Harlow.

Hargreaves-Heap, S. P., Zizzo, D. J. (2011): Emotions and Chat in a Financial Markets Experiment. CBESS and School of Economics, Working Paper, University of East Anglia, Norwich.

Hariharan, G., Chapman, K. S., Domian, D. L. (2000): Risk Tolerance and asset allocation for investors nearing retirement. *Financial Services Review*, 9 (2), S. 159–170.

Harlow, W. V., Brown, K. C. (1990): Understanding and Assessing Financial Risk Tolerance: A Biological Perspective. *Financial Analysts Journal*, 46 (6), S. 50–62+80.

Harrison, G. W., Johnson, E., McInnes, M. M., Rutström, E. E. (2005): Temporal stability of estimates of risk aversion. *Applied Financial Economic Letters*, 1 (1), S. 31–35.

Hartmann-Wendels, T., Pfingsten, A., Weber, M. (2015): *Bankbetriebslehre.* 6. Aufl., Springer, Berlin u.a.

Haruvy, E., Noussair, C. N. (2006): The Effect of Short Selling on Bubbles and Crashes in Experimental Spot Asset Markets. *Journal of Finance*, 61 (3), S. 1119–1157.

Hauschildt, J. (1977): *Entscheidungsziele. Zielbildung in innovativen Entscheidungsprozessen: Theoretische Ansätze und empirische Prüfung.* Mohr, Tübingen.

Hayes, N. (1995): Kognitive Prozesse – eine Einführung. In: Gerstenmaier, J. (Hrsg.) (1995): *Einführung in die Kognitionspsychologie.* Ernst Reinhardt, München, Basel, S. 11–40.

Heath, C., Tversky, A. (1991): Preference and Belief: Ambiguity and Competence in Choice under Uncertainty. *Journal of Risk and Uncertainty*, 4 (1), S. 5–28.

Heilmann, K. R., Läger, V., Oehler, A. (2000): Informationsaggregation, Insiderhandel und Liquidität in experimentellen Call Markets. *Zeitschrift für Bankrecht und Bankwirtschaft (ZBB)*, 12 (6), S. 361–371.

Helgeson, J. G., Ursic, M. L. (1994): The Role of Affective and Cognitive Decision-Making Processes During Questionnaire Completion. *Psychology & Marketing*, 11 (5), S. 493–510.

Hendriks, A. A. J., Hofstee, W. K. B., De Raad, B. (1999): The Five-Factor Personality Inventory (FFPI). *Personality and Individual Differences*, 27 (2), S. 307–325.

Herberger, T. (2013): *Finanzierungsstrategien für die eigene Aus- und Weiterbildung. Eine ökonomische Analyse für ein Hochschulstudium in Deutschland.* Duncker & Humblot, Berlin.

Herbst, D., Mas, A. (2015): Peer effects on worker output in the laboratory generalize to the field. *Science*, 350 (6260), S. 545–549.

Herrmann, T. (1991): *Lehrbuch der empirischen Persönlichkeitsforschung.* 6. Aufl., Hogrefe, Göttingen u.a.

Hertwig, R., Ortmann, A. (2001): Experimental practices in economics: A methodological challenge for psychologists? *Behavioral and Brain Science*, 24 (3), S. 383–451.

Herzog, A. R., Bachman, J. G. (1981): Effects of Questionnaire Length on Response Quality. *Public Opinion Quarterly*, 45 (4), S. 549–559.

Himme, A. (2009): Gütekriterien der Messung: Reliabilität, Validität und Generalisierbarkeit. In: Albers, S., Klapper, D., Konradt, U., Walter, A., Wolf, J. (Hrsg.): *Methodik der empirischen Forschung*. Gabler, Wiesbaden, S. 485–500.

Hirth, H. (2000): *Zur Theorie der Marktmikrostruktur*. Schäffer-Poeschel, Stuttgart.

Hockey, G. R. J., Maule, A. J., Clough, P. J., Bdzola, L. (2000): Effects of negative mood states on risk in everyday decision making. *Cognition and Emotion*, 14 (6), S. 823–855.

Hofacker, T. (1985): *Entscheidung als Informationsverarbeitung. Eine empirische Untersuchung zur Produktentscheidung von Konsumenten*. Lang, Frankfurt am Main.

Hoffmann, A. O. I., Post, T. (2013): How Return and Risk Experiences Shape Investor Beliefs and Preferences. Working Paper, DP 11/2012-044, Maastricht University, Maastricht.

Hofstee, W. K. B., Kiers, H. A. L., De Raad, B., Goldberg, L. R., Ostendorf, F. (1997): A Comparison of Big-Five Structures of Personality Traits in Dutch, English, and German. *European Journal of Personality*, 11 (1), S. 15–31.

Hogarth, R. M. (1981): Beyond Discrete Biases: Functional and Dysfunctional Aspects of Judgmental Heuristics. *Psychological Review*, 90 (2), S. 197–217.

Hummel, D. (1999): Neoinstitutionalismus in der Finanzierungs- und Bankentheorie – Entwicklungsaspekte und Anwendungsfelder der New Institutional Economics. In: Edeling, T., Jann, W., Wagner, D. (Hrsg.): *Institutionenökonomie und Neuer Institutionalismus*. Springer, Berlin u.a., S. 205–220.

Ippolito, R. A. (1989): Efficiency With Costly Information: A Study of Mutual Fund Performance, 1965-1984. *Quarterly Journal of Economics*, 104 (1), S. 1–23.

Isen, A. M. (2001): An Influence of Positive Affect on Decision Making in Complex Situations: Theoretical Issues With Practical Implications. *Journal of Consumer Psychology*, 11(2), S. 75–85.

Isen, A. M., Daubman, K. A. (1984): The influence of affect on categorization. *Journal of Personality and Social Psychology*, 47 (6), S. 1206–1217.

Isen, A. M., Geva, N. (1987): The Influence of Positive Affect on Acceptable Level of Risk: The Person with a Large Canoe Has a Large Worry. *Or-*

ganizational Behavior and Human Decision Processes, 39 (2), S. 145–154.

Isen, A. M., Patrick, R. (1983): The Effect of Positive Feelings on Risk Taking: When the Chips Are Down. *Organizational Behavior and Human Performance*, 31 (2), S. 194–202.

Jaccard, J. J., Wan, C. K. (1996): LISREL approaches to interaction effects in multiple regression. Series/Number 07-114, Sage, Thousand Oaks, CA u.a.

Jaffe, J. F. (1974): Special Information and Insider Trading. *Journal of Business*, 47 (3), S. 410–428.

Jensen, M. C., Meckling, W. H. (1976): Theory of the firm: Managerial behavior, agency costs and ownership structure. *Journal of Financial Economics*, 3 (4), S. 305–360.

Jia, J., Dyer, J. S., Butler, J. C. (1999): Measures of Perceived Risk. *Management Science*, 45 (4), S. 519–532.

Jianakoplos, N. A., Bernasek, A. (1998): Are women more risk averse? *Economic Inquiry*, 36 (4), S. 620–630.

John, O. P., Donahue, E. M., Kentle, R. L. (1991): The big five inventory – versions 4a and 5. Institute of Personality and Social Psychology, University of California, Berkeley, CA.

Johnson, E. J., Tversky, A. (1983): Affect, Generalization, and the Perception of Risk. *Journal of Personality and Social Psychology*, 45 (1), S. 20–31.

Joyce, E. J., Biddle, G. C. (1981): Anchoring and Adjustment in Probabilistic Inference in Auditing. *Journal of Accounting Research*, 19 (1), S. 120–145.

Jungermann, H., Pfister, H.-R., Fischer, K. (2010): *Die Psychologie der Entscheidung: Eine Einführung.* 3. Aufl., Spektrum, Heidelberg.

Kahneman, D. (1973): *Attention and effort.* Prentice-Hall, Englewood Cliffs, NJ u.a.

Kahneman, D. (2011): *Schnelles denken, langsames denken.* Siedler, München.

Kahneman, D., Knetsch, J. L., Thaler, R. H. (1990): Experimental Tests of the Endowment Effect and the Coase Theorem. *Journal of Political Economy*, 98 (6), S. 1325–1348.

Kahneman, D., Knetsch, J. L., Thaler, R. H. (1991): Anomalies. The Endowment Effect, Loss Aversion, and Status Quo Bias. *Journal of Economic Perspectives*, 5 (1), S. 193–206.

Kahneman, D., Tversky, A. (1972): Subjective Probability: A Judgment of Representativeness. *Cognitive Psychology*, 3 (3), S. 430–454.

Kahneman, D., Tversky, A. (1979): Prospect Theory: An Analysis of Decision under Risk. *Econometrica*, 47 (2), S. 263–291.

Kahneman, D., Tversky, A. (2000): Choices, Values, and Frames. In: Kahneman, D., Tversky, A. (Hrsg.): *Choices, Values, and Frames.* Cambridge University Press, Cambridge, S. 1–16.

Kaila, R. P. (2016): An Empirical Analysis of Stock Market Participation Intention among B-School Students Studying Finance. *International Business Management*, 10 (12), S. 2402–2405.

Kandasamy, N., Hardy, B., Page, L., Schaffner, M., Graggaber, J., Powlson, A. S., Fletcher, P. C., Gurnell, M., Coates, J. (2014): Cortisol shifts financial risk preferences. *Proceedings of the National Academy of Sciences (PNAS)*, 111 (9), S. 3608–3613.

Kasperzak, R. (1997): *Aktienkursbildung: Eine handlungstheoretisch fundierte „Erklärung des Prinzips".* Duncker & Humblot, Berlin.

Keefer, D. L., Bodily, S. E. (1983): Three-point approximations for continuous random variables. *Management Science*, 29 (5), S. 595–609.

Kennedy, J., Mitchell, T., Sefcik, S. E. (1998): Disclosure of Contingent Environmental Liabilities: Some Unintended Consequences? *Journal of Accounting Research*, 36 (2), S. 257–277.

Kenning, P., Plassmann, H. (2005): NeuroEconomics: An overview from an economic perspective. *Brain Research Bulletin*, (67) 5, S. 343–354.

King, R. R. (1991): Private Information Acquisition in Experimental Markets Prone to Bubble and Crash. *Journal of Financial Research*, 14 (3), S. 197–206.

King, R. R., Smith, V. L., Williams, A. W., Van Boening, M. V. (1993): The Robustness of Bubbles and Crashes in Experimental Stock Markets. In: Day, R. H., Chen, P. (Hrsg.): *Nonlinear Dynamics and Evolutionary Economics.* Oxford University Press, New York u.a., S. 183–200.

Kinney, W. R. Jr., Uecker, W. C. (1982): Mitigating the Consequences of Anchoring in Auditor Judgments. *Accounting Review*, 57 (1), S. 55–69.

Kirchgässner, G. (2008): *Homo oeconomicus. Das ökonomische Modell individuellen Verhaltens und seine Anwendung in den Wirtschafts- und Sozialwissenschaften.* 3. Aufl., Mohr Siebeck, Tübingen.

Kirchler, E., Macieijovsky, B. (2002): Simultaneous Over- and Underconfidence: Evidence from Experimental Asset Markets. *Journal of Risk and Uncertainty*, 25 (1), S. 65–85.

Kirsch, W. (1977): *Einführung in die Theorie der Entscheidungsprozesse. 2. Aufl. der Bände I bis III als Gesamtausgabe.* Gabler, Wiesbaden.

Klages, L. (1926): *The Science of Character (Translated 1932).* Allen & Unwin, London.

Klayman, J., Soll, J. B., González-Vallejo, C., Barlas, S. (1999): Overconfidence: It Depends on How, What, and Whom You Ask. *Organizational Behavior and Human Decision Processes*, 79 (3), S. 216–247.

Kleine, J., Wagner, N., Weller, T. (2015): Openness Endangers your Wealth: Noise Trading and the Big Five. Working Paper, Steinbeis University Berlin/Passau University, Berlin/Passau.

Kohlert, D., Oehler, A. (2009): Scheitern Finanzdienstleistungen am Verbraucher? – eine theoretische Analyse beschränkter Verbraucherrationalität im Kontext asymmetrischer Vertragsbeziehungen und Interessendivergenz. *DIW Vierteljahreshefte zur Wirtschaftsforschung*, 78, S. 81–95.

Koriat, A., Lichtenstein, S., Fischhoff, B. (1980): Reasons for Confidence. *Journal of Experimental Psychology: Human Learning and Memory*, 6 (2), S. 107–118.

Körner, A., Geyer, M., Brähler, E. (2002): Das NEO-Fünf-Faktoren Inventar (NEO-FFI). Validierung anhand einer deutschen Bevölkerungsstichprobe. *Diagnostica*, 48 (1), S. 19–27.

Kovaleva, A., Beierlein, C., Kemper, C. J., Rammstedt, B. (2012): Eine Kurzskala zur Messung von Kontrollüberzeugung: Die Skala Internale-Externale Kontrollüberzeugung-4 (IE-4). GESIS-Working Paper 2012/19, GESIS – Leibniz-Institut für Sozialwissenschaften, Mannheim.

Kowert, P. A., Hermann, M. G. (1997): Who Takes Risks? Daring and Caution in Foreign Policy Making. *Journal of Conflict Resolution*, 41 (5), S. 611–637.

Krahnen, J. P., Rieck, C., Theissen, E. (1997a): Messung individueller Risikoeinstellungen. Working Paper, Institut für Kapitalmarktforschung an der Universität Frankfurt, Frankfurt am Main.

Krahnen, J. P., Rieck, C., Theissen, E. (1997b): Inferring risk attitudes from certainty equivalents: Some lessons from an experimental study. *Journal of Economic Psychology*, 18 (5), S. 469–486.

Kroeber-Riel, W., Gröppel-Klein, A. (2013): *Konsumentenverhalten.* 10. Aufl., Vahlen, München.

Krohne, H. W., Egloff, B., Kohlmann, C.-W., Tausch, A. (1996): Untersuchung mit einer deutschen Version der „Positive and Negative Affect Schedule“ (PANAS). *Diagnostica*, 42 (2), S. 139–156.

Kumar, A. (2009): Hard-to-Value Stocks, Behavioral Biases, and Informed Trading. *Journal of Financial and Quantitative Analysis*, 44 (6), S. 1375–1401.

Kuß, A. (1987): *Information und Kaufentscheidung. Methoden und Ergebnisse empirischer Konsumentenforschung.* De Gruyter, Berlin/New York.

Kuß, A., Kleinaltenkamp, M. (2013): *Marketing-Einführung. Grundlagen – Überblick – Beispiele.* 6. Aufl., Springer, Berlin u.a.

Lahav, Y., Meer, S. (2012): The Effect of Induced Mood on Prices in Asset Markets – Experimental Evidence. Working Paper, Ben-Gurion University of the Negev, Beer Scheva.

Langer, E. J. (1975): The Illusion of control. *Journal of Personality and Social Psychology*, 32 (2), S. 311–328.

Larrick, R. P., Burson, K. A., Soll, J. B. (2007): Social comparison and confidence: When thinking you're better than average predicts overconfidence (and when it does not). *Organizational Behavior and Human Decision Processes*, 102 (1), S. 76–94.

Larsen, R. J., Ketelaar, T. (1989): Extraversion, neuroticism and susceptibility to positive and negative mood induction procedures. *Personality and Individual Differences*, 10 (2), S. 1221–1228.

Lauriola, M., Levin, I. P. (2001): Personality traits and risky decision-making in a controlled experimental task: an exploratory study. *Personality and Individual Differences*, 31 (2), S. 215–226.

Laux, H., Gillenkirch, R., Schenk-Mathes, H. Y. (2012): *Entscheidungstheorie.* 8. Aufl., Springer, Berlin u.a.

Laux, L. (2008): *Persönlichkeitspsychologie.* Band 11, 2. Aufl., Kohlhammer, Stuttgart.

Lawrence, M., O'Connor, M. (1993): Scale, Variability, and the Calibration of Judgmental Prediction Intervals. *Organizational Behavior and Human Decision Processes*, 56 (3), S. 441–458.

Lei, V., Noussair, C. N., Plott, C. R. (2001): Nonspeculative Bubbles in Experimental Asset Markets: Lack of Common Knowledge of Rationality vs. Actual Irrationality. *Econometrica*, 69 (4), S. 831–859.

Leith, K. P., Baumeister, R. F. (1996): Why Do Bad Moods Increase Self-Defeating Behavior? Emotion, Risk Taking, and Self-Regulation. *Journal of Personality and Social Psychology*, 71 (6), S. 1250–1267.

Levin, I. P., Schneider, S. L., Gaeth, G. J. (1998): All Frames Are Not Created Equal: A Typology and Critical Analysis of Framing Effects. *Organizational Behavior and Human Decision Processes*, 76 (2), S. 149–188.

Levitt, S. D., List, J. A. (2007): What Do Laboratory Experiments Measuring Social Preferences Reveal About the Real World? *Journal of Economic Perspectives*, 21(2), S. 153–174.

Levitt, S. D., List, J. A. (2008): Homo economicus Evolves. *Science*, 319 (5865), S. 909–910.

Libby, R., Bloomfield, R., Nelson, M. W. (2002): Experimental research in financial accounting. *Accounting, Organizations and Society*, 27 (8), S. 775–810.

Lichtenstein, S., Fischhoff, B. (1977): Do Those Who Know More Also Know More about How Much They Know? *Organizational Behavior and Human Performance*, 20 (2), S. 159–183.

Lichtenstein, S., Fischhoff, B., Phillips, L. D. (1982): Calibration of probabilities: The state of the art to 1980. In: Kahneman, D., Slovic, P., Tversky,

A. (Hrsg.): *Judgement under uncertainty: Heuristics and biases.* Cambridge University Press, Cambridge u.a., S. 306–334.

Lintner, J. (1965): The Valuation of Risk Assets and the Selection of Risky Investments in Stock Portfolios and Capital Budgets. *Review of Economics and Statistics*, 47 (1), S. 13–37.

List, J. A. (2003): Does Market Experience Eliminate Market Anomalies? *Quarterly Journal of Economics*, 118 (1), S. 41–71.

Liyanarachchi, G. A. (2007): Feasibility of using student subjects in accounting experiments: a review. *Pacific Accounting Review*, 19 (1), S. 47–67.

Lo, A. W., Repin, D. V., Steenbarger, B. N. (2005): Fear and Greed in Financial Markets: A Clinical Study of Day-Traders. *American Economic Association*, 95 (2), S. 352–359.

Locke, P. R., Mann, S. C. (2005): Professional trader discipline and trade disposition. *Journal of Financial Economics*, 76 (2), S. 401–444.

Locke, P. R., Onayev, Z. (2005): Trade Duration: Information and Trade Disposition. *Financial Review*, 40 (1), S. 113–129.

Loewenstein, G. F. (1999): Experimental economics from the vantage-point of behavioural economics. *Economic Journal*, 109 (453), S. F25–F34.

Loewenstein, G. F., Hsee, C. K., Weber, E. U., Welch, N. (2001): Risks as Feelings. *Psychological Bulletin*, 127 (2), S. 267–286.

Lommen, M. J. J., Engelhard, I. M., Van den Hout, M. A. (2010): Neuroticism and avoidance of ambiguous stimuli: Better safe than sorry? *Personality and Individual Differences*, 49 (8), S. 1001–1006.

Maas, P., Weibler, J. (1990): Wahrnehmungs- und Informationsverarbeitungsprozesse an der Börse. In: Maas, P. Weibler, J. (Hrsg.): *Börse und Psychologie – Plädoyer für eine neue Perspektive.* Deutscher Instituts-Verlag, Köln, S. 72–101.

Markowitz, H. M. (1952): Portfolio Selection. *Journal of Finance*, 7 (1), S. 77–91.

Markowitz, H. M. (1959): *Portfolio Selection: Efficient Diversification of Investments.* Wiley, New York u.a.

Markus, H., Nurius, P. (1986): Possible Selves. *American Psychologist*, 41 (9), S. 954–969.

Martiensen, J. (2000): *Institutionenökonomik.* Vahlen, München.

Mayer (2013): *Interview und schriftliche Befragung. Grundlagen und Methoden empirischer Sozialforschung.* 6. Aufl., Oldenbourg, München.

Mayfield, C., Perdue, G., Wooten, K. (2008): Investment management and personality type. *Financial Services Review*, 17 (3), S. 219–236.

McAdams, D. P. (1992): The Five-Factor Model In Personality: A Critical Appraisal. *Journal of Personality*, 60 (2), S. 329–361.

McCrae, R. R., Costa, P. T. Jr. (1985): Comparison of EPI and Psychoticism Scales with Measures of the Five-Factor Model of Personality. *Personality and Individual Differences*, 6 (5), S. 587–597.

McCrae, R. R., Costa, P. T. Jr. (1987): Validation of the Five-Factor Model of Personality Across Instruments and Observers. *Journal of Personality and Social Psychology*, 52 (1), S. 81–90.

McCrae, R. R., Costa, P. T. Jr. (1991): Adding Liebe und Arbeit: The Full Five-Factor Model and Well-Being. *Personality and Social Psychology Bulletin*, 17 (2), S. 227–232.

McCrae, R. R., Costa, P. T. Jr. (1996): Toward a new generation of personality theories: theoretical contexts for the Five-Factor Model. In: Wiggins, J. S. (Hrsg.): *The Five-Factor Model of personality: Theoretical perspectives.* Guilford, New York, S. 51–87.

McCrae, R. R., Costa, P. T. Jr. (2003): *Personality in Adulthood: A Five-Factor Theory Perspective.* 2. Aufl., Guilford, New York.

McCrae, R. R., Costa, P. T. Jr. (2008): The Five-Factor Theory of Personality. In: John, O. P., Robins, R. W., Pervin, L. A. (Hrsg.): *Handbook of Personality: Theory and Research.* 3. Aufl., Guilford, New York, S. 159–181.

McCrae, R. R., Costa, P. T. Jr., De Lima, M. P., Simões, A., Ostendorf, F., Angleitner, A., Marusić, I., Bratko, D., Caprara, G. V., Barbaranelli, C., Chae, J.-H., Piedmont, R. L. (1999): Age Differences in Personality Across the Adult Life Span: Parallels in Five Cultures. *Developmental Psychology*, 35 (2), S. 466–477.

McInish, T. H. (1980): A Game-Simulation of Stock Market Behavior: An Extension. *Simulations and Games*, 11 (4), S. 477–484.

McInish, T. H. (1982): Individual Investors and Risk-Taking. *Journal of Economic Psychology*, 2 (2), S. 125–136.

Merkle, C. (2007): Emotion and Finance – An Interdisciplinary Approach to the Impact of Emotions on Financial Decision Making. Working Paper, University of Mannheim, Graduate School of Economic and Social Sciences (GESS), Mannheim.

Merkle, C. (2011): Financial Overconfidence Over Time – Foresight, Hindsight, and Insight of Investors. Working Paper, University of Mannheim, Department of Banking and Finance and GESS, Mannheim.

Merkle, C., Weber, M. (2011): True overconfidence: The inability of rational information processing to account for apparent overconfidence. *Organizational Behavior and Human Decision Processes*, 116 (2), S. 262–271.

Merton, R. C. (1987): On the Current State of Stock Market Rationality Hypothesis. In: Rüdiger, D., Fischer, S., Bassons, J. (Hrsg.): *Macroeconomics and Finance.* Cambridge, S. 93–129.

Meyer, G. J., Shack, J. R. (1989): Structural Convergence of Mood and Personality: Evidence for Old and New Directions. *Journal of Personality and Social Psychology*, 57 (4), S. 691–706.

Michailova, J., Schmidt, U. (2016): Overconfidence and Bubbles in Experimental Asset markets. *Journal of Behavioral Finance*, 17 (3), S. 280–292.

Miller, G. A. (1956): The magical number seven, plus or minus two: some limits on our capacity for processing information. *Psychological Review*, 63 (2), S. 81–97.

Mischel, W. (1968): *Personality and assessment.* Wiley, New York u.a.

Mischel, W., Shoda, Y. (1995): A Cognitive–Affective System Theory of Personality: Reconceptualizing Situations, Dispositions, Dynamics, and Invariance in Personality Structure. *Psychological Review*, 102 (2), S. 246–268.

Mittal, V., Ross, W. T. Jr. (1998): The Impact of Positive and Negative Affect and Issue Framing on Issue Interpretation and Risk Taking. *Organizational Behavior and Human Decision Processes*, 76 (3), S. 298–324.

Modigliani, F., Miller, M. H. (1958): The Cost of Capital, Corporation Finance and the Theory of Investment. *American Economic Review*, 48 (3), S. 261–297.

Moore, D. A., Healy, P. J. (2008): The Trouble With Overconfidence. *Psychological Review*, 115 (2), S. 502–517.

Morin, R.-A., Suarez, A. F. (1983): Risk Aversion Revisited. *Journal of Finance*, 38 (4), S. 1201–1216.

Morris, L. W. Carden, R. L. (1981): Relationship between Locus of Control and Extraversion-Introversion in Predicting Academic Behavior. Psychological Reports, 48 (3), S. 799–806.

Mossin, J. (1966): Equilibrium in a Capital Asset Market. *Econometrica*, 34 (4), S. 768–783.

Mullainathan, S., Thaler, R. H. (2001): Behavioral Economics. In: Smelser, N. J. (Hrsg.): *International Encyclopedia of the Social & Behavioral Sciences*. Pergamon Press, Amsterdam u.a., S. 1094–1100

Myers, I. B., McCaulley, M. H., Quenk, N. L., Hammer, A. L. (1998): *MBTI Manual: A Guide to the Development and Use of the Myers-Briggs Type Indicator.* 3. Aufl., Consulting Psychologists Press, Palo Alto.

Nicholson, N., Soane, E., Fenton-O'Creevy, M., Willman, P. (2005): Personality and domain-specific risk taking. *Journal of Risk Research*, 8 (2), S. 157–176.

Niederle, M., Vesterlund, L. (2007): Do women shy away from competition? Do men compete too much? *Quarterly Journal of Economics*, 122 (3), S. 1067–1101.

Niszczota, P. (2014): Neuroticism, uncertainty, and foreign investment. Working Paper, Poznań University of Economics, Poznań.

Noguchi, K., Gohm, C. L., Dalsky, D. J. (2006): Cognitive tendencies of focusing on positive and negative information. *Journal of Research in Personality*, 40 (6), S. 891–910.

Norman, W. T. (1963): Toward an adequate taxonomy of personality attributes. Replicated factor structure in peer nomination personality ratings. *Journal of Abnormal and Social Psychology*, 66 (6), S. 574–583.

Nosić, A., Weber, M. (2010): How Riskily Do I Invest? The Role of Risk Attitudes, Risk Perceptions, and Overconfidence. *Decision Analysis*, 7 (3), S. 282–301.

Noussair, C. N., Robin, S., Ruffieux, B. (2001): Price Bubbles in Laboratory Asset Markets with Constant Fundamental Values. *Experimental Economics*, 4 (1), S. 87–105.

Nygren, T. E., Isen, A. M., Taylor, P. J., Dulin, J. (1996): The Influence of Positive Affect on the Decision Rule in Risk Situations: Focus on Outcome (and Especially Avoidance of Loss) Rather Than Probability. *Organizational Behavior and Human Decision Processes*, 66 (1), S. 59–72.

Odean, T. (1998a): Are Investors Reluctant to Realize Their Losses? *Journal of Finance*, 53 (5), S. 1775–1798.

Odean, T. (1998b): Volume, Volatility, Price, and Profit When All Traders Are above Average. *Journal of Finance*, 53 (6), S. 1887–1934.

Odean, T. (1999): Do Investors Trade Too Much? *American Economic Review*, 89 (5), S. 1279–1298.

Oechssler, J., Schmidt, C., Schnedler, W. (2011): On the ingredients for bubble formation: Informed traders and communication. *Journal of Economic Dynamics & Control*, 35 (11), S. 1831–1851.

Oehler, A. (1991): „Anomalien" im Anlegerverhalten. *Die Bank*, 11, S. 600–607.

Oehler, A. (1992): „Anomalien", „Irrationalitäten" oder „Biases" der Erwartungsnutzentheorie und ihre Relevanz für Finanzmärkte. *Zeitschrift für Bankrecht und Bankwirtschaft (ZBB)*, 4, S. 97–124.

Oehler, A. (1994): Verhaltensmuster individueller Anleger – eine experimentelle Studie. *Schmalenbachs Zeitschrift für betriebswirtschaftliche Forschung (zfbf)*, 46 (11), S. 939–958.

Oehler, A. (1995): *Die Erklärung des Verhaltens privater Anleger. Theoretischer Ansatz und empirische Analysen.* Betriebswirtschaftliche Abhandlungen, Neue Folge Band 100, Schäffer-Poeschel, Stuttgart.

Oehler, A. (1998a): Analyse des Verhaltens privater Anleger. In: Kleeberg, J., Rehkugler, H. (Hrsg.): *Handbuch Portfoliomanagement.* Uhlenbruch, Bad Soden/Ts., S. 71–110.

Oehler, A. (1998b): Do mutual funds specializing in German stocks herd? Finanzmarkt und Portfolio Management, 12 (4), S. 452–465.

Oehler, A. (1998c): Abnehmende oder zunehmende relative Risikoaversion? *Zeitschrift für Bankrecht und Bankwirtschaft (ZBB)*, 10 (4), S. 230–236.

Oehler, A. (2000a): Behavioral Finance – Mode oder mehr? *Die Bank*,10, S. 718–724.

Oehler, A. (2000b): Behavioral Finance – Theoretische, empirische und experimentelle Befunde unter Marktrelevanz. *BankArchiv*, 48 (11), S. 978–989.

Oehler, A. (2000c): Wertpapierbörsen im Wettbewerb – eine ökonomische Analyse. *Sparkasse*,117 (8), S. 351–357.

Oehler, A. (2001): XETRA. In: Bühner, R. (Hrsg.): *Management-Lexikon*. Oldenbourg, München, S. 889–890.

Oehler, A. (2002): Behavioral Finance, verhaltenswissenschaftliche Finanzmarktforschung und Portfoliomanagement. In: Kleeberg, J., Rehkugler, H. (Hrsg.): *Handbuch Portfoliomanagement*. 2. Aufl., Uhlenbruch, Bad Soden/Ts., S. 843–870.

Oehler, A. (2004): Anlegerschutz in einem markt- und intermediärbasierten System – Eine Analyse im Lichte der Neuen Institutionenökonomik, der Theorie der Finanzintermediation und der Behavioral Economics & Finance. BAFIFO – Bank- und Finanzwirtschaftliche Forschung, Nr. 28, Diskussionsbeiträge des Lehrstuhls für BWL, insbes. Finanzwirtschaft, Universität Bamberg, Bamberg.

Oehler, A. (2005a): Funktion von Banken und anderer Finanzintermediäre bei zunehmender internationaler Finanzmarktintegration unter der Perspektive ihrer gesellschaftlichen und nationalstaatlichen Bedeutung – Corporate Governance & Control in markt- und intermediärbasierten Finanzsystemen im Kontext von Personal- und Kapitalverflechtungen. In: Heidenreich, M., Micklitz, H.-W., Oehler, A., Rattinger, A., Schwarze, J. (Hrsg.): *Europa nach der Osterweiterung, Europaforschung an der Universität Bamberg*. Kadmos, Berlin, S. 212–223.

Oehler, A. (2005b): Verbraucherinformation als Motor des Qualitätswettbewerbs. In: Verbraucherzentrale Bundesverband (Hrsg.): *Wirtschaftsfaktor Verbraucherinformation – Die Bedeutung von Information für funktionierende Märkte*. BWV, Berlin, S. 28–50.

Oehler, A. (2005c): Die Wahrnehmung und Gestaltung von Handlungspositionen in öffentlich-rechtlichen Alterssicherungssystemen aus Sicht der Nachfrager. In: Heidenreich, M., Micklitz, H.-W., Oehler, A., Rattinger, A., Schwarze, J. (Hrsg.): *Europa nach der Osterweiterung, Europaforschung an der Universität Bamberg*. Kadmos, Berlin. S. 195–211.

Oehler, A. (2006a): Banken- und externes Rating der Unternehmernachfolge: Nur ein weiterer Ratingansatz in der Praxis der Finanzwirtschaft. In: Achleitner, A.-K., Everling, O., Klemm, S. (Hrsg.): *Nachfolgerating: Rating als Chance für die Unternehmensnachfolge.* Gabler, Wiesbaden, S. 297–312.

Oehler, A. (2006b): Zur ganzheitlichen Konzeption des Verbraucherschutzes – eine ökonomische Perspektive. *Verbraucher und Recht*, 21 (8), S. 294–300.

Oehler, A. (2006c): Zur Makrostruktur von Finanzmärkten – Börsen als Finanzintermediäre im Wettbewerb. In: Kürsten, W., Nietert, B. (Hrsg.): *Kapitalmarkt, Unternehmensfinanzierung und rationale Entscheidungen.* Springer, Berlin u.a., S. 75–91.

Oehler, A. (2011a): Behavioral Economics und Verbraucherpolitik: Grundsätzliche Überlegungen und Praxisbeispiele aus dem Bereich Verbraucherfinanzen. *BankArchiv*, 59, S. 707–727.

Oehler, A. (2013): Mindeststandards sozial-ökologischer Geldanlagen. Studie zur Erarbeitung eines Anforderungskatalogs, im Auftrag der Zeppelin Universität – Forschungszentrum Verbraucher, Markt und Politik, CCMP und des MLR Ministerium für Ländlichen Raum und Verbraucherschutz Baden Württemberg, Bamberg/Stuttgart.

Oehler, A. (2014): Überlegungen zu einem Mindeststandard für sozial-ökologische Geldanlagen (SÖG). *JVL Journal für Verbraucherschutz und Lebensmittelsicherheit*, 9 (3), S. 251–255.

Oehler, A. (2016a): Digitale Welt und Finanzen. Zahlungsdienste und Finanzberatung unter einer Digitalen Agenda. Veröffentlichungen des Sachverständigenrats für Verbraucherfragen, Berlin.

Oehler, A. (2016b): Digitale Welt und Finanzen. Ergebnisse und Handlungsempfehlungen. Veröffentlichungen des Sachverständigenrats für Verbraucherfragen, Berlin.

Oehler, A., Chao, G. G.-C. (2000): Institutional herding in bond markets. Working Paper, BAFIFO – Bank- und Finanzwirtschaftliche Forschung, Nr. 13, Diskussionsbeiträge des Lehrstuhls für BWL, insbes. Finanzwirtschaft, Universität Bamberg, Bamberg.

Oehler, A., Egner, T., Wendt, S. (2015): Tax Literacy: Mehr Transparenz und Verständlichkeit bei der steuerlichen Angabe der Kosten für das eigene Studium? Eine empirische Analyse. Working Paper, Universität Bamberg, Bamberg.

Oehler, A., Heilmann, K. R., Läger, V., Oberländer, M. (2003): Coexistence of disposition investors and momentum traders in stock markets: Experimental evidence. *Journal of International Financial Markets, Institutions & Money*, 13 (5), S. 503–524.

Oehler, A., Höfer, A., Schalkowski, H. (2015): Entrepreneurial Education and Knowledge: Empirical Evidence on a Sample of German Undergraduate Students. *Journal of Technology Transfer*, 40 (3), S. 536–557.

Oehler, A., Horn, M. (2016): Does Households' Wealth Predict the Efficiency of their Asset Mix? Working Paper, Universität Bamberg, Bamberg.

Oehler, A., Horn, M., Wendt, S. (2016a): Was taugt die Finanzberatung durch Robo-Advisors wirklich? *Der Neue Finanzberater*, 2, S. 28–29.

Oehler, A., Horn, M., Wendt, S. (2016b): Nicht-professionelle Investoren in der digitalen Welt. *Wirtschaftsdienst*, 96 (9), S. 640–644.

Oehler, A., Kohlert, D. (2008): Guter Rat macht hilflos: Zur Qualität der Anlageberatung in Deutschland. In: Brost, H., Neske, R., Wrabetz, W. (Hrsg.): *Vertriebssteuerung in der Finanzdienstleistungsindustrie.* Frankfurt School Verlag, Frankfurt am Main, S. 63–100.

Oehler, A., Kohlert, D., Jungermann, H. (2009): Zur Qualität der Finanzberatung von Privatanlegern: Probleme des Beratungsprozesses und Lösungsansätze. Stellungnahme des wissenschaftlichen Beirats für Verbraucher- und Ernährungspolitik beim BMELV.

Oehler, A., Reisch, L. (2008): Behavioral Economics – eine neue Grundlage für die Verbraucherpolitik? Studie im Auftrag des vzbv, Berlin.

Oehler, A., Rummer, M., Walker, T. J., Wendt, S. (2007): Are investors home biased? Evidence from Germany. In: Gregoriou, G. N. (Hrsg.): *Diversification and Portfolio Management of Mutual Funds.* Palgrave MacMillan, Houndmills, S. 55–77.

Oehler, A., Rummer, M., Wendt, S. (2008): Portfolio Selection of German Investors: On the Causes of Home-Biased Investment Decisions. *Journal of Behavioral Finance*, 9 (3), S. 149–162.

Oehler, A., Schalkowski, H., Wedlich, F. (2015): Der Pre-M&A-Prozess: Kann die Ausgestaltung der Corporate Governance zu einer wirksamen Einschränkung von Overconfidence beitragen? In: Wollersheim, J., Welpe, I. (Hrsg.): *Forum Mergers & Acquisitions 2014. Beiträge aus rechts- und wirtschaftswissenschaftlicher Sicht.* Springer, Berlin u.a., S. 403–419.

Oehler, A., Unser, M. (2002): *Finanzwirtschaftliches Risikomanagement.* 2. Aufl., Springer, Berlin u.a.

Oehler, A., Voit, M. (1999): Informationsökonomische Aspekte des Bond-Rating. *BankArchiv*, 47 (12), S. 968–974.

Oehler, A., Wedlich, F. (2016): Influence of Extraversion and Neuroticism on Risk Attitude, Risk Perception and Return Expectations. Working Paper, Universität Bamberg, Bamberg.

Oehler, A., Wedlich, F., Wendt, S., Horn, M. (2016b; zitiert als Oehler et al. 2016b): Does personality drive price bubbles? Working Paper, Universität Bamberg, Bamberg.

Oehler, A., Wendt, S. (2008): Herdenverhalten in der Fonds-Industrie? In: Oehler, A., Terstege, U. (Hrsg.): *Finanzierung, Investition und Entscheidung. Einzelwirtschaftliche Analysen zur Bank- und Finanzwirtschaft, Festschrift für Michael Bitz.* Springer, Berlin u.a., S. 64–83.

Oehler, A., Wendt, S. (2009): Herding behavior of mutual fund managers in Germany. Working Paper, Universität Bamberg, Bamberg.

Oehler, A., Wendt, S. (2016): Wirtschaftsethik praktisch: Mindeststandards für sozial-ökologische Geldanlagen (SÖG)? In: Eckert, S., Trautnitz, G. (Hrsg.): *Internationales Management und die Grundlagen des globalisierten Kapitalismus*. Springer, Berlin u.a., S. 395–439.

Oehler, A., Wendt, S., Horn, M. (2015): Are Investors Really Home-Biased when Investing at Home? *Research in International Business and Finance*, 40, S. 52–60.

Oehler, A., Wendt, S., Wedlich, F., Horn, M. (2016a; zitiert als Oehler et al. 2016a): Investors' Personality Influences Investment Decisions: Experimental Evidence on Extraversion and Neuroticism. *Journal of Behavioral Finance (forthcoming)*.

O'Hara, M. (1996): *Market Microstructure Theory*. Blackwell, Cambridge, Mass. u.a.

Olsen, R. A (1998): Behavioral Finance and Its Implications for Stock-Price Volatility. *Financial Analysts Journal*, 54 (2), S. 10–18.

Opper, S. (2001): Der Stand der Neuen Institutionenökonomik. *Wirtschaftsdienst Zeitschrift für Wirtschaftspolitik*, 81 (10), S. 601–608.

Ostendorf, F. (1990): *Sprache und Persönlichkeitsstruktur*. Roderer, Regensburg.

Ostendorf, F., Angleitner, A. (2004): *NEO-PI-R – NEO Persönlichkeitsinventar nach Costa und McCrae – Revidierte Fassung (PSYNDEX Tests Review)*. Hogrefe, Göttingen u.a.

Palan, S. (2009): *Bubbles and Crashes in Experimental Asset Markets*. Springer, Berlin u.a.

Palan, S. (2013a): A Review of Bubbles and Crashes in Experimental Asset Markets. *Journal of Economic Surveys*, 27 (3), S. 570–588.

Palan, S. (2013b): A Review of Research into Smith, Suchanek and Williams Markets. Working Paper, 2013–04, University of Graz, Graz.

Pan, C. H., Statman, M. (2012): Questionnaires of Risk Tolerance, Regret, Overconfidence, and Other Investor Propensities. *Journal of Investment Consulting*, 13 (1), S. 54–63.

Pan, C. H., Statman, M. (2013): Investor Personality in Investor Questionnaires. *Journal of Investment Consulting*, 14 (1), S. 48–56.

Paulhus, D. L., Williams, K. M. (2002): The Dark Triad of personality: Narcissism, Machiavellianism and psychopathy. *Journal of Research in Personality*, 36 (6), S. 556–563.

Paunonen, S. V., Jackson, D. N., Trzebinski, J., Forsterling, F. (1992): Personality Structure Across Cultures: A Multimethod Evaluation. *Journal of Personality and Social Psychology*, 62 (3), S. 447–456.

Pennings, J. M. E., Wansink, B. (2004): Channel Contract Behavior: The Role of Risk Attitudes, Risk Perceptions, And Channel Members' Market Structures. *Journal of Business*, 77 (4), S. 697–723.

Perridon, L., Steiner, M., Rathgeber, A. (2012): *Finanzwirtschaft der Unternehmung.* 16. Aufl., Vahlen, München.

Pervin, L. A. (1994): A Critical Analysis of Current Trait Theory. *Psychological Inquiry*, 5 (2), S.103–113.

Pervin, L., Cervone, D., John, O. P. (2005): *Persönlichkeitstheorien.* 5. Aufl., Reinhardt, München.

Petersen, T. (2002): *Das Feldexperiment in der Umfrageforschung.* Campus, Frankfurt.

Peterson, R. L. (2007): Affect and Financial Decision-Making: How Neuroscience Can Inform Market Participants. *Journal of Behavioral Finance*, 8 (2), S. 70–78.

Picot, A., Dietl, H., Franck, E. (2008): *Organisation – Eine ökonomische Perspektive.* 5. Aufl., Schäffer-Poeschel, Stuttgart.

Pieters, R., Warlop, L. (1999): Visual attention during brand choice: The impact of time pressure and task motivation. *International Journal of Research in Marketing*, 16 (1), S. 1–16.

Pietromonaco, P. R., Rook K. S. (1987): Decision Style in Depression: The Contribution of Perceived Risks Versus Benefits. *Journal of Personality and Social Psychology*, 52 (2), S. 399–408.

Pitz, G. F., Sachs, N. J. (1984): Judgment and Decisions. Theory and Application. *Annual Review of Psychology*, 35, S. 139–163.

Plott, C. R. (1982): Industrial Organization Theory and Experimental Economics. *Journal of Economic Literature*, 20 (4), S. 1485–1527.

Powell, M., Ansic, D. (1997): Gender differences in risk behaviour in financial decision-making: An experimental analysis. *Journal of Economic Psychology*, 18 (6), S. 605–628.

Pratt, J. W. (1964): Risk Aversion in the Small and in the Large. *Econometrica*, 32 (1/2), S. 122–136.

Pulford, B. D., Colman, A. M. (1997): Overconfidence: Feedback and item difficulty effects. *Personality and Individual Differences*, 23 (1), S. 125–133.

Raab, G., Unger, A., Unger, F. (2010): *Marktpsychologie Grundlagen und Anwendung.* 3. Aufl., Gabler, Wiesbaden.

Rammstedt, B. (2004): Zur Bestimmung der Güte von Multi-Item-Skalen: Eine Einführung. Deutschland. Zentrum für Umfragen, Methoden und Analysen (ZUMA), Nr. 12., Mannheim.

Rammstedt, B. (2007): The 10-Item Big Five Inventory. Norm Values and Investigation of Sociodemographic Effects Based on a German Population

Representative Sample. *European Journal of Psychological Assessment*, 23 (3), S. 193–201.

Rammstedt, B., John, O. P. (2005): Kurzversion des Big Five Inventory (BFI-K): Entwicklung und Validierung eines ökonomischen Inventars zur Erfassung der fünf Faktoren der Persönlichkeit. *Diagnostica*, 51 (4), S. 195–206.

Rammstedt, B., John, O. P. (2007): Measuring personality in one minute or less: A 10-Item Short Version of the Big Five Inventory in English and German. *Journal of Research in Personality*, 41 (1), S. 203–212.

Rammstedt, B., Kemper, C. J., Klein, M. C., Beierlein, C., Kovaleva, A. (2012): Eine kurze Skala zur Messung der fünf Dimensionen der Persönlichkeit: Big-Five-Inventory-10 (BFI-10). GESIS-Working Paper 2012/23, GESIS – Leibniz-Institut für Sozialwissenschaften, Mannheim.

Rehkugler, H., Schindel, V. (1989): *Entscheidungstheorie.* 4. Aufl., Florentz, München.

Reisch, L., Oehler, A. (2009): Behavioral Economics: Eine neue Grundlage für die Verbraucherpolitik? *DIW Vierteljahreshefte zur Wirtschaftsforschung*, 78, S. 30–43.

Ricciardi, V. (2006): A Research Starting Point for the New Scholar: A Unique Perspective of Behavioral Finance. *ICFAI Journal of Behavioral Finance*, 3 (3), S. 6–23.

Richter, R. (1990): Sichtweise und Fragestellungen der neuen Institutionenökonomik. *Zeitschrift für Wirtschafts- und Sozialwissenschaften*, 110 (4), S. 571–591.

Richter, R. (1991): Institutionenökonomische Aspekte der Theorie der Unternehmung. In: Ordelheide, D., Rudolph, B., Büsselmann, E. (Hrsg.): *Betriebswirtschaftslehre und ökonomische Theorie.* Schäffer-Poeschel, Stuttgart, S. 395–430.

Richter, R., Furubotn, E. G. (2003): *Neue Institutionenökonomik: Eine Einführung und kritische Würdigung.* 3. Aufl., Mohr Siebeck, Tübingen.

Riley, J. G. (1975): Competitive Signalling. *Journal of Economic Theory*, 10 (2), S. 174–186.

Roberts, B. W., DelVecchio, W. F. (2000): The Rank-Order Consistency of Personality Traits From Childhood to Old Age: A Quantitative Review of Longitudinal Studies. *Psychological Bulletin*, 126 (1), S. 3–25

Roll, R. (1977): A critique of the asset pricing theory's test. Part I: On past and potential testability of the theory. *Journal of Financial Economics*, 4 (2), S. 129–176.

Ross, S. A. (1976): The Arbitrage Theory of Capital Asset Pricing. *Journal of Economic Theory*, 13 (3), S. 341–360.

Roth, A. E. (1995): Introduction to Experimental Economics. In: Kagel, J. H., Roth A. E. (Hrsg.): *The Handbook of Experimental Economics.* Princeton University Press, Princeton, S. 3–110.

Roth, G. (2013): *Persönlichkeit, Entscheidung und Verhalten. Warum es so schwierig ist, sich und andere zu ändern.* 8. Aufl., Klett-Cotta, Stuttgart.

Roth, M. (2002): Überprüfung der Anwendbarkeit des NEO-Fünf-Faktoren Inventars (NEO-FFI) bei Jugendlichen im Alter zwischen 14 und 16 Jahren. *Diagnostica*, 48 (2), S. 59–67.

Rothkopf, B. (2003): Die Persönlichkeit als Erklärungsansatz interindividueller Unterschiede im Anlegerverhalten an der Börse. Technische Hochschule Aachen, Aachen.

Rothschild, M., Stiglitz, J. E. (1976): Equilibrium in Competitive Insurance Markets: An Essay on the Economics of Imperfect Informations. *Quarterly Journal of Economics*, 90 (4), S. 629–649.

Rotter, J. B. (1954): Social Learning and Clinical Psychology. Prentice-Hall, Englewood Cliffs, NJ u.a.

Rotter, J. B. (1966): Generalized Expectations for Internal versus External Control of Reinforcement. *Psychological Monographs*, 80 (1), S. 1–28.

Rummer, M. (2006): Going Public in Deutschland: Eine empirische Analyse von Börsengängen auf Grundlage der Behavioral Finance. Deutscher Universitäts-Verlag, Wiesbaden.

Rundus, D., Atkinson, R. C. (1970): Rehearsal Processes in Free Recall. A Procedure for Direct Observation. *Journal of Verbal Learning and Verbal Behavior*, 9 (1), S. 99–105.

Russo, J. E., Schoemaker, P. J. H. (1992): Managing overconfidence. *Sloan Management Review*, 33 (2), S. 7–17.

Rustichini, A., DeYoung, C. G., Anderson, J., Burks, S. V. (2012): Toward the Integration of Personality Theory and Decision Theory in the Explanation of Economic and Health Behavior. IZA Discussion Paper No. 6750, Forschungsinstitut zur Zukunft der Arbeit, Bonn.

Rusting, C. L., Larsen, R. J. (1995): Moods as sources of stimulation: Relationships between personality and desired mood states. *Personality and Individual Differences*, 8 (3), S. 321–329.

Sahm, C. (2007): How Much Does Risk Tolerance Change? Finance and Economics Discussion Series 2007-66, Divisions of Research & Statistics and Monetary Affairs, Federal Reserve Board. Washington, D.C.

Samuelson, W., Zeckhauser, R. (1988): Status Quo Bias in Decision Making. *Journal of Risk and Uncertainty*, 1 (1), S. 7–59.

Sapusek, A. (1998): Informationseffizienz auf Kapitalmärkten: Konzepte und empirische Ergebnisse. Gabler, Wiesbaden.

Sarin, R. K., Weber, M. (1993): Risk-value models. *European Journal of Operational Research*, 70 (2), S. 135–149.

Schaefer, P. S., Williams, C. C., Goodie, A. S., Campbell, W. K. (2004): Overconfidence and the Big Five. *Journal of Research in Personality*, 38 (5), S. 473–480.

Schalkowski, H. (2013): *Vertraglich fixierte Einflussnahme von Private-Equity-Gesellschaften auf die Corporate Governance ihrer Beteiligungsgesellschaften. Eine ökonomische Analyse im Zweiländervergleich Deutschland – Großbritannien.* Eul, Lohmar u.a.

Scheier, M. F., Carver, C. S., Bridges, M. W. (1994): Distinguishing Optimism From Neuroticism (and Trait Anxiety, Self-Mastery, and Self-Esteem). A Reevaluation of the Life Orientation Test. *Journal of Personality and Social Psychology*, 67 (6), S. 1063–1078.

Schiefer, D. (2008): *Collateralized Debt Obligations (CDOs): Eine empirische Analyse der Bonitätsrisikoprämie auf Finanzmärkten.* Uhlenbruch, Bad Soden/Ts.

Schmidt, J. (2004): *Anlageentscheidungen am Aktienmarkt: Eine experimentelle Analyse der Informations- und Entscheidungsprozesse individueller Anleger.* Lang, Frankfurt am Main.

Schmidt, R. H., Terberger, E. (1999): *Grundzüge der Investitions- und Finanzierungstheorie.* 4. Aufl., Gabler, Wiesbaden.

Schmidt-Atzert, L., Peper, M., Stemmler, G. (2014): *Emotionspsychologie. Ein Lehrbuch.* 2. Aufl., Kohlhammer, Stuttgart.

Schmithüsen, F., Krampen, G. (2015): Persönlichkeitspsychologie. In: Schmithüsen, F. (Hrsg.): *Lernskript Psychologie.* Springer, Berlin u.a., S. 287–314.

Schnedler, W. (2005): Likelihood estimation for censored random vectors. *Econometric Reviews*, 24 (2), S. 195–217.

Schneeweiß, C. (1991): *Planung 1 – Systemanalytische und entscheidungstheoretische Grundlagen.* Springer, Berlin u.a.

Schneider, S. L., Lopes, L. L. (1986): Reflection in preferences under risk: Who and when may suggest why. *Journal of Experimental Psychology: Human Perception and Performance*, 12 (4), S. 535–548.

Schoemaker, P. J. H., Hershey, J. C. (1992): Utility Measurement: Signal, Noise, and Bias. *Organizational Behavior and Human Decision Processes*, 52 (3), S. 397–424.

Schooley, D. K., Worden, D. D. (1996): Risk Aversion Measures: Comparing Attitudes and Asset Allocation. *Financial Services Review*, 5 (2), S. 87–99.

Schram, A. (2005): Artificiality: The tension between internal and external validity in economic experiments. *Journal of Economic Methodology*, 12 (2), S. 225–237.

Schubert, R., Brown, M., Gysler, M., Brachinger, H. W. (1999): Financial Decision-Making: Are Women Really More Risk-Averse? *American Economic Review*, 89 (2), S. 381–385.

Schwarz, N. (1991): In welcher Reihenfolge fragen? Kontexteffekte in standardisierten Befragungen. ZUMA-Arbeitsbericht Nr. 91/16.

Schwarz, N., Bless, H., Bohner, G. (1991): Mood and Persuasion: Affective States Influence the Processing of Persuasive Communications. *Advances in Experimental Social Psychology*, 24, S. 161–199.

Schwarz, N., Bohner, G. (1990): Stimmungseinflüsse auf Denken und Entscheiden. In: Maas, P., Weibler, J. (Hrsg.): *Börse und Psychologie – Plädoyer für eine neue Perspektive.* Deutscher Instituts-Verlag, Köln, S. 162–189.

Schwarz, N., Clore, G. L.(1983): Mood, Misattribution, and Judgments of Well-Being: Informative and Directive Functions of Affective States. *Journal of Personality and Social Psychology*, 45 (3), S. 513–523.

Schwarz, N., Hippler, H.-J., Strack, F. (1988): Kognition und Umfrageforschung: Themen, Ergebnisse und Perspektiven. Zentrum für Umfragen, Methoden und Analysen (ZUMA) Nachrichten, 12 (22), S. 15–28.

Seyhun, H. N. (1986): Insiders' profits, costs of trading, and market efficiency. *Journal of Financial Economics*, 16 (2), S. 189–212.

Shapira, Z., Venezia, I. (2001): Patterns of behavior of professionally managed and independent investors. *Journal of Banking & Finance*, 25 (8), S. 1573–1587.

Sharpe, W. F. (1964): Capital asset prices: A theory of market equilibrium under conditions of risk. *Journal of Finance*, 19 (3), S. 425–442.

Sheatsley, P. B. (1983): Questionnaire Construction and Item Writing. In Rossi, P. H., Wright, J. D., Anderson, A. B. (Hrsg.): *Handbook of Survey Research.* Academic Press, New York u.a., S. 195–230.

Shefrin, H., Statman, M. (1985): The Disposition to Sell Winners Too Early and Ride Losers Too Long: Theory and Evidence. *Journal of Finance*, 40 (3), S. 777–790.

Shiller, R. J. (2000): Measuring Bubble Expectations and Investor Confidence. *Journal of Psychology and Financial Markets*, 1 (1), S. 49–60.

Siakantaris, N. (2000): Experimental economics under the microscope. *Cambridge Journal of Economics*, 24 (3), S. 267–281.

Siegel, F. W., Hoban, J. P. Jr. (1982): Relative Risk Aversion Revisited. *Review of Economics and Statistics*, 64 (3), S. 481–487.

Simon, H. A. (1955): A Behavioral Model of Rational Choice. *Quarterly Journal of Economics*, 69 (1), S. 99–118.

Simon, H. A. (1956): Rational choice and the structure of the environment. *Psychological Review*, 63 (2), S. 129–138.

Simon, H. A. (1957): *Models of Man.* Wiley, New York u.a.

Simon, H. A. (1990): Bounded rationality. In: Eatwell, J., Milgate, M., Newman, P. (Hrsg.): *The New Palgrave: Utility and Probability.* Macmillan Press, London u.a., S. 15–18.

Sitkin, S. B., Pablo, A. L. (1992): Reconceptualizing the Determinants of Risk Behavior. *Academy of Management Review*, 17 (1), S. 9–38.

Skala, D. (2008): Overconfidence in Psychology and Finance – an Interdisciplinary Literatur Review. *Bank i Kredyt*, 4, S. 33–50.

Skinner, E. A. (1997): Planning and perceived control. In: Friedman, S. L., Scholnick, E. K. (Hrsg.): *The Developmental Psychology of Planning: Why, How, and When Do We Plan?* Erlbaum, Mahwah, NJ u.a., S. 263–284.

Smith, V. (2009): Introduction: Experimental Economics and Neuroeconomics. In: Glimcher, P. W., Camerer, C. F., Fehr, E., Poldrack, R. A. (Hrsg.): *Neuroeconomics. Decision Making and the Brain.* Academic Press, New York, S. 15–19.

Smith, V. L. (1962): An Experimental Study of Competitive Market Behavior. *Journal of Political Economy*, 70 (2), S. 111–137.

Smith, V. L. (1976): Experimental Economics: Induced Value Theory. *American Economic Review*, 66 (2), S. 274–279.

Smith, V. L. (1982): Microeconomic Systems as an Experimental Science. *American Economic Review*, 72 (5), S. 923–955.

Smith, V. L. (1991): Rational Choice: The Contrast between Economics and Psychology. *Journal of Political Economy*, 99 (4), S. 877–897.

Smith, V. L., Suchanek, G. L., Williams, A.W. (1988): Bubbles, Crashes and Endogenous Expectations in Experimental Spot Asset Markets. *Econometrica*, 56 (5), S. 1119–1151.

Smith, V. L., Walker, J. M. (1993a): Rewards, Experience and Decision Costs in First Price Auctions. *Economic Inquiry*, 31 (2), S. 237–244.

Smith, V. L., Walker, J. M. (1993b): Monetary Rewards and Decision Cost In Experimental Economics. *Economic Inquiry*, 31 (2), S. 245–261.

Soll, J. B., Klayman, J. (2004): Overconfidence in interval estimates. *Journal of Experimental Psychology: Learning, Memory, and Cognition*, 30 (2), S. 299–314.

Spence, M. (1973): Job Market Signaling. *Quarterly Journal of Economics*, 87 (3), S. 355–374.

Spence, M. (1974): Competitive and Optimal Responses to Signals: An Analysis of Efficiency and Distribution. *Journal of Economic Theory*, 7 (3), S. 296–332.

Spicher, T. (1997): *Kapitalmarkt, unvollständige Verträge und Finanzintermediäre. Eine modellgestützte Analyse zur Existenzbegründung, zukünftiger Ausrichtung und möglichen Verhaltensstrategien von Banken an Kapital- und Kreditmärkten.* Eul, Lohmar u.a.

Statistisches Bundesamt: Einkommens- und Verbrauchsstichprobe (EVS). Abgerufen am 07.09.2016 unter: https://www.destatis.de/DE/ZahlenFakten/GesellschaftStaat/EinkommenKonsumLebensbedingungen/Methoden/Einkommens_Verbrauchsstichprobe.html.

Statman, M. (1999): Behavioral Finance: Past Battles and Future Engagements. *Financial Analysts Journal*, 55 (6), S. 18–27.

Stelmack, R. M. (1990): Biological Bases of Extraversion: Psychophysiological Evidence. *Journal of Personality*, 58 (1), S. 293–311.

Steul, M. (2003): *Risikoverhalten privater Kapitalanleger. Implikationen für das Finanzdienstleistungsmarketing.* Gabler, Wiesbaden.

Stiglitz, J. E. (1975): The Theory of "Screening", Education, and the Distribution of Income. *American Economic Review*, 65 (3), S. 283–300.

Stöckl, T., Huber, J., Kirchler, M. (2010): Bubble measures in experimental asset markets. *Experimental Economics*, 13 (3), S. 284–298.

Strack, F. (1993): Urteilsheuristiken. In: Frey, D., Irle, M. (Hrsg.): *Theorien der Sozialpsychologie. Band III: Motivations- und Informationsverarbeitungstheorien.* Huber, Bern u.a., S. 239–267.

Sundén, A. E., Surette, B. J. (1998): Gender Differences in the Allocation of Assets in Retirement Savings Plans. *American Economic Review*, 88 (2), S. 207–211.

Svenson, O. (1981): Are we all less risky and more skillful than our fellow drivers? *Acta Psychologica*, 47 (2), S. 143–148.

Taffler, R. J. (2010): The Representativeness Heuristic. In: Baker, H. K., Nofsinger, J. R. (Hrsg): *Behavioral Finance. Investors, Corporations, and Markets.* Wiley, New York u.a., S. 259–276.

Taylor, S. E., Brown, J. D. (1988): Illusion and Well-Being: A Social Psychological Perspective on Mental Health. *Psychological Bulletin*, 103 (2), S. 193–210.

Terberger, E. (1994): *Neo-institutionalistische Ansätze: Entstehung und Wandel, Anspruch und Wirklichkeit.* Gabler, Wiesbaden.

Thaler, R. H. (1980): Toward a positive theory of consumer choice. *Journal of Economic Behavior & Organization*, 1 (1), S. 39–60.

Thaler, R. H. (1985): Mental Accounting and Consumer Choice. *Marketing Science*, 4 (3), S. 199–214.

Thaler, R. H. (1999a): The End of Behavioral Finance. *Financial Analysts Journal*, 55 (6), S. 12–17.

Thaler, R. H. (1999b): Mental Accounting Matters. *Journal of Behavioral Decision Making*, 12 (3), S. 183–206.

Thaler, R. H. (2016): Behavioral Economics: Past, Present, and Future. *American Economic Review*, 106 (7), S. 1577–1600.

Thaler, R. H., Johnson, E. J. (1990): Gambling with the House Money and Trying to Break Even: The Effects of Prior Outcomes on Risky Choice. *Management Science*, 36 (6), S. 643–660.

Theissen, E. (1998): *Organisationsformen des Wertpapierhandels: Gesamtkursermittlung, kontinuierliche Auktion und Market-Maker-System.* Gabler, Wiesbaden.

Thomae, H. (1996): *Das Individuum und seine Welt. Eine Persönlichkeitstheorie.* 3. Aufl., Hogrefe, Göttingen u.a.

Tobin, J. (1958a): Liquidity Preference as Behavior Towards Risk. *Review of Economic Studies*, 25 (2), S. 65–86.

Tobin, J. (1958b): Estimation of Relationships for Limited Dependent Variables. *Econometrica*, 26 (1), S. 24–36.

Townsend, J. T. (1990): Truth and Consequences of Ordinal Differences in Statistical Distributions: Toward a Theory of Hierarchical Inference. *Psychological Bulletin*, 108 (3), S. 551–567.

Tupes, E. C. Christal, R. C. (1961): *Recurrent Personality Factors Based on Trait Ratings.* Lackland Air Force Base, Texas.

Tversky, A., Kahneman, D. (1973): Availability: A Heuristic for Judging Frequency and Probability. *Cognitive Psychology*, 5 (2), S. 207–232.

Tversky, A., Kahneman, D. (1974): Judgment under Uncertainty: Heuristics and Biases. *Science*, 185 (4157), S. 1124–1131.

Tversky, A., Kahneman, D. (1981): The Framing of Decisions and the Psychology of Choice. *Science*, 211 (4481), S. 453–458.

Tversky, A., Kahneman, D. (1983): Extensional Versus Intuitive Reasoning: The Conjunction Fallacy in Probability Judgment. *Psychological Review*, 90 (4), S. 293–315.

Tversky, A., Kahneman, D. (1986): Rational Choice and the Framing of Decisions. *Journal of Business*, 59 (4), S. S251–S278.

Tversky, A., Kahneman, D. (1992): Advances in Prospect Theory: Cumulative Representation of Uncertainty. *Journal of Risk and Uncertainty*, 5 (4), S. 297–323.

Unser, M. (1999): *Behavioral Finance am Aktienmarkt. Empirische Analysen zum Risikoverhalten individueller Anleger.* Uhlenbruch, Bad Soden/Ts.

Unser, M., Oehler, A. (1997): Elektronische Börsen. *Wirtschaftswissenschaftliches Studium*, 26 (7), S. 367–370.

Unser, M., Oehler, A. (1998): Das Börsenhandelssystem XETRA. *Wirtschaftswissenschaftliches Studium*, 27 (9), S. 463–468.

Van Boening, M. V., Williams, A. W., LaMaster, S. (1993): Price bubbles and crashes in experimental call markers. *Economics Letters*, 41, S. 179–185.

Van Rooij, M., Lusardi, A., Alessie, R. (2011): Financial literacy and stock market participation. *Journal of Financial Economics*, 101 (2), S. 449–472.

Velleman, P. F., Wilkinson, L. (1993): Nominal, Ordinal, Interval, and Ratio Typologies are Misleading. *American Statistician*, 47 (1), S. 65–72.

Vianello, M., Schnabel, K., Sriram, N., Nosek, B. (2013): Gender differences in implicit and explicit personality traits. *Personality and Individual Differences*, 55 (8), S. 994–999.

Vissing-Jorgensen, A. (2003): Perspectives on Behavioral Finance: Does 'Irrationality' Disappear with Wealth? Evidence from Expectations and Actions. In Gertler, M., Rogoff, K. (Hrsg.): *NBER Macroeconomics Annual (18).* MIT Press, Cambridge, S. 139–194.

Vlek, C. Stallen, P. J. (1980): Rational and personal aspects of risk. *Acta Psychologica*, 45 (1–3), S. 273–300.

Von Neumann, J., Morgenstern, O. (1947): *Theory of Games and Economic Behavior.* 2. Aufl., Princenton University Press, Princeton.

Watson, D., Clark, L. A., Tellegen, A. (1988): Development and Validation of Brief Measures of Positive and Negative Affect: The PANAS Scales. *Journal of Personality and Social Psychology*, 54 (6), S. 1063–1070.

Weber, E. U., Blais, A.-R., Betz, N. E. (2002): A Domain-specific Risk-attitude Scale: Measuring Risk Perceptions and Risk Behavior. *Journal of Behavioral Decision Making*, 15 (4), S. 263–290.

Weber, E. U., Hsee, C. K. (1998): Cross-cultural Differences in Risk Perception, but Cross-cultural Similarities in Attitudes Towards Perceived Risk. *Management Science*, 44 (9), S. 1205–1217.

Weber, E. U., Milliman, R. A. (1997): Perceived Risk Attitudes: Relating Risk Perception to Risky Choice. *Management Science*, 43 (2), S. 123–144.

Weber, H., Rammsayer, T. (2012): *Differentielle Psychologie – Persönlichkeitsforschung.* Hogrefe, Göttingen u.a.

Weber, M., Camerer, C. F. (1992): Ein Experiment zum Anlegerverhalten. *Schmalenbachs Zeitschrift für betriebswirtschaftliche Forschung (zfbf)*, 44 (2), S. 131–148.

Weber, M., Camerer, C. F. (1998): The disposition effect in securities trading: an experimental analysis. *Journal of Economic Behavior & Organization*, 33 (2), S. 167–184.

Weber, M., Weber, E. U., Nosić, A. (2013): Who takes Risks When and Why: Determinants of Changes in Investor Risk Taking. *Review of Finance*, 17 (3), S. 847–883.

Weiber, R. Mühlhaus, D. (2014): *Strukturgleichungsmodellierung. Eine anwendungsorientierte Einführung in die Kausalanalyse mit Hilfe von A-MOS, SmartPLS und SPSS.* 2. Aufl., Springer, Berlin u.a.

Weimann, J. (2015): Die Rolle von Verhaltensökonomik und experimenteller Forschung in Wirtschaftswissenschaft und Politikberatung. *Perspektiven der Wirtschaftspolitik*, 16 (3), S. 231–252.

Weinstein, N. D. (1980): Unrealistic Optimism About Future Life Events. *Journal of Personality and Social Psychology*, 39 (5), S. 806–820.

Weinstein, N. D. (1987): Unrealistic Optimism About Susceptibility to Health Problems: Conclusions from a Community-Wide Sample. *Journal of Behavioral Medicine*, 10 (5), S. 481–500.

Wendt, S. (2011): *Die Auswirkungen von Corporate Governance auf die Fremdfinanzierungskosten von Unternehmen – Eine empirische Analyse der Folgen von Aktientransaktionen durch Insider.* Gabler, Wiesbaden.

Werner, C. (2009): *Verbraucherbildung und Verbraucherberatung in der Altersvorsorge.* Gabler, Wiesbaden.

Williams, A.W. (2008): Price bubbles in large financial asset markets. In Plott, C. R., Smith, V.L. (Hrsg.): *Handbook of Experimental Economics Results.* North-Holland, Amsterdam, S. 242–246.

Williams, D. G. (1992): Dispositional optimism, neuroticism, and extraversion. *Personality and Individual Differences*, 13 (4), S. 475–477.

Williams, S. (2004): The Impact of Mood on Managerial Perceptions. *Research and Practice in Human Resource Management*, 12 (2), S. 128–139.

Williamson, O. E. (1975): *Markets and Hierarchies: Analysis and Antitrust Implications.* Free Press, New York.

Williamson, O. E. (1992): Market, hierarchies, and the modern corporation. An unfolding perspective. *Journal of Economic Behavior & Organization*, 17 (3), S. 335–352.

Wiswede, G. (2012): *Einführung in die Wirtschaftspsychologie.* 5. Aufl., Reinhardt, München.

Wong, A., Carducci, B. J. (1991): Sensation Seeking and Financial Risk Taking in Everyday Money Matters. *Journal of Business and Psychology*, 5 (4), S. 525–530.

Wood, G. (1978): The Knew-It-All-Along Effect. *Journal of Experimental Psychology: Human Perception and Performance*, 4 (2), S. 345–353.

Wright, J., Mischel, W. (1982): Influence of Affect on Cognitive Social Learning Person Variables. *Journal of Personality and Social Psychology*, 43 (5), S. 901–914.

Wright, W. F., Bower, G. H. (1992): Mood Effects on Subjective Probability Assessment. *Organizational Behavior and Human Decision Processes*, 52 (2), S. 276–291.

Yaniv, I., Schul, Y. (1997): Elimination and Inclusion Procedures in Judgment. *Journal of Behavioral Decision Making*, 10 (3), S. 211–220.

Yuen, K. S. L., Lee, T. M. C. (2003): Could mood state affect risk-taking decisions? *Journal of Affective Disorders*, 75 (1), S. 11–18.

Zaidi, F. B., Tauni, M. Z. (2012): Influence of Investor's Personality Traits and Demographics on Overconfidence Bias. *Interdisciplinary Journal of Contemporary Research in Business*, 4 (6), S. 730–746.

Zuckerman, M. (1979): *Sensation seeking. Beyond the optimal level of arousal.* Erlbaum, Hillsdale, NJ u.a.

Zuckerman, M., Kuhlman, D. M., Camac, C. (1988): What Lies Beyond E and N? Factor Analyses of Scales Believed to Measure Basic Dimensions of Personality. *Journal of Personality and Social Psychology*, 54 (1), S. 96–107.

FSC
www.fsc.org
MIX
Papier | Fördert
gute Waldnutzung
FSC® C083411

Kolibri 360 GmbH
Ferdinand-Jühlke-Straße 7
99095 Erfurt, Deutschland
produktsicherheit@kolibri360.de